關鍵年代

意識形態、排外、極端局勢如何摧毀民主和走向戰爭

THE CRITICAL TIMES

主編
胡川安

目次

脫與不脫之間

我們如何喪失民主與自由？

序 一本透過歷史了解世界局勢的書

胡川安 「故事：寫給所有人的歷史」主編

我們的世界

近兩年的世界局勢並不穩定。從未競選過的美國富豪川普投入總統選舉，而在選舉期間即發生一連串的爭議，當選後則排斥移民，要在美國和墨西哥間築起高牆，並且強迫國會通過。近來川普開始拿中國開刀，一手以國家安全的大義，在中國電信巨擘華為副董事長孟晚舟過境溫哥華時加以居留，並且阻斷其在全球的發展；一手透過關稅的手段，強化貿易壁壘，重創中國經濟。

美蘇冷戰結束後，美國獨強了二十年以上的時間，在國際上所向無敵。但改革開放後的中國，雖然仍維持極權的體制，卻展現出驚人的經濟實力，危害美國獨強的地位。兩個國家的關係牽動著世界局勢的發展。川普出人意表的政治運作方式，讓全世界都摸不透，但強化美國的利益，以維護美國的霸權為第一優先，對未來的世界會帶來什麼改變呢？是否會走向一個以科技為主的冷戰？還是更極端化的未來？

如果我們將眼光放到大西洋彼岸的歐洲，同樣也會發現不穩定的局勢。二〇一六年決定脫離歐盟的英國，新上任的女性首相泰瑞莎・梅伊（Theresa Mary May）雖然延續脫歐的政策，但卻面臨了組閣的困境，英國國內在脫與不脫歐間繼續拉扯，消耗國家的實力。今年六月下臺的首相，讓未來英國的局勢更加撲朔迷離。德國的梅克爾（Angela Merkel）同樣岌岌可危，在面臨組閣的難題之外，關於中東難民的議題始終困擾著德國的政局。二〇一七年法國大選籠罩在極右派勢力抬頭的陰影中，最後獲得民眾青睞的馬克宏（Emmanuel Macron）讓一切悲觀的局勢似乎獲得轉機。然而，上臺不到兩年，法國就面對來自國內新型態的「黃背心運動」的抗爭，重創馬克宏的支持度。

局勢動盪紛擾，不禁讓人擔心世界是否有走向互相毀滅的可能？上個世紀人類歷經了極端的處境，兩次世界大戰死傷超過數千萬人，我們在戰後痛定思痛，透過各種國際性的組織保障人類的和平。但隨之而來的就是美國與蘇聯的長期冷戰，世界被劃分為兩個陣營。蘇聯垮臺後，東歐共產國家也跟著倒臺，大家相信人類會走向一個自由民主的未來，一個學者法蘭西斯・福山（Francis Fukuyama）所說的「歷史的終結」的時代。

然而，世界局勢的發展從來就不是一條坦途。除了英國以外，歐盟國家間對於歐盟的質疑聲浪愈來愈大。美國在蘇聯垮臺後，雖然成為世界獨霸，但隨著經濟局勢的轉變，還有中國與俄羅斯的崛起，彼此相互爭雄、一較高下的意味相當濃厚。俄羅斯在蘇聯瓦解後，相較於冷戰時期的叱吒風雲，從上個世紀末到本世紀初，憤慨在國際上無法與美國平起平坐，使得傳統的意識形態和擴張主義逐漸無可遏抑。二〇〇八年俄羅斯入侵喬治亞，接著吞併克里米亞，並且在歐洲議題上和德國爭奪對歐洲的控制權、插手中東的政治，再加上普丁大權獨攬，頗有以往帝俄時期的氣勢與權威。

由於經濟衰弱，歐洲國家出現大量的失業人口，加上伊斯蘭世界部分地區長年的戰亂，使得大量的移民進入歐洲，造成歐洲國家的負擔，讓原本負債的政府雪上加霜。趁著政經局勢的混亂，激進的政客開始操弄輿情。「民粹主義」在美國與歐洲都成為關鍵詞，拋棄以往進步、穩定和自由的形象，政客直接要求人民給予領導者更大的權力，抵抗奪走他們本國工作的外國人，把他們趕出去。

關鍵年代

前幾年還在國外攻讀博士時，我每天閱讀國際新聞總有一種感覺：「我們的世界怎麼了？」然後接著問：「我們能做什麼？」作為一個新媒體的主編，作為一個歷史學專業出身的學者，擁有超過二十一萬的ＦＢ粉絲、每個月觸擊率高達百萬的「故事：寫給所有人的歷史」網站，自詡為臺灣最有影響力的人文內容網站，能夠帶給讀者什麼樣的內容，又能怎樣反思現在的世界情勢？

「故事：寫給所有人的歷史」網站不是報導時事，也不是政治和社會評論的媒體，沒有辦法立即回應現在的國際局勢，但不代表我們不想或是無法回應。我們選擇的方式是更具有時間深度的思考，嘗試理解上個世紀人類「如何」因為意識型態、排外和極端局勢而走向戰爭？

透過歷史無法了解未來，但能審視過去。我們可以透過歷史了解以往人類的瘋狂，並進行相關的反省。在本書裡我們並非單純的以古鑑今，如此太簡化歷史的複雜性與人類的自主性，但希望透過歷史加以理解我們現在的處境，因此特別以多元的方式呈現相關議題的複雜性。

本書分為六大部分，一開始以「川普崛起敲響了全球化的警鐘嗎？」為起點，先從川普贏得美國大選的原因開始分析。透過川普，讓我們回想起美國不光彩的過去，回想一九五〇年代麥卡錫主義當道、反共氣氛瀰漫的當時，知名廣播電視人德華·蒙洛（Edward R. Murrow）曾說：「這位總統的行為，已經令盟邦憂心忡忡、讓敵國稱心如意，這是誰的錯呢？不能完全歸咎於他，恐懼的情境並不是他創造出來的，他只是善加利用並大有斬獲。」雖然是六十五年前的言論，現在看來仍有十足的現實感。

從美國總統川普帶起來的恐懼，我們繼續回溯歷史，將視角放到歐洲大陸。第二部「脫與不脫之間」分析歐盟與英國，從近來歐盟的治理危機談到英國脫歐的歷史根源。第三部「我們如何喪失民主與自由？」回顧過去德國強人希特勒崛起、法蘭西第三共和國放棄民主、義大利邁向極權的過程。歐洲的例子告訴我們在民主制度不健全和公民社會發展不足的時刻，再加上政治人物的操弄，很有可能會被激進的民族主義占據，接著只需要一次經濟危機和一些時間，就能達到如此劇烈的轉變和引發戰爭。

除此之外，引發人類走向極端並且發動戰爭的原因，還在於根深蒂固的種族主義，如此偏狹的想法仍然盤踞在當代的政治中。第四部「種族主義與排外」敘述達爾文學說如何意外成為種族排外政策的「科學」根據，以及華人移民在澳洲發展史上扮演的角色，探討二戰時期風行的種族主義如何塑造國家，又如何邁向今日的多元風貌。

分析國家如何走向極端、邁向戰爭的過程，從國際局勢、經濟壁壘和民主制度的危機等面向來看都很重要，我們在本書第五部「傳統價值的崩壞與重建」更進一步指出對於日本、中東和俄國而言，傳統價值的崩壞與現代化過程中，對於自我認同的尋求也是不可缺少的面向。這些國家的現代化同時伴隨著西方文化的進入，容易使得傳統價值失落、認同喪失。在自我認同與西化間，為了回歸到以往的「純潔性」而透過戰爭的方式，讓世界的局勢更加動盪。最後一部於綜觀歷史脈絡後，尋求哲人的反思，提出一個當下與未來都必須深入思考的問題：「我們能免於戰爭的恐懼嗎？」

「關鍵年代」是由一連串的時間、一連串錯誤的決定所造成。一百年前，奧匈帝國王儲斐迪南大公（Franz Ferdinand）夫婦遭槍擊，成為引發世界大戰的導火線，戰火擴及歐洲、亞洲和中東。從一九一四年到一九一八年，原來支持世界的根基遭到拔除，舊有的體制崩潰，像是奧匈帝國、俄國沙皇和蘇丹等王朝。雖然第二次世界大戰的傷亡和慘烈程度遠大於第一次世界大戰，但很多學者認為它只是第一次世界大戰問題的延續，根源必須回到一次大戰尋找。

「第一次世界大戰是一場不必要的悲劇。」這是著名的歷史學家基根（John Keegan）的名言，他認為第一次世界大戰是由於人性中的自私、貪婪和懦弱所產生的劇烈反應。在克里斯多福・克拉克（Christopher Clark）的著名作品《夢遊者》（*The Sleepwalker*）中認為「一戰的爆發是一場悲劇，而不是一樁罪行」。當時的皇帝、外交官和將軍像是一群夢遊者，在莽撞無知和軟弱無能的狀況下，將歐洲帶入一場無法收拾的戰爭。

我們目前正在經歷另外一次的「關鍵年代」，上個世紀因為各式各樣的因素，我們走向了極端，選擇了毀滅性的戰爭。經歷了一個世紀，現在的我們能否做出更明智的決定呢？

本書編者

胡川安

生活中的歷史學家，身於何處就書寫何處，從細節中理解時代、生活中觀察歷史，在世界各地生活過，興趣多元，大學雙修歷史與哲學，研究所於國立臺灣大學雙修考古學與歷史學，臺灣大學歷史學研究所碩士、加拿大麥基爾大學博士，現任教於中央大學中國文學系。

本書作者

*依文章先後次序排列

林伯雍

從華府到臺灣，從臺灣到紐約。人生現階段正坐在一葉追求博士孤舟上，攻讀紐約州立大學奧本尼分校政治科學博士中，漂流在知識與人生的長河上。偶爾遭遇暴風雨，偶爾見到那燦爛的星光。學術上的熱情是國際關係、安全研究、兩岸政策與中國大陸研究，情報研究，並努力朝向混合研究法邁進。

林齊皓

輔仁大學歷史研究所畢業，現為「udn global轉角國際」編輯，於寶島聯播網主持廣播節目「寶島少年兄」。著有〈解放命運的奴隸——論《JoJo的奇妙冒險》之人體圖像及其人文意涵〉，收錄於《漫活著：第五屆御宅文化研討會暨巴哈姆特論文獎文集》。

喬蘭雅

英國布里斯托大學歐盟治理（European Governance）碩士。歡喜讀完碩士後英國決定脫歐，碩士畢業證書差點成為廢紙。歐洲控、歐盟控、英國控、歷史控、政治控。曾任職於「udn global轉角國際」。現在跨足科技產業，為人文屬性的人生補上科技控的標籤。

黃長東

牛津大學國際關係哲學碩士畢業生。專長為外交史，評論文章可見於《信報》、《故事》及《端傳媒》。

李博研／神奇海獅

漢堡大學歷史碩士。往研究之路狂奔十年之後，發覺自己的志向是天橋底下說書人；研究的是共產黨、過得卻很資本主義；擅長的是中世紀、卻離不開現代科技；說嚮往自然、蚊子卻特別愛叮。總之是一個集各種矛盾衝突元素於一身卻可以泰然與之共處的人。著有《我是留德華：海獅的德國奇幻旅程》。FB：海獅說。

洪仕翰

貓奴，影癡，星戰迷，還是位有懼高症的一米九長人，整天活在自己帶來的恐懼裡。相信感動是閱讀與書寫的泉源，熱衷於關注戰史、軍事、外交與國防議題。臺大歷史學系畢業，退伍後至英國愛丁堡大學修讀「第二次世界大戰在歐洲」（The

Second World War in Europe）的文憑課程。現職是書籍助產士。

尹子軒

香港《The Glocal全球政經評論》合夥人兼副總編輯，香港國際問題研究所歐洲研究主任。英國倫敦政經學院歐洲政治碩士，文章散見於各新聞媒體，香港電臺節目《國際政經點．線．面》主持人及製作人。

蔡政修

任教於臺灣大學生命科學系。主要研究的化石、古生物幾乎都是以百萬年起跳的自然史，所以深深認為被歸類於文組的「歷史」取向的研究工作相當重要，因為這影響到我們如何解讀、理解形成現在的歷史脈絡。平常除了在學校從事教學、到處去找化石、看標本、想像著千、百萬年前的情境、寫寫研究論文之外，也試著寫點科普文章讓更多人可以感受、體會到演化、自然史研究的樂趣及重要性。

蔡榮峰

國防安全研究院政策分析員，世界歷史業餘愛好者，特別喜愛從不同視角，詮釋帝國邊陲的精采故事。對於本世紀人類科技樹還沒點滿，玩穿越只能靠神遊深感困擾，並相信總有一天貓會統治世界。

蔡曉林

現為美國布朗大學歷史系博士生，研究近代東亞的商業、科技與消費文化。臺灣大學外文系與社會系、東京大學情報學環碩士班畢。為「udn global轉角國際」專欄作者，著有《微物誌——現代日本的十五則物語》一書。

孫超群

《The Glocal全球政經評論》及香港國際問題研究所研究員、臺灣《天下雜誌換日線》「歐亞前線」專欄作者及「中亞脈搏」臉書專頁創辦人。世界很大，特別對歐亞大陸地緣政治經濟、國際關係理論感興趣。評論文章散見於香港、臺灣、新加坡多個新聞平臺。

尤智威

喜歡埋首於字裡行間，徜徉於各種異文化與跨界體驗。在世界的花園中發現縈繞著許多異質的回音。相信這些音符在滑動、破碎、變化之際，也會為不同的讀者駐足停留。關注的研究領域是明治之後日本政治思想、自由主義、價值多元論、比較政治思想。

川普喚起的恐懼

01 川普崛起敲響了全球化時代的警鐘嗎？

林伯雍　紐約州立大學奧本尼分校政治科學系博士生

二〇一六年，知名影視人物、地產大亨且從來未有任何政治經驗的川普，贏得了美國總統大選。從選舉初期的無人看好、選舉期間無數的排斥外來人口發言，到勝選後美國種種右派團體大行其道、通俄門，這位美國第四十五任總統帶給世人無數的驚嘆號。美國在國際上的特殊地位無庸置疑，其國內政治與外交政策，時時刻刻影響全球，川普這位非典型政治人物的崛起與他帶來的影響，是我們解讀這個多變的時代，必須理解的一段重要發展。

美國社會的縮影：「新美國夢」與「翻漢堡排」

二〇一六年美國總統大選結果出爐，美國東北部與中西部沒落工業區的支持，無疑是讓川普贏得總統大選的關鍵。位居沒落工業區且白人占七十%的愛荷華州是最明顯的例子。二〇〇八年民主黨籍的歐巴馬競選總統時，歐巴馬在愛荷華州的九十九個郡當中，贏得了五十三個郡的支持；而在二〇一六年總統選舉中，同樣是民主黨籍的希拉蕊在這地區卻只贏得六個郡，即便是在教育水準較高的大學城，也只有五十二%的人投給希拉蕊（Pacewicz, 2016）。而這些倒向川普的選民，他們的核心關切與所處的社會環境，是組成當代美國保守政策的核心。理解這些選民做出選擇的理路，我們才能對當代美國保守主義的理路有所理解。

美國人稱美國蕭條的傳統工業區為「鐵鏽帶」（Rust Belt）。曾經，這些散布在美國五大湖區、東北部，以產煤、產鋼為主的城市，是讓美國人引以為豪的鋼鐵城市。[1]但是二十世紀中後期，美國國內產業開始轉型，在自由貿易與經濟全球化的帶動下，美國企業開始逐漸轉移到國外生產。過去的重工業城市逐漸沒落，城內的藍領階級勞工被迫失業或移出，城市變得蕭條。而廢棄的鋼鐵場、礦場漸漸生鏽，最後整座城都被鐵鏽占據，也因此，美國人將這些一度繁華的鋼鐵城，稱之為「鐵鏽帶」。

對於這一帶失落的人們而言，蕭條，是他們生活的場景。面對快速成長的美國高科技業，如美國的西岸地區，美國中部的重工業轉型相對緩慢且看不到盡頭。幸運一點的城市，例如匹茲堡市，因為存在高等學府卡內基美隆大學與匹茲堡大學，使得匹茲堡市有足夠的技術與人才，發展成以電腦科學、醫療、生物技術為主的城市（Peterson, 2017）。然而，並非每一個鐵鏽帶的城市都擁有如此資源來尋找新的經濟驅動力。「美國人都自嘲說，我們只能去找翻漢堡排的工作。」一位來自聖路易市的美國朋友曾如此自嘲美國人找工作時所凸顯的社會問題，而他所說的，是生活在鐵鏽帶地區的人們每天都要面對的現實。

相較於鐵鏽帶的沒落，美國夢似乎成為了新移民的專屬標誌。根據美國人口普查局的資料，二〇一五年，美國二十五歲以上的人口，擁有四年制大學學歷的人口占三十二・五%（Bauman, 2016）。在美國校園中經常見到的景象，是大量國際學生穿梭其中，而國際學生中，又以理工組為大宗，多半為亞裔。這些國際生泰半都懷著美國夢，期盼能夠在這裡成家立業，並且在矽谷扎根成為科技新貴。這些科技人第一年的年薪，動輒逼近、甚而超過十萬美元，當然在矽谷地區重稅的環境下，該所得雖然可能只能餬口，但至少負擔得起房租。然而，當地美國人在學歷或技術上受到國際人才排擠之下，只能找到相對低薪的工作，而科技新貴的高薪帶動飆漲的生活費、房租、大學學費，逐漸讓社會流動停滯（Dougherty, 2017），成為美國人生活的夢魘。

外來人口的大量移入也為美國社會與經濟帶來更多的困惑與挑戰。根據美國商務部統計，二〇六〇年，美國的西語裔（Hispanic）人口將突破一・一九億，其他少數種族加總占

❶這些城市包括：密爾瓦基、伊利、克里夫蘭、聖路易、辛辛那提等。在其榮景之時，美國人將這一帶的城市稱為「鋼鐵帶」（Steel Belt）。例如，匹茲堡是有名的鋼鐵之都。在匹茲堡市內，仍然有許多以鋼鐵大王卡內基命名的博物館、音樂廳。

一・三億，而白種人只有二・八億（Ortman, 2015），與二〇一四年相比，拉美裔的人口到二〇六〇年將成長一一四・八%。美墨邊境的德州拉美裔人口將率先在二〇二〇年超越美國白種人成為德州第一大的種族（Hoque, 2014）。大量的拉美人口提供美國所需的勞力，但注定也將剝奪美國勞動的工作機會。

處於鐵鏽帶的美國民眾面對合法或非法移民搶占勞動力、外國技術人才提高技術競爭門檻、全球化的國際企業持續布局全球，他們所處的社會條件益加艱難。雖然在二〇〇八年金融海嘯以來，美國的經濟呈現穩定復甦的趨勢，然而，根據「經濟合作與發展組織」（OECD）的數據指出，二〇一五年美國的基尼係數依舊高達〇・三九，位居三十五個成員國的第四高，而美國最有錢的人一%所擁有的財富占全美收入的二十%，而底層五十%的民眾只占十二%（Long, 2016）。對於美國底層民眾而言，生活是一連串的挫折。

倒戈的民主黨人與新保守勢力的出現

高技術人才、過多移民、自由貿易、全球化等社會條件，孕育出美國選民對現行政治的不滿、趨向政治保守的背景條件。然而，布朗大學學者喬許・派斯維茲（Josh Pacewicz）在其社會研究中深入指出，讓鐵鏽帶的傳統投票傾向瓦解，促使選民轉投非典型候選人川普的原因還有兩個：

一、工會與地方產業的瓦解導致溫和民主黨支持者消失。

二、對高聲談論經濟發展的領導人感到疏離（Pacewicz, 2016）。

傳統上，美國民主黨是一個政治立場較為偏向基層、保護勞工、偏向左派的政黨，美國共和黨則是政治立場偏向富人、保護企業，偏向右派的政黨。因此，工人居多的鐵鏽帶在工會的領導下，往往較為支持民主黨。對他們而言，工作類型的區分就是黨派的區分。在派斯維茲的研究中，就摘錄了一段勞工的言論：

> 我一輩子都是民主黨人。民主黨人優先照顧勞動族群。有錢人擁有的太多了……他們有這個、有那個，不需要人家照顧他們。在我長大過程中，我們全家族每當假日就會聚集在一起……去湖邊，一起吃飯。民主黨人比較喜歡這種概念。

然而，在工業蕭條的年代，美國工業迅速衰退連帶讓工會的規模與影響力也迅速下降。不僅如此，連帶地方產業跟著沒落，而這導致地方產業建立的社群也逐漸瓦解。原本由工會和地方產業社群維繫的溫和民主派人士網絡，逐漸被全球化的大公司併吞，並且在這些溫和派人士中激化出想要求新求變的想法。而這些新形成的政治意見，就如同下述受訪者在二〇〇八年時對派斯維茲表述的如出一轍。

> 這根本就是垃圾。我們原本有更多的零售商、文化娛樂，但這些人對一般人並沒有吸引力……我們原本有工廠的工作，但人們必須選擇屈就在沃爾馬（Walmart）上班。我們的生意是一群人上門帶著錢對我們說：「你們的城市想要錢！」這不是民主！這是共產主義！我們的領導人根本不管發生了什麼事，我們需要把事情打掉並且找回原本的樣子！

於是乎，地方的工人原先支持民主黨的板塊在工會跟地方產業的沒落下，自然逐漸崩毀。

鐵鏽區領導人在政策上遠離群眾，也是讓基層民主黨人逐漸疏遠的原因之一。鐵鏽區近年來的經濟發展，都朝向科技相關、確保大企業贊助，以及文藝活動方向。從經濟發展上來說，這些都是為了吸引年輕人材進駐城市和其後的大公司利益。這些自然只會讓基層的美國民眾感到疏離，而文藝活動這類目標族群少的活動，更無法讓失去社群網絡的人們找到歸屬感。

總的來說，產業的轉型與全球化帶來的競爭導致美國鐵鏽帶的低迷，而低迷的工業帶，又導致原本以工會和地方產業為核心的政治板塊鬆動，乃至瓦解；而相關的經濟發展措施，又因為專注在鼓勵新的經濟型態，讓原本失落的一群感到更加邊緣。於是，理所當然的，這群人在政治上渴望能有人帶領他們打破現狀。這些訴求反應在具體的政治行為上，逐步保守的傾向最終演變成抗拒移民或多元化、保護本國利益，抗拒全球化等，而這些訴求，恰恰是川普治下美國當代保守勢力所追求的大方向。

川普的保守主義與過去美國的保守主義不同。一九八〇年代興起的「新保守主義」主要政策包括：自由貿易、減稅、削減社會福利等。最著名的代表人物為美國前總統雷根與英國前首相柴契爾夫人，近期的代表人物則為美國老布希與小布希前總統；新保守主義者主要都是共和黨中的菁英。

川普式保守主義與新保守主義[2]間最大的不同在於：川普重視全球化中的輸家的利益，新保守主義者重視全球化中贏家的利益，於是雙方在政策上形成川普反對來自全球化的競爭，而新保守主義則鼓勵經濟全球化，並視之為企業的主要競爭力來源。這樣的重大差別，也導致傳統的美國共和黨菁英並不支持川普（Graham, 2016）。小布希總統在川普競選期間打破十年的沉默，出言反對川普的政策便是最佳的例證（Siddiqui, 2017）。

在全球化盛行的年代，用左、右派來區分政治勢力，可能再也無法精準地描述政治主

❷右派是一個大帽子，然而右派中仍存在許多不同派別。旗幟鮮明的右派，包括：宗教保守分子、種族主義分子。此外還有文中反對川普的傳統新保守主義者，立場中間偏右。此次川普帶來的改變就是，左派中趨向保守的反全球化者。這群人，就是前文不斷強調的，鐵鏽區中改投川普的人們。

張。紐約大學學者諾瑞爾・魯比尼（Nouriel Roubini）認為，政治上傳統的左、右之分，正在被支持全球化與反全球化的論點裂解（Roubini n.d.）。川普引領的保守勢力如果要用共通點來概括的話，即為「反全球化」，特別是反對在全球化中美國失去的利益。然而，身為全球霸權的美國，川普的政策主張，將會如何改變全球的政治樣貌呢？

美國優先vs.各國的反抗

截至二〇一八年底，川普的對外政策，正如他的選舉口號：「美國優先。」在競選期間，經濟上，川普大力批評九〇年代美國參與的《北美自由貿易協定》（NAFTA）、揚言退出歐巴馬政府推動的《跨太平洋夥伴協定》（TPP），誠如前文所述，川普認為這些過往的全球化觀念與自由貿易協定，只會嚴重地傷害美國人的工作權益與貿易利潤；安全上，川普批評「北大西洋公約組織」過時，各會員國都只願意享用美國提供的公共財，不願意負擔更多責任，形同讓美國人民負擔更多的經濟成本。而川普，矢言要改變這個狀態，找回屬於美國人民的利益。

因此，川普在競選期間便宣示，他將會退出《跨太平洋夥伴協定》，果不其然，在當選之後他隨即宣布退出該協定、在G20峰會上首次提出各國可以用適當方式保護國內產業，在二〇一八年推出新版的《美國－墨西哥－加拿大協定》（USMCA）取代《北美自由貿易協定》（BBC, 2018）。此外，在北約領袖峰會上，他更當面、直言批評各國在軍事領域上投入過低。[3]川普大動作地批評、試圖修正美國自冷戰結束後歷任總統的外交政策，這將會對美國的霸權產生如何影響？以下，讓我們依序從安全與經濟兩個面向來探討這個問題。

什麼是霸權？

「霸權」（Hegemony）的基本定義是：「政治、軍事、經濟上遠超過其他國家的單一國家。」冷戰期間，經濟上，美國憑藉其市場、資金、技術，東接歐洲、西連日本，串起了市場經濟的貿易格局。此外，美元在金本位制度以及石油以美元計價的影響下，更成為全世界的流通貨幣，加強了美國在世界經濟上的影響力。在國際安全上，美國成了民主世界的守護者；歐亞大陸東側有美日同盟，西側有北大西洋公約組織，在歐亞大陸兩側建立起最強的軍事同盟，並由此確立美國在自由世界軍事上的超強、領導的地位。

雖然美國的國力在七〇年代末期有所起伏，然而冷戰結束初期，蘇聯的崩潰與美國的再次復甦，更確立了其原本就在政治、經濟、軍事三方面獨強地位。各國在經濟與安全上，皆依賴美國建立的市場與安全體系，且在各項實力上皆遜於美國。

學理上將單一超強國家建立、維護的穩定國際體系，稱之為「霸權穩定論」（The

---

[3] Baker, P., 2017, “Trump Says NATO Allies Don’t Pay Their Share. Is That True?,” in *The New York Times*,.

Theory of Hegemonic Stability），由查理斯・金德博格（Charles Kindleberger）於一九七三年提出。然而，經歷一九七〇年美國國力起伏、國際關係中對於制度與實力的辯論，學界開始將制度補充於霸權穩定論之中，使得霸權的定義開始出現在國際制度層面和文化與制度層面的軟實力（宋學文，二〇〇四）。更全面地來說，國際霸權在現今的討論中至少會包含幾個基本面向的定義：在安全上，它擁有強大軍事力量；經濟上，它掌握原物料、市場、資本；產品具備高度競爭力；提供一定程度的國際公共財；意識形態上，則能夠為其他國家接受。

冷戰結束後，柯林頓政府決定繼續維持冷戰期間的軍事聯盟並填補蘇聯崩潰後的權力空間。軍事聯盟非但沒有取消，反而透過擴大成員與軍事行動範圍來強化既有安全制度。美國在後冷戰時代，對於維護權力的企圖心無庸置疑。

安全領域上，來自德國的反抗

在川普治下，他指責北約會員國的軍事預算並不到其GDP的二%，並要求各國提高其軍費支出，這作法動搖了美國在歐洲長期作為安全公共財提供者的角色。若從冷戰結束後來論，歐洲的確長期荒廢於軍事投資，使得美國負擔沉重。然而，川普的指責、試圖削減美國在公共財上的支出，不僅無助於夥伴關係、更削減美國領導世界的合法性。甚而在學界中，已開始出現美國是否會從民主世界的保護者變成掠奪者的討論。自由世界領導人的反對，最明顯的例證，便是歐盟重要領導人德國總理梅克爾提出歐盟軍事上必須自立的言論。[4]

二〇一七年十一月，歐盟反而先行簽訂《永久架構協定》（Permanent Structured Cooperation）[5]，由歐盟內部要求提高各國國防預算、展開歐盟軍備項目並參與聯合演習等，讓歐盟軍事一體化邁開重要一步。社會科學的限制在於，研究者無法知道在另一個時空中，假如希拉蕊上臺，美國是否會一樣遭逢歐洲各國對美國領導的不滿意。可以確定的是，川普的非傳統外交模式勢必引來盟友對於美國領導合法性的質疑。更值得注意的是，因為原先美國在國際制度中提供的好處開始刪減，使得各國開始思考是否接受或拒絕霸權提供的國際公共財。在羅伯特．基歐漢（Robert Keohane）的理論中，國家會因為國際制度對其有利而選擇加入，亦即國際制度是基於現實、工具性考量。能因為利益而加入，自然也能因為利益消失而退出（Keohane, 1988）。當然，基於歐盟的安全考量與歐盟的軍事能力，歐盟無法在短時間內離開北約自立，然而川普非傳統的外交模式，逐漸讓原本美國作

[4] BBC. 2017, “Merkel: Europe 'can no longer rely on allies' after Trump and Brexit,” [cited 2017 Dec 01]; Available from: http://www.bbc.com/news/world-europe-40078183.

[5] BBC. 2017, “European Unicn Gives Impetus to Joint Defence Plan.” *BBC*: http://www.bbc.com/news/world-europe-41971867 (October20, 2018).

為歐洲安全保證的唯一提供者的狀態產生裂縫。這結果，自然與美國嘗試繼續擔任霸權有所牴觸。

經濟領域上，來自中國的反抗

從貿易的歷史上來說，二戰結束之後，西方世界基本上信仰的是避免「以鄰為壑」（beggar-thy-neighbour）的貿易心態，因為「以鄰為壑」正是造成二戰前夕各國貿易大戰與經濟大蕭條的原因之一。第一次世界大戰結束時美國國內面臨產能過剩的問題，為了保護國內市場，共和黨里德・斯姆特（Reed Smoot）參議員與威利斯・霍利（Willis Hawley）眾議員倡議提高進口關稅。一九三〇年美國胡佛總統在一千餘位經濟學家的強力反對之下，依舊簽署該法案，是為《斯姆特—霍利法案》（Smoot-Hawley Tariff Act）。而在美國通過提高關稅來保護國內市場後，各國便先後採取報復性關稅來抵制美國，以及保護國內市場，這使得國際貿易進入黑暗期，各國經濟因此快速、大幅衰退。部分經濟史學家更認為，正是該法案的通過造成美國經濟大蕭條。而終結該法案的是二戰結束之後由美國主導所成立的《關稅暨貿易總協定》（GATT），該協定正式在一九九四年改名為「世界貿易組織」（World Trade Organization）。換句話說，在過往七十年裡，人們不可以忘記的是，世界各國經濟穩定發展的基礎，實際上是從GATT到WTO的低關稅[6]以及避免以鄰為壑的心態的功勞。

目前，我們尚且無法蓋棺定論川普的國際經濟政策，然而川普式的保守主義和非傳統外交方式所帶來的風險，正在撼動美國全球貿易領頭羊的地位，而結果仍未可知。

二〇一七年的G20峰會首次出現的貿易保護言論，已先為美國政府留下未來貿易保護的後門。美國已經退出了泛太平洋自由貿易區的談判，並且提出了新版的美、墨、加三國貿易協定。為了讓美國可以在中國與美國貿易中獲得公平的待遇，川普透過提高對中國的關稅發動「自損四百、傷敵一千」的貿易戰，威逼中國讓步。正如同在安全領域上，川普要求歐洲各國提高軍費支出後，遭到來自德國的阻力，中國果不其然也以提高關稅作為回應。兩國之間的矛盾已經達到了水火不容的地步，美國副總統彭斯更在二〇一八年發表新一輪的中國政策，矢言要在新的大國對抗中取得最後的勝利。即便美國在占優勢的情況下，有極高的可能在貿易戰中獲勝，然而這樣的純然權力鬥爭，是否會對美國在全球經濟合作倡議上產生不良影響？這樣的連鎖效應，不就是令人擔憂的「以鄰為壑」嗎？

然而，川普政府在經濟上矢言為美國人民討利益的政策，真的會如他預期般的有效嗎？

川普式的保守主義與反全球化，真的可以解決美國產業轉型帶來的貧富差距與城鄉差

---

❻需要注意的是，世界各國雖然在WTO的制度下，都不採取高關稅政策，但還是有相關的貿易保護政策，例如進口配額等「非關稅壁壘」以保護國內產業發展。

距嗎？川普與中國的貿易戰中，的確可以增加美國許多夕陽產業與製造業的利潤，但夕陽產業的問題在於它不是未來，它終究要轉型。那轉型中對於二度就業的調適策略在哪？而製造業面臨的更大問題是人工智慧與智慧製造的浪潮（Ross, 2016）。從技術發展的角度，美國政府難以要求資本家們放棄更省成本的方式生產，轉而僱用更多傳統人力。這才是真正的問題。對於川普而言，美國利益的損失必須被導正，然而，美國經濟、甚至是整個國際合作的未來在哪裡？單純的大國對抗，是否是國家經濟發展的解方？猶未可知。整個國際合作的未來，如今猶如蒙上了一層迷霧，沒人能夠看得穿。

川普年代的全球化啟示

美國弱勢群眾對全球化的反撲，自然是此次川普崛起中對美國政治菁英最重要的教訓。然而，身處臺灣的我們，能夠在川普的崛起中看到世界什麼樣的發展趨勢與啟發？

首先，我們可以留意的是全球化造成的經濟利益分配問題日趨嚴重。全球貿易在過去數十年，已經幫助開發中國家的幾十億人口脫離貧窮，然而對於已開發國家來說，經濟利益的分配問題卻沒有獲得相應的解決。已開發國家的大公司，透過全球化提供的市場、人才、技術賺進大量利潤，然而底層、沒有技術、不具備國際移動能力的民眾卻無法翻身。財富分配不均導致貧富差距日益擴大，已經變成已開發國家不得不面對的問題。底層民眾的在職進修、再教育，以及協助產業轉型，已經是刻不容緩的問題。

其次，全球化的速率如果在國內無法取得共識恐萬難前進。在此次川普的選舉中，鐵鏽帶群眾的反撲就是美國對全球化產生疑慮的重要案例。然而，除此之外，我們也在二〇一七年看到英國脫歐公投成功、法國出現極右派總統候選人勒龐並在兩輪制投票中獲得一千萬張選票，換言之，反移民、反全球化、反區域整合並非美國所獨有，而上述這些國家都是當初區域整合、全球合作的重要國家。這說明，若國家無法成功整合國內反對聲音，全球化極有可能在政治上形成全球化退潮，並因此為全球經濟、政治帶來高度風險。全球化的發展，必須呼應地方政治發展的需求才能順利前進。

最後，鬆動的國際制度高度可能為原本就風雲莫測的國際政治投入更多不確定。川普的不確定、不可預測性，為國際制度投下了許多不確定性。若我們站在一個更高的視野來觀察國際關係，短期內美國霸權地位依舊不可動搖，各國依舊會試圖與美國合作來獲取更多利益，然而當美國過於我行我素、甚至開始恣意修改國際制度時，美國霸權的合法性，將一再受到挑戰。這對於霸權國與扈從的國家來說，都是嚴峻的挑戰。自然也更有可能產生安全上的衝突，美中貿易戰自然是最佳例證，而雙方安全衝突的可能性自然也因為敵意螺旋而快速上升。

川普式的保守主義與非傳統外交的表現，是反對過去觀點的全球化、反對美國利益受損，積極地施展權力手段以逼迫各國服從，這是這關鍵年代最重要的特色。對於全球發展來說，思考如何穩健地持續發展才應該最符合人類的利益。然而這部分，首先出現了一個難題，面對美國積極地維護其利益，究竟是世界各國共同維護美國霸權符合人類的利益？還是，世界有其他的選擇？

川普的崛起固然是個驚奇，但也許他的出現更凸顯出在這個關鍵年代中，一個從未為人重視的幽暗陰影。美國霸權的未來將何去何從？世界，又會因此而變成什麼樣貌？

02 川普與麥卡錫主義的陰影——民主會走回頭路嗎？

林齊晧　轉角國際編輯、輔仁大學歷史研究所碩士

我們不能走在連綿不斷的恐懼之中，我們不能在恐懼的驅策之下，淪入非理性的年代……我們不能一邊在國外捍衛自由、一邊卻在國內棄絕自由。

這位總統的行為，已經令盟邦憂心忡忡、讓敵國稱心如意，這是誰的錯呢？不能完全歸咎於他，恐懼的情境並不是他創造出來的，他只是善加利用並大有斬獲。

美國好萊塢影星喬治・克隆尼（George Clooney），在二〇一七年二月第四十二屆法國凱薩電影獎上，發表了這一段時事感言，臺下對此報以熱烈的掌聲——大家都知道，他口中利用恐懼、淪入非理性年代的「這位總統」，指的就是美國總統川普。

其實這一段話並非克隆尼的發明，而是引用自已故美國知名廣播電視人愛德華・蒙

洛；是蒙洛在一九五四年的電視新聞節目中，針對掀起恐共風潮的參議員麥卡錫（Joseph McCarthy）所做的一番批判。

克隆尼致詞的有備而來，可能是因為這段歷史與他的演藝事業有著深厚的因緣，二○○六年他將蒙洛的這段新聞史搬上大銀幕，自導自演拍了一部黑白劇情片《晚安，祝你好運》（*Good Night, and Good Luck*），而蒙洛的這段批判言論當然是這部電影中最重要的一幕。該片入圍了當屆的奧斯卡獎最佳導演、最佳影片，堪稱將克隆尼又推上事業巔峰。

當年針對麥卡錫的批評，如今被巧妙地轉換成對川普的責難，彷彿麥卡錫主義（McCarthyism）投胎轉世，又以川普主義（Trumpism）的面貌降生美國。無獨有偶，不只是克隆尼想起這段極端的五○年代，二○一五年川普角逐競選以來，當「假新聞」（fake news）成為熱門關鍵字時，媒體亦零星出現過幾篇懷舊文，想念這位有美國電視新聞之父美名的蒙洛，拾起他的名言佳句來借古諷今：

> 要具有說服力，就必須是可信的；要成為可信的，就必須是可靠的；要可靠，我們則必須是真實的。

這段語出一九六三年、時任美國新聞總署（USIA）長官蒙洛的話，今日被拿來諷刺川普的信口開河，或用做對抗假新聞的媒體倫理心法。這形成了一個有趣的現象：川普這樣非典型政治人物的橫空出世，似乎帶給某些人一種歷史的憂鬱，憂慮那個麥卡錫主義肆虐的年代會重返美國。因此，昭告世人二十一世紀的麥卡錫已然誕生、川普主義等於麥卡錫主義的警世文紛紛出籠，儼然是新一波保守派與自由派的對抗內戰。

但是，川普與麥卡錫真有如此相像嗎？

無論是選前還是選後，川普的異軍突起似乎被當成美國各種矛盾的現象指標，你可以把那些排外、保守、極端、誇大不實的、搖擺不定甚至前後矛盾的，通通納入「川普主義」這個新誕生的詞彙。而上述的這類特質，也勾起了美國人的歷史陰影：「麥卡錫主義」，因為同為共和黨的他們都選擇從保守走向對抗的路線。不過，這個比喻真的合理嗎？

在這個疑問之下，讓我們順著喬治克隆尼的思古幽情，回顧若干麥卡錫年代的新聞工作者，特別是被外界認為在打倒麥卡錫一事上為重要推手的蒙洛，看當時的他們在肅殺氛圍中面對的挑戰、困境，乃至掙扎，於今又揭示了什麼意義？

❶ Guy Sorman, *Made in USA : Regards sur la civilisation américaine.*

川普主義：麥卡錫再現？

在帶有標籤的參與者之間——民主黨對抗共和黨，自由派對抗保守派——這個將一半美國人與另外一半美國人對立的文化戰爭，是從什麼時候開始的呢？

——索爾孟，《美國製造》❶

法國學者索爾孟的美國政治社會觀察隨筆《美國製造》，質問美國精神對立、捉對內戰的奇異型態。二〇一六年年底，川普贏得美國總統大選，一個被外界認為「非典型」、「瘋狂」的人物成為了美國第四十五任總統，而他的言行種種常被認為是撕裂族群、挑起對立。索爾孟的這番對立說似又應驗了。

拜川普所賜，國內外各家媒體總是有追不完的川普新聞，尤其是他最愛使用的社群平臺推特。二〇一七年十一月還發生了推特員工離職前，擅自關閉川普的帳號，這招「以其人之道還治其人之身」的行為，竟也被反川普者視為義舉，半開玩笑地要提名這名員工諾貝爾和平獎。像這樣以平時自己最厭惡、最不認同的手段來反擊，這或許呈現了部分自詡自由派者中心價值的錯亂，亦或許反映了某些美國人至今仍然不知該如何面對川普治下的現況。

川普上臺衍生出來的現象，還造成了部分媒體的崩潰感。例如號稱自由派第一大報的《紐約時報》，就無法接受川普當選的事實（甚至起初可能也不知道該如何面對這結果），川普就任一年多來仍然可見《紐約時報》上刊出各類被讀者網友嘲諷的「崩潰文」，專門抱怨川普卻又不知所措，將政治社會問題予以標籤化、單一化地推卸給保守派，而引來讀者針對這現象發出「紐時還沒醒啊？」、「只會仇恨川普啦」的諷刺。

而隨著川普上任後國內出現的白人至上主義活動、反移民論述、宣布將暫緩遣返非法移民的「DACA計畫」（童年入境者暫緩遣返手續）終止執行、對恐怖主義以及北韓的回應……等等，讓為數不少的美國人認為，美國將轉向更保守、更極端的方向，而新時代美國的戰爭不僅在於對外的恐怖主義，更在於內部的價值與意識形態對抗。

「川普主義」一詞最早在二〇一五年時已經出現在大眾媒體，而這當然和川普的出馬競選息息相關；這一個可能稱不上思想體系的「主義」，在語境上指涉的其實是川普的個人特質與發言風格。《華盛頓郵報》是最早開始使用「川普主義」這名詞的媒體之一，在一篇名為〈麥卡錫主義將被川普主義取代〉的專文當中，指出川普操弄政治語言，藉由排外心理煽動群眾，基本上就是個騙子，與當年的麥卡錫如出一轍。

日本多產的新聞記者池上彰當然也沒錯過這波川普研究熱，他在二〇一七年二月出版的專書《撼動世界的川普主義》（世界を揺るがすトランプイズム）中，條列了川普主義的內涵：

- ◆美國國家利益最優先。
- ◆談判協商前先指出對方的弱點。
- ◆沒有理想與理念，以現實利益為考量來交手。
- ◆藐視政治正當性，擅長抓住人們心中潛在的想法來獲得民心。
- ◆極容易朝令夕改。
- ◆不信任大眾媒體。

也許川普主義真的來了——還帶回了一九五〇年代麥卡錫主義的味道，而來自過去的幽靈再度盤旋在共和黨頭上。二〇一五年時，已有輿論將川普與麥卡錫聯想在一起，共和黨彷彿一脈相承，而川普極端的排外、保守主張，就是另一個時空下的麥卡錫。另外，川普的排外主義，也讓人聯想起美國十九世紀的黨派「無知黨」（Know Nothing Party，或譯為「一無所知黨」，後改為「美國人黨」〔American Party〕），該黨派專門反移民、反愛爾蘭，致力於管控外來移民的他們，最後也成為了共和黨的一分子。

麥卡錫與川普同樣極端不信任外來者。在麥卡錫主義甚囂塵上之際，因移民身分而受害的案例，譬如一九五三年的「空軍拉杜洛維奇撤職案」，起因於一名塞爾維亞裔移民的美國儲備空軍上尉麥羅・拉杜洛維奇（Milo Radulovich），因為故鄉的家人曾經閱讀過一份左傾的地方小報，而被以「對國家具有安全危險性」的理由撤職隔離。雖然本案並非由麥卡錫主導，但卻是麥卡錫主義瀰漫的局勢造就的；當時欲為拉杜洛維奇平反的媒體（如哥倫比亞電視臺〔CBS〕）也遭受麥卡錫派的輿論攻擊。

即便許多特質相像，但畢竟川普與麥卡錫身處的時空脈絡不同，兩人在權力運用的範圍也有差異。麥卡錫能達到當年局面的關鍵，在於麥卡錫擁有調查團、召開公聽會的政治實權，並以此作為攻擊手段，再加之政府各部若干程度的「配合演出」、新聞界的寒蟬效應。

但就共和黨人的態度來看，還是能發現川普與麥卡錫兩人有引發共同現象：一九五〇年代，共和黨中有對麥卡錫心存異議者，但支持麥卡錫、認為麥卡錫主義是愛國神效的共和黨人依舊占多數。事實上，共和黨當初對待麥卡錫的態度，和早期面對川普的態度如出一轍，共和黨容許、支持他們的行動，直到情勢愈發不受控制了，才覺得何必當初。就結局而言，參議員麥卡錫終究失敗收場，而如果川普可比擬為二十一世紀的麥卡錫，那麼當時正在競選的川普，是不是也引發了共和黨人的歷史憂鬱呢？

走向對抗：麥卡錫主義的幽靈

美國人們……

從共產陰謀中拯救我們的家園——

不要袒護那些紅色傢伙！

這是一份名為《赤星》（*RED STARS*）的文宣小冊主要標題。卷首怵目驚心地寫著這段警告文字，而在泛黃的摺頁紙上，則印著密密麻麻的鮮紅色文字。

這本冊子封底的文案教導讀者，為何你應該將一些帶有共產主義色彩的演藝明星與公眾人物，從你客廳的電視機和收音機中徹底消除。再翻開摺頁，無數人名羅列其間，幾乎都是好萊塢的導演、製作人、編劇以及演員們，當然也包括不少新聞媒體從業人員的名字，他們全被扣上了共產主義的叛國紅帽子。

這份文宣是典型的「赤色恐慌」（Red Scare）產物，藉由二戰後美國社會恐懼共產黨、擔心赤化的政治氛圍與大眾心理，宣稱自己手上掌握了滲透美國的共產黨人名單，涵蓋政治、軍事、文化各界領域人士，並以此四處糾舉提出指控。

不過仔細一看，會發現小冊子上標注的時間是一九六〇年。麥卡錫本人在一九五四年就遭參議院譴責而失勢，不消幾年，他又因為急性肝炎於一九五七年逝世。所謂的麥卡錫主義，不應該早就隨著他的黯然下臺而煙消雲散了嗎？顯然事實並非如此。

麥卡錫死後，蘇聯仍屹立不搖，冷戰的對抗依舊在美國本土持續，承受獵巫之害者大有人在，猶如麥卡錫的陰魂不散。恐共不是麥卡錫的發明，他只是利用這股風潮再掀波瀾。早在他之前，二十世紀初的美國對於共產主義與赤化思想就懷抱著隱憂，恐懼與敵意的蔓延在二戰後更加怵目驚心；戰後的美國迎來和平，名為「赤色」的幽靈卻悄悄徘徊在合眾國之中，對共產主義與蘇聯的恐懼，則將人們推向另一個極端的漩渦。

在前文提及的這份名單上，有一個名字被特別圈了出來：「愛德華・蒙洛」——也就是克隆尼諷刺川普時所引述的那位新聞英雄。他的名字出現在一九六〇年的反共文宣上相當微妙，因為當年麥卡錫兵敗如山倒，蒙洛就是新聞界當中導致此事的重要推手。當時他公開批判麥卡錫而被質疑政治立場，後來得以澄清，更重要的是，之後蒙洛還在總統甘迺迪（John F. Kennedy）的邀請下入閣，成為負責公共外交宣傳的美國新聞總署長官。

從蒙洛的案例我們已經可以猜到，即使在麥卡錫倒臺之後，對抗與排外的意識仍未消除，雖然力道大不如前卻仍有陰魂不散的壓力。

當時的新聞工作者究竟是如何在顛覆國家的恐懼中自處？這故事要從蒙洛身上談起，時空則是第二次世界大戰落幕後不久的紐約。

戰後，蒙洛返回紐約總部，一九三五年正好也是他在ＣＢＳ工作的第十年。蒙洛因在二戰的表現聲名大噪，成為美國家喻戶曉的新聞記者，他返美時受到的歡迎程度，幾可比擬前線的戰爭英雄。經歷戰爭的洗禮，蒙洛自ＣＢＳ歐洲分部躍升為新聞與公共事務部的副總經理，下轄新聞部、節目部等單位，可以說是他個人新聞生涯的高峰。蒙洛也面臨了新挑戰：管理戰後日益擴張公司內部業務，以及規劃應對廣播到電視新媒體的過渡時期。

在戰後勝利的氣氛之中，對於共產主義的隱憂早已在美國社會裡蔓延。影視媒體在戰後沒幾年就掀起赤色風暴，一九四七年「眾議院非美活動調查委員會」（The House Un-American Activities Committee）針對好萊塢影視從業人員展開各種調查、傳喚與訴訟，要肅清那些「在好萊塢灌輸共產主義訊息和價值觀」的人。期間也有許多人堅持美國憲法第一修正案賦予的言論自由權力，不願配合作證，或對任何政治立場表態，而後發生了著名的「好萊塢黑名單事件」（Hollywood blacklist），這些「不友善的證人」鋃鐺入獄，對好萊塢造成了巨大的壓力。

那麼蒙洛所處的新聞界呢？一向被視為自由派的蒙洛雖還沒針對當時的政治氛圍發表意見，但黑名單的威脅已然不是新聞人能夠忽視的，大禍臨頭恐怕只是遲早的問題。蒙洛在二戰期間的新聞老搭檔、資深新聞人夏伊勒（William L. Shirer）首當其衝，因批判政府得罪了ＣＢＳ的金主而遭開除，此後更被列入有「赤色嫌疑」的黑名單，讓夏伊勒有相當長一段時間無法正常工作（這也是後來他埋首寫作、創作出多部歷史作品的原因）。當時蒙洛身為夏伊勒昔日戰友、今日的新聞主管，卻只希望一切能配合公司的安全政策，盡量息事寧人，以收斂個人政治態度來迴避赤色恐慌的歇斯底里。他的妥協策略似乎有一時之效，卻也讓身邊眾人難以諒解。

只是，這種妥協的態度能持續多久？

直到死亡找上門，蒙洛可能才開始意識到，維持曖昧的現狀並無法換來永久的和平。

然後他就死掉了：杜根墜樓事件

一九四八年十二月二十日，聖誕節將近，深夜，曼哈頓相對蕭條的第四十五街上，行人聚集在一處大樓下，圍觀一名倒臥在血泊中身軀破碎、垂死的瘦弱黑髮男子。警察與救護車迅速趕到現場，將這名男子送往醫院：

> 到了醫院，男子宣告不治。從他的皮夾當中得知他的名字叫做「勞倫斯・杜根」（Laurence Duggan），四十三歲，住在紐約的郊區斯卡斯代爾。警方深入調查，找出了更多背景資料。杜根受過良好教育（一九二七年他上過菲利普斯埃克塞特學院、哈佛大學），有一位太太和四個小孩，還在國務院工作了十四年，其中九年擔任拉美業務主管、四年做政治關係顧問。自一九四六年開始，杜根擔任由卡內基協會資助的「國際教育協會」主席，年薪一萬五千美元，該機構專門負責美國與國際學生的交流活動。

根據當時現場的調查，杜根是從位於十六層樓的協會辦公室窗戶外墜落。令人不解的是，警方的調查並沒有說明杜根的死因。這起墜樓案是意外，還是自殺？隔週發行的《時代雜誌》指出了疑點：

沒有任何人解釋死因。警方匆忙趕到協會十六樓的辦公室，發現了一些線索：杜根的辦公桌附近有件棕色花呢絨大衣和公事包（裡面有張隔天飛往華盛頓的機票），他左腳的鞋子掉在辦公室地板上，墜樓時，他右腳還穿著鞋。

辦公室的兩扇窗戶中有一扇是開著的，根據測量，窗戶高七十公分、寬一百一十公分，距離辦公室地板八十公分高。瘦高的杜根（一百七十七公分、六十三公斤）有可能從這樣的窗戶掉出去嗎？怎麼掉的？還是他用跳的？又是為什麼？

對此，警方沒有答案。家屬更無法接受這個結果。

這是一起單純的意外墜樓嗎？如果是，那杜根要「不小心」從這種規格的窗戶掉出去似乎有點困難，況且，到底是怎樣的「意外過程」，才會讓他在辦公室裡留下一隻鞋子？或者說，是杜根自己想不開，跳樓自殺？但這就難以解釋為何他公事包裡還有一張隔天飛往華盛頓的機票。此外，杜根的家屬與同事也不認為他有什麼自殺的理由或跡象。

如果杜根是被人陷害呢？

杜根在國務院的長官、曾任國務次卿的威爾斯（Sumner Welles）堅決認為杜根不可能自殺或自己造成意外身亡，墜樓案必定另有隱情；他向當時的紐約市長表示，務必要將杜根之死調查清楚，而市長也因應他的請託，派出私家偵探團隊進行調查。

墜樓案突然有了意想不到的發展。ＦＢＩ（美國聯邦調查局）的資料顯示，就在杜根墜樓的九天前——十二月十一日，ＦＢＩ探員來找過他。探員登門造訪的理由，是因為在十二月八日收到了這樣的舉報：

> 有人向「非美活動調查委員會」舉發，國際教育協會的勞倫斯．杜根是蘇聯間諜。

ＦＢＩ因此介入調查，未料找過杜根本人談話後沒幾天，就發生了墜樓事件。無論是意外、自殺，甚至是他殺，案情隨著「蘇聯間諜」的線索愈發撲朔迷離；杜根是因為ＦＢＩ的調查而畏罪自殺？或是遭人謀害？有更多人寧願相信他與蘇聯毫無關係。

共和黨參議員卡爾．蒙特（Karl E. Mundt）出面指控，杜根的名字曾出現在十二月初由ＨＵＡＣ（非美活動調查委員會）舉辦的祕密聽證會中。這位參議員斬釘截鐵地表示，他還「聽說」杜根一九三九年曾從共產黨人手中拿到某些祕密文件。聽誰說的？是聽一位美國前共產黨員惠特克．錢伯斯（Whittaker Chambers）說的。但是當這位參議員被問到進一步證據時，就沒下文了。

杜根的遺孀極力否認這件事，她說杜根和錢伯斯毫無瓜葛，更別說是什麼蘇聯間諜：「這是我人生聽過最離譜的鬼扯！沒有一項指控是真的。」至於死因，杜根的家人認為，可能是杜根想要開窗戶透透氣，不小心就跌出去了——警方最後並未採認這個說法。

杜根之死蒙上了一層蘇聯的陰影。長年為美國國務院奉獻的優秀青年，真的是共產黨滲透的間諜嗎？一起墜樓案件，也讓人逐漸體認到了ＨＵＡＣ祕密活躍的身影和保守派在缺乏公開證據之下任意指控的威力。

為了捍衛名譽，杜根的舊友們紛紛跳出來替他澄清，並且要求釐清杜根墜樓案的死因；畢竟處於一個美國人在戰後集體歇斯底里的年代，牽扯到「赤色」總是令人心驚恐慌，更何況這還是一名公務員。

杜根之死意外成為開啟巨大謎團的鑰匙，《芝加哥論壇報》（*Chicago Tribune*）發現杜根墜樓的一九四八年左右，有幾起看似個案但又有不尋常關聯的案件：

一九四八年八月十六日，前財政部官員哈利．懷特（Harry Dexter White）死於心臟病。

一九四八年十月二十日，司法部律師馬文．史密斯（W. Marvin Smith）在大樓樓梯間身亡，原因不明。

一九四八年十二月二十日，前國務院官員勞倫斯．杜根墜樓身亡，原因不明。

一九五〇年二月十四日，前《時代雜誌》編輯哥茲伯勒（Laird Shields Goldsborough）墜樓身亡，原因不明。

《芝加哥論壇報》指出，死者的共同點都跟蘇聯間諜的指控有關，於是乎，陰謀論的想像甚囂塵上。「匪諜就在你身邊」的精神緊繃，成為美國五〇年代的標籤。可是，杜根真的是蘇聯間諜嗎？

打擊共產黨，你有意見嗎？

杜根死後被指控是共產黨同路人，哥倫比亞廣播公司的新聞節目中，則出現了替他辯護的聲音：

> 勞倫斯．杜根是我認識最傑出、最熱心奉獻且忠貞愛國的公僕之一。在我的認知中，他並不是共產黨員。

這番話是蒙洛說的。雖然他是杜根的老朋友，但能得到蒙洛的公開背書有其特殊意義，因為他在二戰期間成為戰地記者後不久，就已經是美國家喻戶曉的廣播明星，以專業、信實可靠的形象博得聽眾信賴。不僅如此，蒙洛年輕時還曾在ＩＩＥ國際教育協會工作過，擔任杜根的父親，也就是協會創辦人的助理。

共諜爭議後不久，杜根墜樓案有了突破的進展。當時還是眾議院議員、在ＨＵＡＣ活躍的尼克森（Richard M. Nixon）澄清，杜根案的調查有誤會——勞倫斯不是共匪，美國司法部亦同聲表示：「他是一位忠貞的美國人。」

雖然沒有與死因相關的調查結果，但至少對杜根的家人和朋友而言，這番宣稱都讓人鬆一口氣。原以為事件可以就此告一段落，沒想到卻是另一場風暴的前奏；公開替杜根辯護的蒙洛，引起哥倫比亞電視公司的大贊助商金寶湯公司（Campbell Soup Company）的強烈不滿，批評蒙洛不該用新聞節目發表這種像社論一樣的意見——因為這會替公司帶來政治上的麻煩。

但蒙洛主張，合約中本來就賦予他評斷新聞的權力，拒絕贊助商干涉新聞自主。雖然後續未再引起風波，卻讓電視臺新聞記者與贊助商之間的矛盾、緊張的關係逐漸浮上檯面。這時候的蒙洛可能還沒料想到，像這樣受到政治壓力的自我審查，會在不遠的將來變成一種媒體的日常。

蒙洛高調支持杜根的行為，也引起了「大人物」的注意。一九四九年六月十六日，他在廣播節目中稱讚ＦＢＩ在間諜審判案時，抵制缺乏驗證評估的證據的態度，隔天他就收到了一封電報：

> 我想透過這封個人訊息來感謝你，昨晚廣播中關於最近ＦＢＩ的立場，你做了相當客觀的報導。
>
> 美國聯邦調查局局長　胡佛

收到ＦＢＩ局長的訊息，恐怕不是什麼值得開心的事。

這封信釋放出的訊號非常清晰——ＦＢＩ的胡佛在聽你的節目，而且還很關心你的一詞一句。這在冷戰鬼影幢幢的年代足以令人窒息。蒙洛與曾被懷疑為蘇聯間諜的杜根交情甚篤，這在ＦＢＩ眼裡難道「完全清白」嗎？顯然一切都在老大哥眼皮底下，他凝視著所有人。

您參加過共產黨嗎？美國忠誠調查

杜根墜樓案雖然有尼克森在ＨＵＡＣ的澄清，但人們並未停止恐懼。不出一年時間，來自威斯康辛州的共和黨參議員麥卡錫，便聲稱掌握滲透美國的共匪名單，在缺乏充分證據之下就可以扣別人紅帽子，而這也就是有名的麥卡錫主義。

很多人誤以為在麥卡錫主義時代沒人敢公開批評，事實並非如此。看不慣麥卡錫行為的新聞記者大有人在，例如蒙洛和他在ＣＢＳ的眾多新聞夥伴即是。歷經過二次世界大戰的他們在戰後被稱為「偉大世代」（Great Generation）——跑戰地新聞的時候都沒在怕了，看不慣恐共獵巫的現象來批評兩句也是剛好而已。

偉大世代的駐外特派員是二戰期間美國廣播黃金年代的重要推手，ＣＢＳ這些以蒙洛為中心的國際新聞部就是一個典型的例子，他們多半從一九三七年前後入行，具備高等教育學歷或歐洲留學經驗，背景並非來自新聞本科系或通訊傳播技術，而是政治學、歷史學、外交等各領域的專業人才；他們被派往世界各國、跨越換日線的異地，報導的新聞不是個人膚淺的見聞，而是經得起檢驗的脈絡議題分析。也因為處於這種背景之下，當時這些駐外特派員很容易接觸到左派知識分子、也相對容易接受對於自由派或傾左的思想，在蒙洛的同事之中，就曾經有人在四〇年代初參加過共產黨的運動。

但是在戰後，同情左派是要付出代價的。為了防堵批判政府外交政策、對打擊共產黨有意見的言論，CBS祭出內容審查，將可能得罪政府或贊助商的節目全部砍掉。蒙洛的另一名同事薩瓦雷德（Eric Sevareid）因為在自己主持的廣播節目中多次批評麥卡錫，一九五一年遭到公司停播節目處分。

接著，CBS隨麥卡錫主義起舞，一九五〇年代在公司內部進行了惡名昭彰的「忠誠調查」（Loyalty Questionnaire），要每個員工正確填答，確保公司裡面不存在會被麥卡錫揪出的共匪：

您至今為止參加過共產黨、或信奉共產主義的社團組織嗎？

您曾加入過任何法西斯團體嗎？

您參加過任何牴觸美國憲法、企圖顛覆政府的團體嗎？

諸如此類的問題洋洋灑灑好幾頁，而且還要在調查表格上填寫個人基本資料、家庭概況等瑣碎事項，並附帶一份各種共產主義、法西斯相關社團清單，讓填答者「好好回想一下」。現今來看這根本不可思議、侵犯人權的問卷，在當時卻是一種必須妥協的日常；而在某些保守派的眼中，這是為了國家安全的合理措施。

像這樣的調查並非只有特定的媒體集團才會做，而是以各式各樣的形式出現在民間企業甚至大學院校裡。ＣＢＳ大動作向員工配發調查單讓內部人員不快，需要拋頭露面的主播、主持人和新聞記者們被要求政治正確是可想而知，但連看似「人畜無害」的娛樂線工作者乃至行政庶務人員都比照辦理，才讓一些人醒覺：原來就算自己不吭聲，政治也會找上門。

大多數的ＣＢＳ員工都向忠誠調查妥協，包括曾在ＣＢＳ當到副總經理職位的蒙洛。以正直敢言形象聞名的他，選擇在風頭上隱忍，也簽了這份調查書。不只如此，他還要大家跟他一起簽。

蒙洛逐一找了那些反對簽署的同事及部屬，試圖以他在ＣＢＳ的實質影響力說服大家完成忠誠調查。蒙洛妥協的理由是：「你沒有選擇。如果你不簽，我就沒辦法保護你。」為了保住大家的飯碗（甚至是性命），只好暫時屈服大環境的壓力。蒙洛的決定自然引起爭議，同業批評他的僥倖心理、見風轉舵，也有人批判蒙洛昨是今非，只會說一些漂亮話，面對真正考驗時卻成了軟腳蝦。

他身邊親近的新聞工作者最後都配合了忠誠調查。薩瓦雷德認為，這是一種等待時機反擊的戰略，因此可以理解蒙洛為什麼採取這樣的對策。不過也有對蒙洛極度不諒解的人，特別是已經名列黑名單、受到恐共獵巫之害的朋友，如夏伊勒，他就憤恨蒙洛在擔任CBS主管時，沒有盡責周全地保護部屬免受麥卡錫主義的無妄之災，反而也躲到一張忠誠調查的背後去了。

簽署忠誠調查後，就能保平安了嗎？屈服於政治正確的自我表白，就能從此高枕無憂？薩瓦雷德遵循蒙洛的腳步一起簽署忠誠調查，但就在隔年，他主持的新聞廣播節目就被停播了，原因是薩瓦雷德在其節目中屢次批評參議員麥卡錫，使得CBS公司受到投資主和贊助商的強力施壓。

蒙洛的另一名部屬伯德特（Winston Burdett）則在忠誠調查時，坦承自己參加過共產黨，不過一九四二年時因妻子被黨內同志殺害而從此退出組織活動。蒙洛在事情延燒之前趕緊將他調派到CBS羅馬分社避風頭。

然而，繼杜根墜樓案之後，又有一起案件不只讓蒙洛心驚，而是目睹了恐怖降臨。同為CBS新聞主播的唐·海倫貝克（Don Hollenbeck）是蒙洛親近的同事，他公開附和對麥卡錫主義的批判，後因不堪其他媒體多次批評他是無恥狡詐的共產黨人，最後在家中自殺。海倫貝克同樣在忠誠調查中宣誓了自己的愛國忠貞，但這也沒有成為他的保命符。

在這個集體歇斯底里、政治巨靈作祟的時代，屈服到底能保全什麼？頑抗又能掙脫什麼？

反擊開始：空軍撤職案

空軍拉杜洛維奇撤職案，終於讓蒙洛與麥卡錫主義交鋒正式浮上檯面。

麥羅．拉杜洛維奇是．名塞爾維亞裔美國儲備空軍上尉，在後勤單位擔任氣象員。一九五三年八月，他被空軍指控對美國具有安全隱憂而遭免職，理由是：拉杜洛維奇的父親與姊姊在家鄉曾閱讀過塞爾維亞當地立場傾向共產黨的「顛覆性」報紙。拉杜洛維奇拒絕辭職並尋求律師的協助，還要求空軍召開聽證會，空軍則將他以具「安全危險性」（Security Risk）為由進行隔離，並聲稱空軍已確實掌握相關證據，但不願對外公開。

此事被《底特律新聞報》（*Detroit News*）報導刊出，當時蒙洛正與製作人搭檔佛蘭德利（Fred W. Friendly）合作電視新聞節目《現在請看》（*See It Now*）。蒙洛指派《現在請看》記者威士巴（Joseph Wershba）訪問拉杜洛維奇一家。看過訪談影片後，佛蘭德利覺得節目若播出勢必會刺激軍方，而蒙洛卻認為拉杜洛維奇是值得報導的事件：「就在星期二晚上做完一整集半個小時。讓我們試看看能不能得到五角大廈的回應，你們去試著弄到ＣＢＳ給這次播出的支援，由我來做節目收尾。」

蒙洛強調他會來做節目收尾，乃有慎重其事之意，因為《現在請看》不只報導拉杜洛維奇事件，蒙洛還會不時將他的評論穿插其中，做出的結論也可能因反映出特定立場而引起爭議。故蒙洛又言本集「結尾將會決定我們是生是死」。

這一集《現在請看》果如預期，讓ＣＢＳ和軍方大為光火。空軍得知訊息後立刻指派軍官到ＣＢＳ約談蒙洛與佛蘭德利，表達對報導的不滿；該名軍官甚至知道蒙洛因為在二戰期間的廣播工作和成就而在軍方有著良好人脈關係，他們警告蒙洛：「你過去總是得到我們的全力配合，我們也知道你不會想做出任何改變我們這種關係的事。」

ＣＢＳ新聞與公共事務部主任米克森（Sig Mickelson）則軟性施壓，表示公司難以支持播出的廣告費用給這類爭議性題目。贊助商方面，美國鋁業公司（Aluminum Company of America, ALCOA）是ＣＢＳ仰賴的贊助企業、也是《現在請看》的主要資金來源，由於軍方是ALCOA公司的重要客戶，因此更不願支持拉杜洛維奇事件專題節目，直接抽掉該集贊助資金。

在缺乏公司金援後盾之下，蒙洛與佛蘭德利自掏腰包，以個人名義支付了一千五百美元在《紐約時報》刊登廣告，且廣告中不注明ＣＢＳ公司名稱，如此一來ＣＢＳ才同意讓節目播出；蒙洛等人與行政部門在此案中形成一種緊張而微妙的平衡關係。

一九五三年十月二十日晚間十點三十分，《現在請看》如期播出拉杜洛維奇事件專題報導。節目訪談了拉杜洛維奇本人及其妻子、他被懷疑具有共產黨背景的父親、姊姊，以及拉杜洛維奇的其他親友。經過記者的調查，顯示空軍對於拉杜洛維奇之父、姊姊閱讀顛覆性報紙的指控缺乏有力證據、純屬子虛烏有，因此牽連拉杜洛維奇有失公平。

拉杜洛維奇之父在節目中朗讀了給總統的陳情信，直言他在三十九年前即移民美國，並為軍方服務多年，希望總統能伸出援手還他們一家人清白。蒙洛在這一集節目尾聲總結道：

我們相信父親的罪過不應由兒子來承擔，即使那是罪證確鑿之事。但是在本案中，根本毫無證據。而我們也相信，這件案子說明了軍方需要比之前做更多充分的溝通，以說明是依據哪些程序、規章來同時保護國家安全與個人權利。無論在個人與國家之間的關係上發生任何事，我們都應該自行承擔，這不能去怪罪馬林科夫、毛澤東、甚至怪罪我們的盟邦。這件事情，對我以及佛瑞德．佛蘭德利來說，應該要永無休止地爭論下去。

節目播出後的當晚，據製作人佛蘭德利的回憶，《現在請看》於CBS攝影棚的控制室立刻接到無數通來自全國觀眾、新聞同業的來電，表達他們的支持與對拉杜洛維奇事件的震驚。

播出後的數日，蒙洛與佛蘭德利陸續接收到來自空軍人員的信件，對於感謝《現在請看》的報導，並且讚賞蒙洛與佛蘭德利的「專業與勇氣」。

此次報導不僅引起輿論效應，更影響空軍對拉杜洛維奇事件的決定。節目播出後不到一個月，空軍決定讓拉杜洛維奇復職、撤銷對其安全危險性的指控。報導後第五週——一九五三年十一月二十四日，空軍部長塔波特（Harold E. Talbott）接受蒙洛專訪，公開表示經過謹慎評估後，對拉杜洛維奇的忠誠無絲毫懷疑。

蒙洛與《現在請看》節目勇於報導真相、挑戰議題的形象隨著拉杜洛維奇事件播送而大放異彩。然而蒙洛的舉動引起有心人士側目，蒙洛與共產黨之間有某種關係的謠言甚囂塵上。已經有人開始懷疑、調查蒙洛的背景，麥卡錫身邊的調查員在節目播出約一個多月後，私下接觸《現在請看》記者威士巴，向他說：

> 你們的蒙洛先生最好小心一點，如果我告訴你我們手上有確切的證據，證明蒙洛是蘇聯支薪的密探，你會怎麼想？

然而，拉杜洛維奇事件是麥卡錫主義影響下的諸多相似案例之一，蒙洛的反擊，似乎已不可避免地走上與麥卡錫正面對決的命運。

讓麥卡錫毀滅麥卡錫

拉杜洛維奇報導落幕之後，蒙洛已預料到《現在請看》節目遲早要面對麥卡錫，但關鍵是選擇什麼時機較妥？團隊是否有足夠的準備承擔風險與責任？更重要的是，ＣＢＳ是否願意播出？蒙洛的策略是「讓麥卡錫毀滅麥卡錫」（Let McCarthy destroy McCarthy），針對麥卡錫的公開言論，找出其中破綻與自相矛盾之處予以反擊。

自拉杜洛維奇報導結束到一九五四年初的數月間，《現在請看》團隊蒐集了許多麥卡錫的資料，據記者威士巴的回憶，蒙洛起初猶豫使用電視媒體對付單一、特定的人物是否恰當，但他無法坐視麥卡錫長年的行徑與造成的恐慌，最後才下定決心報導。

一九五四年三月初，《現在請看》的麥卡錫專題報導準備大致完成，只差敲定播出日期。然而，ＣＢＳ老闆培利（William S. Paley）對此的態度卻令人玩味，既不特別支持，但也不強烈反對播出，唯一條件如同前述的拉杜洛維奇報導，廣告費由蒙洛與佛蘭德利自行負擔，且廣告上不可使用ＣＢＳ標誌。就連蒙洛事前邀請培利審查節目內容的試片，也都被拒絕。ＣＢＳ的處理態度是想置身事外，倘若爭議真的一發不可收拾，行政部門都還有自圓其說的轉圜餘地。

一九五四年三月九日，《現在請看》直播專題節目，蒙洛與麥卡錫的交鋒正式開始，首先是蒙洛節目的開場白：

> 各位觀眾晚安。今晚《現在請看》半個小時的節目，將報導參議員約瑟夫．麥卡錫，主要依據他自己的談話與影片。因為對麥卡錫的報導必然會引起爭議，所以我們希望能夠實話實說。當我與佛蘭德利發表評論時，請各位務必閱讀字幕。如果參議員

認為我們曲解他的談話或影片，願意親自出面澄清，本節目也將給予機會。今晚我們的主軸是這個問題：「如果這場對抗共產主義的鬥爭，演變為美國兩個偉大政黨間的鬥爭，美國人民知道如此一來其中一個政黨就會毀滅，國家將無法在一黨獨大之下長治久安。」

我們為這番論述喝采，麥卡錫參議員一定也有同感，因為這正是他在一年五個月之前於密爾瓦基（Milwaukee）說過的話。

接著，節目播放這段麥卡錫一九五二年在密爾瓦基發表言論的錄影。麥卡錫的陳述慷慨激昂，說得雖是義正詞嚴，但蒙洛立即拿出麥卡錫在其他場合完全相反的言論對照其前後矛盾。

麥卡錫針批評過軍方的艾森豪（Dwight D. Eisenhower）、茲威克將軍（Ralph W. Zwicker）、陸軍部長史蒂芬斯（Robert T. Stevens），並且屢次指控軍方內部已被共諜滲透，但全都一無所獲。蒙洛接連播放相關聽證會影片，批評「麥卡錫參議員一直鍥而不捨，他就像是一個單人委員會，四處奔走、訪談了許多人，也讓某些人膽顫心驚」。另外，麥卡錫針對陸軍部長史蒂芬斯的言論，煞有其事地引用莎士比亞名作《凱撒大帝》（*Julius Caesar*）中的臺詞諷刺史蒂芬斯，蒙洛則反過來藉麥卡錫的話語反擊，謂其利用豁免權保障的調查行動散播半真半假的訊息。

蒙洛拿出最後一段麥卡錫的調查聽證會影片，是麥卡錫傳喚質詢曾在國務院擔任新聞工作的作家瑞德・哈里斯（Reed Harris），哈里斯被指控協助共產黨，一九三二年四月從哥倫比亞大學退學，當時美國公民自由聯盟（American Civil Liberties Union）提供他一名律師協助。麥卡錫在聽證會上針對此事以及哈里斯一九三二年一本銷量不佳的著作進行質問，哈里斯當場自陳厭惡麥卡錫「這種咄咄逼人的調查」，自己「早已經通過所屬單位依法施行的安全考核」，而麥卡錫在聽證會的指控仍舊毫無所獲。

蒙洛在本集《現在請看》的結論中同樣引用莎士比亞《凱撒大帝》的名言：「親愛的布魯圖斯，過錯不在於我們的星辰，而是要歸咎我們自身。」並指稱：

> 我們必須永遠記得，徒有指控並不能證明罪行，法院定罪必須仰賴證據與正當法律程序。我們不能走在連綿不斷的恐懼之中，我們不能在恐懼的驅策之下淪入非理性的年代。
>
> ……反對麥卡錫參議員手段的人不能再保持沉默，支持他的人當然也可以挺身而出。我們可以否定自己的傳統與歷史，但我們不能逃避承擔這樣做的後果，一個共和國公民絕不可能逃脫其責任。
>
> ……這位威斯康辛州資淺參議員的行動，已經令盟邦憂心忡忡、讓敵國稱心如意，這是誰的錯呢？不能完全歸咎麥卡錫，恐懼的情境並不是他創造出來的，他只是善加

利用並大有斬獲。

蒙洛指出麥卡錫的行動不是合法正當的「調查」，而是「迫害」，並且利用這種恐懼情境肆意妄為。而他再度引述《凱撒大帝》句子的用意十分明顯，麥卡錫主義造成的錯誤與恐懼，並不能只怪罪麥卡錫一人，或怪罪社會環境乃至怪罪不可逆的命運，沉默的大眾不但不能脫其責任，更需要記起先人勇於捍衛自由、發表異議的精神。

麥卡錫專題節目播出後，果然引起極大回響。據統計，三月九日首播收視人口約有四千萬人，節目播畢後有大量觀眾打電話到CBS紐約本部表達觀後感，其中有一萬二千九百二十四通是支持蒙洛、一千三百六十七通支持麥卡錫；CBS同時陸續接到電報，三千二百六十七封支持蒙洛、二百零三封支持麥卡錫，全國CBS各臺收視人口中支持蒙洛與麥卡錫的比率為十比一，蒙洛幾乎獲得壓倒性的支持。

麥卡錫面對電視上的正面攻擊，要求CBS給予他同等時間來上節目，而時間就在這集播出的一個月後的四月六日。在這段期間，蒙洛、佛蘭德利與《現在請看》團隊共同研擬應對策略，針對麥卡錫可能攻擊蒙洛與CBS公司的部分蒐集各類相關檔案資料；CBS也提供人手協助整理檔案，以期在保全公司最大利益的前提下，蒙洛能夠做出「妥善」的回應。

四月六日當天，麥卡錫並非親自現身CBS攝影棚，而是委請助理將事先錄製好的影片交到CBS手中。為確保影片內容的完整，麥卡錫特意選在節目即將開始之前才送達。《現在請看》如期播出，整集時間幾乎都留給麥卡錫送交的影片，影片的畫面構成十分簡單，只有麥卡錫一人獨坐辦公室，攝影機畫面定格在他正面上半身，面對鏡頭發表談話。

節目一開始，麥卡錫說到：「愛德華．蒙洛先生，哥倫比亞廣播公司的教育部主任，全心致力於用他的節目來攻擊美國參議院調查委員會的工作，還有攻擊我個人。」麥卡錫沒有回應兩次《現在請看》的節目內容並解釋，他開始全心討論蒙洛的個人的背景。麥卡錫皆是在告訴觀眾：蒙洛極有可能是一名兼具思想與行動、潛伏美國的共產黨分子。

節目播出的同時，蒙洛立刻發表了一份預先擬好、長達七頁的聲明，澄清自己的政治立場，這份聲明稿也在隔週四月十三四播出濃縮版，由蒙洛一人在鏡頭前獨白：

……麥卡錫針對我的忠誠做出魯莽而毫無事實根據的抨擊，麥卡錫每次遇到不同意他的人，就企圖將對方打成共產主義者，這只是他的一貫手法而已。

……參議員麥卡錫指控我是「世界產業工人聯盟」的一員，參加他們的社會主義勞工運動，根本搞錯了。我從來沒申請加入過組織，過去與我一起在伐木場工作的夥伴，能為我證明我與他們沒有任何隸屬或親密關係。

參議員又指控，英國社會主義學者拉斯基（Harold Laski）教授在他的著作中寫著「本書獻給蒙洛」，這是真的。拉斯基是我的好友，他已經過世了。他是社會主義者，但

> 我不是。拉斯基是個文明人，不會強迫你要先贊同他的政治理念，才與你交流或建立友誼。我不同意他的政治觀點，而拉斯基在他的序言中也寫得很清楚，他會特意將這本書獻給我，不是因為政治主張的原因，而是他由衷地景仰我在倫敦的戰時新聞廣播。

蒙洛解釋了所有被質疑的問題，試圖一邊證明自己的「清白」、一邊反擊麥卡錫。麥卡錫於《現在請看》粉墨登場後不久，四月二十二日軍方與麥卡錫聽證會（Army-McCarthy Hearing）正式召開，由美國廣播公司（American Broadcasting Company, ABC）轉播。舉行聽證會的四月至六月間，軍方在會中公布麥卡錫的違法、越權的行為，十一月，麥卡錫遭免除參議院工作委員會主席一職；十二月二日參議院以六十七對二十二票正式通過譴責麥卡錫之決議，麥卡錫退出政壇。《現在請看》形同勝利，蒙洛與麥卡錫之爭至此終於落幕。

麥卡錫倒臺了，以蒙洛為首的團隊將之視為新聞界的勝利。這個勝利的時刻，彷彿替從忠誠調查以來四年間承受的屈辱、犧牲的代價出了一大口氣。

不過，蒙洛真的就此揚眉吐氣了嗎？事件落幕後不到一年，他的節目就被ＣＢＳ大砍時段，並逐步將他冷凍。在僅有的節目時段裡，蒙洛盡力製作教育議題、土地爭議、黑人民權運動方面的專題，直到一九五八年遭停播為止。麥卡錫的幽靈雖然遠去，背後更高層次的政治巨靈仍無孔不入地影響著媒體結構。

麥卡錫主義遠去以後

一九六一年蒙洛從CBS離職。箇中原因很多，其中一個是蒙洛在美國廣播電視新聞主管協會RTNDA的大會上發表演說，揭露政治與媒體醜陋的勾結，批判當今社會大眾寧可娛樂至死，也不屑一顧真正值得關心的議題。

集新聞人、公共知識分子於一身的蒙洛，離開了奉獻二十六年的媒體。這時意外出手相救的是甘迺迪政府，在蒙洛離職的同年邀請入閣，擔任美國新聞總署USIA的負責人，他欣然接受了。

這樣的決定讓幾家高興幾家怒。蒙洛的新聞老戰友們特別不爽，認為他好好一個新聞人，幹嘛進到政治圈裡為國喉舌？另一個不開心的人則是FBI局長胡佛。縱使蒙洛過去做過幾次忠誠表態，胡佛也沒有想相信他的意思，而且同時懷疑這種處處批判政府的新聞人是否真的對國家運行有益。

蒙洛因此又一次地進行忠誠表態，這一次是在出任USIA公職的聽證會上，面對共和黨與民主黨的質詢：

> 我們必須努力向友邦與中立國家傳遞我們的真誠，包括那些對我們的政策與理想懷有敵意的國家。我們的工作必須建立在真實的基礎上。我們深信，吾人正與世界各地

的共產勢力進行著激烈而無情的競爭，我們不會只是反擊他們的謊言與破壞而已，我們要持續不斷地重申對自由的信仰。

當蒙洛說「不會只是反擊共產勢力的謊言與破壞」時，竟讓人聯想到當年他大力批判的參議員麥卡錫。一九六一年上任的「ＵＳＩＡ署長蒙洛」，基本上已服膺甘迺迪政府的意向，他與過去的「ＣＢＳ記者蒙洛」之間，存在著一些理念上、作為上的差異。而最諷刺的結局是，甘迺迪遇刺後蒙洛的政治生涯也告終，因為繼任的總統詹森與他的政治主旋律不合。這一次，年邁的蒙洛不再表態了，選擇告老還鄉退休。

要評價蒙洛這位歷史行動者是複雜又困難的，我們應當理解的是他所身處的時空、扮演的角色，以及他在無數選擇、策略背後的動機與脈絡。

後記：杜根的真相

記得前文提及的杜根墜樓事件嗎？根據後來八〇至九〇年代陸續公開的資料，勞倫斯．杜根確實約從一九三四年左右開始曾為蘇聯提供情報。當杜根還在國務院任職時，就被人提醒過他左傾的政治立場可能會招來麻煩。

ＦＢＩ探員羅伯特（Robert J. Lamphere）回憶，從過去的調查中已經知道杜根曾做過蘇聯間諜，所以當時聽到杜根好朋友蒙洛竟然不曉得這件事，還在新聞廣播中把杜根說得好像是烈士一樣，不禁大感意外。

雖說如此，杜根的死因至今依然成謎。有些人認為，杜根有可能是死於蘇聯的暗殺，因為他的個性和家庭背景很可能最後會讓情報網全被ＦＢＩ掌握。

上述真相公開時，包含蒙洛在內的當事人早就離世許久。他們當時是否知情？蒙洛是不是也在說謊？如今也難以追溯。麥卡錫主義時期受牽連指控的人不計其數，從後來的公開檔案來看，當中也確實存在不少蘇聯間諜，也因此，至今仍有一些共和黨、保守派人士相信，麥卡錫其實真正替美國做了好事，歷史應當還他清白，而那些信奉自由主義的新聞人，如蒙洛，才是真正居心不軌的外國勢力打手。

但真是如此嗎？

歷史的行動者不總是像那些簡化的標籤一樣只有二元對立、黑白兩色而已。真相與人性的複雜程度，是美國在那個極端年代的難解之謎。❷

❷本文最早完成於二〇一六年三月，那時候的川普現象，如今已不可同日而語。經過二〇一七年的修訂，到二〇一九年的出版，相信許多人對川普的觀察與評價都有所變化。但有趣的是，過去民主黨人以麥卡錫主義抨擊川普，現今共和黨人也反扣一頂麥卡錫的帽子回擊——這或許就是歷史永遠富有「生命力」之處。

脫與不脫之間

03 反歐盟的人——從一場偉大的實驗，走向落魄的平行時空

喬蘭雅　英國布里斯托大學歐盟治理碩士

二〇一六年英國那次脫歐公投令人驚心動魄，雖然並非史無前例，但結果出乎大家意料之外，撼動全球的力道之強，至今仍餘波盪漾。脫歐後緊接而來的是川普當選美國總統，以及法國的瑪琳．勒龐（Marion Maréchal-Le Pen）挑戰總統大位，當時的主流輿論與媒體很快，同時也很武斷的，就為我們身處的年代下了注解，認為這是一波「保守民粹」的反撲。

這幾件撼動全球的大事件雖然都有「訴諸民粹的政治手段」的特色，然而英國選民對歐盟的反撲，或是勒龐支持者的排外情緒、甚至出現所謂的「法國脫歐」口號，卻在本質上與川普支持者不盡相同。這不只是因為跨大西洋兩地有著截然不同的歷史經驗（歐洲本來就有多元的政治樣貌），更因為歐洲存在一個獨步全球的政治實驗——歐盟。

姑且不論我們對歐盟的評價是好是壞，在區域組織成為趨勢的二十一世紀，它作為一個超越主權國家的「超國家」（supranational）政體，其實驗精神與貢獻是無庸置疑的。也因此，僅以單一視角將過去幾年大眾的反撲全數貼上「保守民粹」的標籤，其實忽略了歐盟這個獨特的政治體和它對會員國造成的結構性衝擊。

正如同歐洲政治局勢的崩壞因歐盟的存在而與美國有根本上差異，歐美兩地今天面臨的「反撲力量」自然也不相同：追根究柢，歐洲今日面對的並不僅是極右保守思想的再復出或反建制的極左革命，而是「『疑歐』主義」（Euroscepticism）這位隱身許久的鬼魅。在全球各國人民都在向主流政治唱反調的這個年代，「疑歐」成為一種「歐洲限定」的政治產物，在左與右之外，提供專屬於歐洲人民宣洩怒氣的第三管道。

面對脫歐這類挑戰歐盟存亡的大問題，我們很難不從歐盟的本質以及歐洲統合之路談起。但在回顧這段簡短但卻相對複雜的歷史經歷前，我們或許要先問：

什麼是「疑歐」？

「疑歐」主義是怎麼出現？什麼時候出現的？

「疑歐」的種子是在怎樣的情況下，在極右與極左的溫床上得到滋長？

或反過來說：「疑歐」主義是如何成為左右意識形態的寄居所在？

「疑歐」始祖：柴契爾夫人

「疑歐」主義首次出現在八〇年代末。

一九八八年，人在比利時布魯日的柴契爾夫人，針對在未來將促成歐元單一貨幣的《戴洛報告》（Delors Report）做出重砲發言：

> 各國間緊密的合作，不代表要讓布魯塞爾權力集中化，或是讓一群被非民選、任命的官僚公務員來做決策！蘇聯的國家，他們才剛意識到國家的成功仰賴權力與決策的去中心化，竭盡可能地要從「集權中心」逃脫出來……但歐洲共同體裡卻有些人還想反其道而行！

柴契爾夫人的這番話，普遍被認為是「疑歐」主義開端，因為這是「歐洲統合」自二戰開始進行以來，第一次有人如此明目張膽的提出質疑。如果說英國是「疑歐」思潮的大本營，那鐵娘子就是「『疑歐』始祖」。這段極具批判性的發言，無形中結晶化了「疑歐」主義，讓這股原本隱藏在檯面下、破碎零散於歐洲各角落的想法，有了凝聚、浮出檯面的機會，並透過媒體的大肆放送滲透主流輿論。

當時或許沒有人意識到這段重砲發言的後勁有多強，但很快的在一九九二年，歐洲出現了一波波跨國連線的「反《馬斯垂克條約》運動」，成為戰後首波來自底層大眾的反抗聲音，並逐步積累成為我們今天看到的足以撼動歐盟存在的反抗力量。

當年歐洲人民反對的《馬斯垂克條約》（Maastricht Treaty）是什麼，我們在文章後半會談到；在這需要說明的是，儘管柴契爾夫人的發言以及一九九二年的反《馬斯垂克條約》抗爭，是「疑歐」運動的開始，但各種對歐洲統合該如何發展而產生的不信任與歧見，在這之前便已零星存在，且隨著統合的進程有著不同的展現方式跟影響。

「疑歐」主義：歐洲限定

「疑歐」主義是個常見的政治標籤，尤其在英國脫歐公投後，「疑歐」聲量成為媒體觀望骨牌效應的指標。然而，儘管「疑歐」主義在這兩年變成熱門關鍵字，它的定義卻相當模糊：「疑歐」主義的「歐」，是哪個「歐」？是歐盟？還是泛歐洲？「疑歐」的政治表現與常見的宣傳話術是什麼？「疑歐」是個意識形態，還是是種政治手段？它是真實存在抵制歐盟的行動？還是政客操弄的假議題？

談論「疑歐」主義最大的困難，在於它並不像其他的意識形態有著統一且精確的中心思想，它缺乏嚴謹的論述，在政治光譜上甚至沒有固定的位置。「疑歐」主義包山包海，囊括所有對歐洲統合進程、政策，乃至歐盟本身是否該存在，存有疑慮的政治立場。

過去有不少學者透過系統性的分析與歸類試圖概念化「疑歐」主義，但與其說「疑歐」是種意識形態，倒不如說它是個長期存在但浮動的「現象」：由於每個國家「疑歐」的理由及展現的方式不相同，加上「歐洲統合」隨著時間推進充滿不確定性、多樣性，導致「疑歐」思潮在不同時期與不同情境下出現不同的面貌。曾有學者說，基於反新自由主義的立場，左派分子會比右翼來得不支持歐盟，但隨著歐盟政策與法律逐漸凌駕於國家，卻發現了愈來愈多不同的「疑歐」動機。

「疑歐」「時左時右」的政治立場，導致學界對於該如何定義它也未有定論；但正是這樣的模糊空間，讓「疑歐」主義能夠輕易吸納來自左右兩側的政治元素，成為兩種極端意識形態向歐盟宣洩怒氣的共同舞臺。

儘管定義不明確，常見的「疑歐」類別有兩種：硬「疑歐」（Hard Euroscepticism）與軟「疑歐」（Soft Euroscepticism）。硬「疑歐」者從根本上反對歐盟的存在和「歐洲統合」這項政治計畫；軟「疑歐」者則不反對歐盟或歐洲統合，但在政策上常與歐盟立場相左，認為國家利益與歐盟違和。以英國的例子來看，鼓吹脫歐的英國獨立黨便是「硬『疑歐』」，常以國家利益為由與歐盟唱反調，但願意從體制內推進歐盟改革的保守黨，則屬「軟『疑歐』」。

除了是意識形態，「疑歐」主義更常是一種政治手段跟競選策略。

雖然英國獨立黨跟荷蘭的自由黨，都是以「疑歐」或是脫歐作為立黨基石跟核心思想；如前者從創黨之初就是扛著脫歐大旗在英國政壇闖蕩，最終促成英國脫歐，而後者成立之初也是因為反對土耳其申請加入歐盟，但更多時候，「疑歐」情緒對於歐洲的主流政黨而言，只是眾多政治議題中能用來操作國內選舉的政治武器。

「疑歐」就像是可拋棄式的選戰工具，必要時被政客們拿來炒作、鼓動民眾情緒。這麼做除了可以模糊焦點，更可以拉歐盟當作「代罪羔羊」，為國內失敗的政策開脫。事實上，許多歐盟官員常覺得很無辜，因為會員國的政治人物善於玩兩面手法，對內搬出歐盟作為強推政策的藉口，兩手一攤表示：「這都是歐盟要我們做的。」當碰到不利於己的政策，就將責任歸咎於遙遠的歐盟；但到了布魯塞爾時，這些政治人物又會挾持民意，以「不符合國家利益」、「人民不准」為由，批評歐盟霸道。

當然，這並不代表真正的「疑歐」主義者不存在，但操弄「疑歐」情緒確實有利可圖，而對於歐盟運作不甚了解的普羅大眾，在「歐盟 vs. 國家」的二選一情況下，理所當然會選擇保護國家的主權，而非遠在布魯塞爾的官僚組織。人民與歐盟之間的距離，不論是地理上的遠近或情感上的隔閡、認知上的差距，都是促成「『疑歐』主義」的因素。

除卻距離因素，也有研究發現，選民因為對歐盟不了解，所以不少人會將自己國家現況錯誤地投射到歐盟：在民主素養比較高的國家，歐盟的「民主赤字」問題會是當地人民無法信任歐盟的重要原因；在民主制度較不穩固的一些東歐國家或準候選國，歐盟反而是人民寄望能夠帶動改革並提升國內民主程度的對象。

「疑歐」的動機與理由繁多，沒有絕對單一的因素跟解釋：例如，英國脫歐包含因身分認同不協調——「英國人vs.歐洲人」——而促成的反抗情緒；而荷蘭自由黨或是法國民族陣線則是因為抗拒不符歐洲價值的移民，另外產生了一種身分認同的變異——「歐洲人vs.穆斯林」。

不論是英國脫歐，還是法國民族陣線反對難民政策與邊境流通，兩者都表明歐盟由上而下「侵蝕」國家主權，而這便是歐盟遭反對的主要原因，也因此他們喊的口號都是「把主權拿回來」。而歐債危機的撙節政策，則是在歐債國家激起一批反抗歐盟新自由主義的「疑歐」情緒。不論前者還是後者，都指向歐盟罔顧民意、對民主制度的破壞。

國家與超國家

相較於歐盟不算長的六十年歷史而言，「疑歐」思潮是更為「年輕」的產物，它真正開始成為足以阻饒「歐洲統合」的障礙物，是在八〇年末、九〇年代初。但要談論促成當前「疑歐」心態的種種因素，卻又不能不回溯歐洲統合的興衰史——尤其是國家與歐盟的「主權之爭」，早就在戰後種下衝突的種子。

回歸歐盟本質，對於二戰後致力於打造「歐洲統合」的菁英分子來說，當時並無太多選擇，為了避免歐洲重回戰爭，統合是一條必然之路。

第二次世界大戰結束後，歐洲滿是廢墟，儘管人們精疲力盡，恐懼卻未隨著屍體的焦味散去，而對恐懼的畏懼驅動人們對和平的渴望，也讓「和平」成為歐盟未來能夠成形、持續運轉的靈魂元素；歐盟的體制不僅為此獲諾貝爾和平獎，至今，我們仍能看到親歐人士高舉「要和平，不要戰爭」的標語。

如何讓「萬惡的德國」不再威脅歐洲，是戰後盟軍的當務之急。同時在蘇聯迫切的威脅下，是否讓德國武裝？要讓德國「獨立」到什麼程度？種種關於德國戰後身分與定位的問題，更直接影響了戰後歐洲統合「經濟」與「政治」的路線之爭。一九五四年，歐洲曾一度有過成立「歐洲防衛聯盟」（EDC）的計畫，並打算在這個組織下共組泛歐洲軍隊，藉導入德國軍事資源來防止德國再次暴走，但此計畫在法國不願鬆手外交主權之下胎死腹中。

二戰作為一戰的延伸，歐洲人並沒有忘記當年《凡爾賽和約》的賠償金及種種對戰敗國的主權箝制，是如何摧毀威瑪共和國、讓經濟崩潰的德國步入極端。因此與其以外力強制限制國家主權，不如讓國家甘願「讓渡主權」（transfer sovereignty）——透過相互綑綁國家權力與資源，讓德國無法恣意妄為。

就這樣，推動德國經濟能量的煤與鋼，透過「歐洲煤鋼共同體」（ECSC）的成立，逐步鑲嵌進西歐整體的戰後經濟復甦的軌道計畫裡。成立於一九五〇年的「歐洲煤鋼共同體」，將法國、西德、義大利、比利時、荷蘭及盧森堡六國的煤與鐵等戰爭必要資源導入共同市場，並成立高於各國的「高級公署」職位及共同議會。

歐洲煤鋼共統體背後的推手，是被譽為「歐盟之父」的法國政治家羅伯特・舒曼（Robert Schuman）與銀行家讓・莫內（Jean Monnet）。最初，法國僅只是希望盡快恢復德國的經濟，但在意識到美國要的不只是經濟強國，而是將之打造為西歐抵禦蘇聯的防線後，法國才開始將目標轉為打造一個「民主的德國」，並開始「歐洲統合」的大計畫。

在高級公署與共同議會的組織框架下，共同體首次有了超國家性格的雛形，進而邁出戰後對「歐洲聯邦」想像的第一步。但由於國家議會還是有權否決共同議會的決定，對當時渴望建立歐洲聯眾國的聯邦派而言，煤鋼共同體只是個半調子。

讓渡主權的概念，雖然在戰後只是一個作為解決當下問題的手段，而非制度化的概念，但無形間也在此後歐洲高速統合的六十多年間，拉扯著歐洲各國與「超國家機構」的合作關係：歐洲統合的主旋律，究竟應該是以國家主權為核心的「政府間合作」，還是凌駕於各國政府之上的「超國家機構」？

五〇年代的歐洲國家高速發展統合，政治人物們不斷拋出非常前衛且極具挑戰的想法，上述的「歐洲防衛聯盟」即是一例。共同的防衛聯盟保障參與國共享外交資源、擁有共同防衛預算，以及軍工業相互融合，但同時也代表國家必須釋出外交決策權。

要共享外交權力並非不可，只是若缺少一個強而有力且可受民意監督的組織來制衡，那麼釋出的主權將如潑出去的水，不僅不受保障，還可能危害國家。也是在這樣的考量下，當時的義大利政府提出了「歐洲政治聯盟」（EPC）的想法，透過組織明確的問責制度與權力規範，確保在歐洲統合發展中能夠鞏固民主制度。

這項計畫是歐盟短短六十年歷史中最靠近「政治統合」的時候。歐洲統合要一直到一九九二年《馬斯垂克條約》的出現後，才再次將較為敏感的政策領域（如外交、軍事、司法等）於條約中制度化。然而，由於外交政策向來是國家主權獨立的核心象徵，所以不論是「歐洲防衛聯盟」還是「歐洲政治聯盟」，都還是受到法國跟義大利的強烈抵抗。有趣的是，這兩個國家其實是當初的提案國，也因此這段歐洲統合的滑鐵盧常被人描述是被自家人背後捅刀。

最後，法國、西德、義大利、比利時、荷蘭及盧森堡六國在一九五八年再次聚首，拋下了政治統合的野心，轉發展相對單純的經濟合作，並簽下了創立「歐洲經濟共同體」的《羅馬條約》，歐洲（確切說是不含英國的西歐），正式踏上不可逆轉的統合之路。

抵抗讓渡主權的情緒，在接下來的統合歲月裡不斷發生，而法國作為歐洲統合的主導國，也在之後多次因主權問題發難。

敘述到這，我們不妨想想：今天對歐盟說「不」的英國，在當時又是以何種角色存在於歐洲統合的歷史中呢？

邱吉爾與旁觀的英國人

「一個『歐洲合眾國』啟動了。」當舒曼於一九五〇年五月九日在奧賽碼頭的時鐘沙龍前，宣布煤鋼共同體的成立時，英國被排除在這個計畫外。

「煤鋼共同體」這份主導歐洲未來超過半個世紀的大計畫，舒曼一直等到要發布的前一天，才告知時任德國總理艾登諾（Conrad Adenauer）；美國呢，則是在兩個月前就知情了。深知邱吉爾的「疑歐」立場，舒曼選擇對英國刻意隱瞞。

二戰後的英國緊抓過往榮景的殘影不放。對邱吉爾而言，當時英國的存在面向的是全世界，她是日不落帝國而非區域強國。事實上，一直到二〇一六年的脫歐公投，我們都還能聽到「英國應該要跟全世界做貿易，而不是縮在歐盟裡」，這樣一個與六十多年前如出一轍的說法。

不論是煤鋼共同體或往後的歐洲經濟共同體，都擁有英國極為不信任的「超國家」性質，若要加入這些共同體，意味著英國要把自己強而有力的鋼鐵業及經濟資源，拱手讓給一群戰敗的歐洲國家。如果我們要追溯今日脫歐的混亂，那麼便可從戰後英國與歐洲微妙的關係一窺究竟。

英國始終對歐洲事務抱持與我何干態度，其雖是在二〇一六年向歐盟開第一槍的國家，幾乎粉碎「歐洲統合」的進程，但弔詭的是，二戰後的「歐洲統合運動」卻是在邱吉爾的大力支持下於歐洲各國間蔚為一股風潮；「聯邦歐洲」的概念更是由邱吉爾提出的：

> 這個歐洲合眾國的框架……會讓國家的力量變得稍稍微不足道。但就算是小國，她所貢獻與付出的，也將會為她帶來跟大國一樣的榮耀。

一九四六年，邱吉爾在蘇黎世大學的一場演說上，提出「歐洲合眾國」的概念。就如同他所說的，歐洲合眾國的本質就是超越國家主權的「超國家」政體，國家的單位應該為了泛歐洲的統一而被淡化，國家的力量也因此會變得微不足道。

但邱吉爾這番話，是對英吉利海峽對岸的歐洲人說的，而不是對英國人說的。邱吉爾認為，英國該扮演的就只是個旁觀者的角色而已——歐洲是歐洲，「我們英國人，有大英國協」（這種說法到二〇一六年還是個不死的精神）。

在英國袖手旁觀，加上德國的身分是戰敗國的情況下，「歐洲統合」的重擔於是落在法國身上。但當時的法國領導人是對超國家主義極為感冒的戴高樂總統，他的強人政治風格一再為「歐洲統合」帶來風雨。

空椅危機：法國人的歐洲

「歐洲統合」於六〇年代再次陷入「超國家主義」與「政府間主義」兩派之爭，以及「歐洲由誰來主導」的爭奪戰。戴高樂不僅反對任何超國家主義，也對美國老大哥在歐洲的存在相當感冒，更認為統合中應由法國作為領導歐洲的力量。

一九六一年，法國提出《傅榭計畫》（Fouchet Plan），目的是淡化歐洲統合的超國家主義色彩，同時北約在該計畫中被刻意地刪去，法國的角色則被強化。戴高樂的意圖激怒了「大西洋派」（與美維持友好關係）的西德，以及擁護超國家主義的比、荷、盧。在無法說服鄰國接受《傅榭計畫》後，法國代表憤而自部長理事會離席，惱羞成怒的戴高樂遂對歐洲經濟共同體祭出維持半年的杯葛，癱瘓整個決策——這段法國再次對歐洲統合捅下背叛一刀的歷史，史稱「空椅危機」（The Empty Chair Crisis）。

與此同時，在戴高樂的「反英情結」下，英國兩度申請入歐遭拒，直到一九七〇年戴高樂驟世，才終結了英國難堪的「叩關」歐洲。在三十幾年後的今天，當英國以公投決定脫歐時，鼓吹脫歐的右翼媒體再次翻出這段歷史，帶點馬後炮意味地說：「戴高樂比我們英國人更了解英國，他早就知道英國根本與歐盟不合。」

空椅危機在隔年的「盧森堡妥協」中獲得解決，歐共體的會員國被賦予「否決權」，在他們認為事關重大的議題上行使「一致決」，意思是決策必須經會員國一致通過，缺一不可，歐洲無法以「多數決」的方式強行過關。決策權力的重整後，歐洲統合開始步入漫長政府間合作。儘管後來「超國家主義」與「政府間主義」成為歐洲統合的相互拉扯的論戰基調，但實際上兩者時而並行運轉、相輔相成，也時而此消彼長。

歐盟原罪與那些反歐的人——來自左邊

不管是「政府間」還是「超國家」，二戰後的統合工程都有著強烈的「菁英導向」特質，這也是歐盟長年為人詬病的原罪。戰後政治由菁英把持，對於無法溫飽的人民而言，民主是個無法具體掌握的理想，歐洲的民主化，因而仰賴政治菁英由上而下的實踐。

歐洲統合在高層政治人物的操作下，成為勢不可擋的大趨勢，而且鮮少出現在國內政治議程上；「統合」與「民主化」被畫上等號，幾乎不受挑戰地被植入大眾的政治記憶。加上上述超國家機構在主權國家主導下位居次位，因此挑戰「歐洲統合」的聲音其實並不明顯。即便「歐洲」二字的政治輪廓在七〇年代已逐漸明顯，並在「是否加入歐共體」的激辯下進入各個國家的公共輿論中（例如一九七三年英國、愛爾蘭跟丹麥公投表態加入，挪威則拒絕），但一個共同的歐洲，在當時還不足以對國家主權構成即刻「威脅」。

而且在全球於七〇年代進入石油危機前，歐洲經濟高度發展持續了三十年；在景氣好、歐洲統合尚未開始東擴、超國家機構仍受國家政府箝制的年代，我們今天所見到與「疑歐」畫上等號的極右勢力，還沒有視歐洲共同體為敵人。正如有學者說，歐洲共同體強調的自由市場機制與經濟統合，在經濟右派耳朵裡聽來簡直是悅耳動聽的音樂。因為當年的歐共體只是相對單純的經濟聯盟，共同貨幣還沒出現，對國家政治、甚至一般人民的生活方式都沒有很直接的衝突，以至於不存在排外的極右聲浪。

在歐洲統合作為大趨勢的前提下，若要尋找「疑歐」的聲音，大概只能從左派找起。例如一九七二至一九七三年間，英國正在申請加入歐洲經濟共同體，工黨議員富特（Michael Foot）就力排眾議，鼓吹「脫歐」。

對左派的「疑歐」分子而言，最大反對歐共體／歐盟的原因，在於歐洲統合的本質是向資本市場靠攏，並透過捍衛關稅同盟、資本與人員自由流動等理念，成為全球化的重要推手；但相對該給予保障的社會福利與社會安全網，卻沒有同步受到保障。同時，無法受大眾監督、缺乏民意基礎的歐洲官僚組織，也是左派抨擊歐洲統合的主要原因。

相較於激進左派認為歐盟是全球化下結構性的共犯，軟「疑歐」的左派並不會針對攻擊「歐洲統合」的根本，只是希望統合的方向能轉向以社會政策為本的「社會歐洲」（Social Europe）而非向市場經濟投降。

有些人或許不知道，二〇一六年的脫歐並不是英國第一次「脫歐公投」。由於英國當年決定加入歐共體時，是透過議會程序、經國會表決通過《一九七二年歐洲共同體法》（ECA 1972）而確立會員國身分，當時就有許多聲音認為，這樣的大事應該交付全民公投，而不是僅由國會充當代理人。於是，當年執政的工黨因黨內嚴重分裂，迫於朝野壓力，決定在一九七五年舉辦公投，詢問人民是要「續留」還是「脫歐」。

英國的「疑歐」主義雖然最為經典，但在各方面而言也是最獨特的「個案」。工黨作為英國內部最挺歐的一派，其實顛覆了支持「歐洲統合」的多為右派的傳統想像。儘管工黨內部不乏古典左派，例如現任黨魁柯賓（Jeremy Corbyn）就曾因本身「疑歐」立場，被指控在去年公投中輔選留歐不利而遭黨內逼宮，但整體而言，因維繫國族情感而不願加入對岸的歐洲大家庭的保守派，才是英國最大宗跟最經典的「疑歐」族群。

到此，我們已經可以查覺：「疑歐」主義並不固定於特定的政治光譜，這與歐洲統合進展與變動有關。當右翼還沉浸於歐洲共同體所提供的經濟繁榮時，左派分子已敏銳地嗅出歐盟及其新自由主義所帶來的潛在破壞，只是在接下來八〇與九〇年代的「地中海擴大政策」及鐵幕倒塌後的東擴政策裡，面對獨裁者與蘇聯，歐洲經濟共同體所散發的「民主救贖者」光芒，暫時遮蔽了統合的結構性問題。

在權宜的考量之下，歐洲統合的體制仍可接受，但歐盟的「民主赤字」卻依然是個不爭的事實。就算是歐洲議會在一九五二年成立，它也要到一九七五年才開始直接民選，然後一直到二〇〇七年，透過《里斯本條約》（Treaty of Lisbon）訂立其與部長理事會（歐盟組織架構中，一個由會員國各部長組成的核心單位）並駕齊驅的地位，歐洲議會才得以擺脫半調子的立法權。

就是在這樣缺陷的歷史發展下，「菁英」、「官僚」、「缺乏民意」成為歐盟至今仍無法擺脫的原罪標籤，而這樣的原罪在今日變成了極左與極右「疑歐」分子「左右夾攻」的利器。

後馬斯垂克的藍色憂鬱

「疑歐」思潮最躁動的年分，當屬《馬斯垂克條約》出現的那段時間。當時，歐洲各地都出現大批的抗議浪潮，反對政府簽署條約；當年提出歐元關鍵報告的戴洛，甚至被抗議民眾砸了滿臉的蛋糕。

民眾反對《馬斯垂克條約》的原因，在於這份條約宛如是歐洲統合的「大躍進」。

首先，它見證了「歐盟」與「歐元」的誕生。該條約以法國政治家戴洛（Jacques Delors，時任歐洲執委會主席）的關鍵報告——《戴洛報告》為基礎，正式發起了單一市場與歐元。

再來，《馬斯垂克條約》（下稱《馬》）打造了著名的「歐盟三支柱」——「歐洲共同體」、「共同外交暨安全政策」跟「刑事方面的警政與司法合作」。這三支柱的政治權責分配，對會員國的國家主權造成了直接的衝擊：後兩者由國家主導，歐盟沒有實質影響力，但「歐洲共同體」底下舉凡與單一市場相關的貨幣政策、關稅同盟等，全權由歐洲執委會定奪。

換言之，執委會在單一市場與歐元區權限與話語權開始凌駕於主權國家之上，歐盟在經歷「空椅危機」那場滑鐵盧後，再次邁向超國家主義之路，許多當年戴高樂堅持使用的政策皆被多數決取代。

還記得前面提到的「讓渡主權」的概念嗎？當一個政策明確歸為歐盟管轄，會員國便注定喪失插手的權利。同時，在溢出效應下，歐盟的影響力逐步擴張至共同農漁業政策、教育與文化及環境跟社會等政策，執委會的每個決定都直接影響歐洲人民的日常生活，導致歐盟政治與國家政治間的界線開始模糊。而因溢出效應而不斷讓渡出去的主權，無形間種下更多反抗歐盟的憤怒種子。

更重要的是，一九九二年在所有人都能於申根區自由流動時，歐洲人開始有了「歐洲公民」的身分，國家護照多了歐盟的旗幟。人們開始意識到，自己不再只是德國人、荷蘭人或是法國人，還是「歐洲人」。

臺灣人認知為理所當然的「歐洲人」，並非自古以來便有的自然現象，因為歐洲本就不是一個神聖不可分裂的大陸；有關「歐洲人」身分界定的問題是個古老的議題，但現在我們想像中的歐洲人，是相當近代且與「歐洲統合」緊密鑲嵌，並由菁英分子由上而下主導的政治符號。也因此，那些把國家身分擺在第一順位的人，很自然地會仇視歐洲人身分，把「歐洲公民」視為侵犯他既有身分認同，以及他所習慣的社會環境的威脅。

馬斯垂克條約賦予了歐盟一個鮮明的政治性格，讓其作為一個超越傳統西伐利亞體系想像的政體，在體質與靈魂上，有著更立體的超國家主義輪廓。在經濟統合更加深化的同時，《馬》條約見證了歐洲統合「政治化」的開始。《馬》條約提倡的改變劇烈且大膽，當然不是沒有人有「危機意識」：先是丹麥人透過公投拒絕《馬斯垂克條約》，接著是法國公投（雖然最後以些微之差勉強接受條約）。

這些公投與抗議的人潮，是歐洲人民首次明確地向歐洲統合的推進舉起了紅牌。如同許多觀察家所分析的，人民的抵抗意味著「寬容性共識」的終結。「寬容性共識」指的是歐洲統合過程中一種消極贊成的傳統，以往歐洲人民總是被動地接受菁英推動他們想要的歐盟，但現在不同了，人民必須直接以選票表達他們對歐盟走向的看法了。

公投，就是從那個時候開始，成為「疑歐」分子抗議歐盟的武器。例如：二〇〇五年的《歐盟憲法條約》（TCE），有八個會員國發起公投，其中法國與荷蘭的「No」讓「歐盟憲法」的推動胎死腹中。除了針對歐盟制度，公投還可以被用在其他與之相關的議題上，像是荷蘭在二〇一五年也曾就是否同意歐盟與烏克蘭簽訂聯合協議，舉辦諮詢性公投。在英國脫歐公投後，我們更是看到愈來愈多政治人物，選擇直接向大眾端出公投的空頭支票。

有人將「後馬斯垂克時代」稱為「藍色憂鬱」，指的除了是國家在讓渡主權上的掙扎，也包含「歐洲統合」一次又一次的踢到鐵板。

當移民成為代罪羔羊

在《馬斯垂克條約》的催化下，右派與極右派的「疑歐」人士開始將「主權流失」作為反歐洲統合的抗爭核心。

以脫歐作為創黨核心理念的英國獨立黨，就是在《馬斯垂克條約》生效的那年成立。與此同時，伴隨蘇聯瓦解後歐盟三番兩次的「東擴政策」（大部分東歐國家於二〇〇四年加入歐盟）與「西巴爾幹半島擴大政策」（保加利亞、羅馬尼亞與克羅埃西亞分別於二〇〇七年及二〇一三年加入），移民人口帶來的相對剝奪感，就這樣滲透進右翼「疑歐」的政治宣傳裡。

如果我們回頭看二戰後的歐洲社會，當時歐洲人民流離失所，有好長一段時間為了避免「種族主義」復興，反移民的思想被打為禁忌，但在歐盟開始擴張，東歐人民不成比例地流入西歐時，政府與人民再也無法對大量移民視而不見。

英國廣播公司（BBC）曾抽絲剝繭地在其節目中分析「移民禁忌」如何被打破，發現二〇一〇年英國保守黨籍的首相卡麥隆，為了擊退英國獨立黨步步進逼的「移民牌」，透過流動的政治修辭逐步解禁「反移民」的論調。由於湧進西歐的移民多為同為「歐洲人」的東歐人民，這些強打反移民的選戰策略，得以巧妙避開「種族歧視」的標籤。

如果論究是誰給予了極右合理的舞臺，那無疑是主流右派的政治操作，為的是與前者瓜分龐大的右派票倉。二〇一七年荷蘭自由民主人民黨的呂特以及法國共和黨的費雍，都在選戰中複製卡麥隆策略。

左右夾殺，最終的逆襲

歐債危機期間，歐盟執委會聯手歐洲央行與國際貨幣組織（人稱歐債危機的三頭馬車），對背負債務的苦主國祭出紓困的種種條件限制，「疑歐」左派對歐盟的反抗因此開始從反對經濟新自由主義延伸到歐盟本身，視之為侵略福利國家的外來勢力。

歐元的出現確立了歐洲「市場經濟」的大方向，這是極左分子最不滿的地方，但相關數據顯示八〇到九〇年代，左派對歐盟還沒有太強烈的反對，甚至像是希臘的「激進左翼聯盟」（SYRIZA）在當時都還是支持歐盟的。他們的立場，是期望在政治層面更加統合的歐盟，有朝一日能夠從底重新翻轉歐盟的市場經濟體質。

但隨著單一市場不可逆轉的深化，歐元區的結構性缺陷、各國參差不齊的經濟發展，以及全球化帶來的資源不均衡衝突，都在歐債危機時如火山噴發般爆炸至最高點。堅持走市場經濟的歐盟，猶如少數坐擁既得利益的菁英，剝削著底層大眾。在經濟以外的外交領域，歐盟與北約的對外行動，則逐漸被視為西方帝國主義的延伸。

其中最為極左「疑歐」分子厭惡的，莫過於擁有龐大經貿優勢的德國。德國在二戰結束後的六十多年後，像打不死的蟑螂一樣，再次躍升成為歐洲大陸經濟實力最強盛、最具政治分量的國家。與此同時，法國的經濟每況愈下，德國霸主地位的產生，意味著主導歐洲統合的勢力從早年戴高樂逐步轉移至今日的梅克爾手上。梅克爾（其實就是德國）所構成的威脅，不斷地被極左勢力描繪為「德國再次的法西斯」、「萬惡的德國帝國主義」。

就像在今年法國大選中展露鋒芒的梅朗雄（Jean-Luc Melenchon），他對現今歐盟的怨言，無庸置疑地與德國的角色直接相連，他在著作《俾斯麥鯡魚》（*Bismarckhering*，德國毒藥）裡高分貝砲轟德國野心的擴張：所有對德國的不滿，就是對歐盟的不滿；反之亦然，所有對歐盟的怨懟，正因為有德國霸主式的存在。

當德國與歐盟被畫上等號，對德國霸權的抨擊也很難閃過極右「疑歐」者的政治宣傳；德國跟歐盟有如一體兩面，就是對國家主權最具體的「侵略」。

歐債危機之後的「疑歐」思潮，還有另一種意識形態上的意義。傳統上，大家普遍認為左右兩派的「疑歐」在極端的兩處，各自無交集地平行發展，而以排外跟主權口號作為基調的極右「疑歐」，是一種過分的國族主義，但也有研究認為極左「疑歐」派本身即是一種「國族主義」的體現：在極左「疑歐」者眼中，歐盟是個以歐洲統合之名，行「中央集權」之實的外來強權，其存在就是對各個歐洲「國家人民」的剝削。

在極左「疑歐」的眼中，歐盟口口聲聲宣稱的「和平」以及歐洲統合的機制，事實上是外來力量與菁英階級用以擴張帝國主義的名目跟機器，傷害著以人民（大眾）為主體的國家，以及對國家主體性、個別性跟主權的侵略。因此訴求「脫歐」的極左派，除了是要顛覆歐盟體制，在主張經濟「國有化」與拒絕外國（強權）資本操弄上，亦無可避免地強調「國家為本體」的重要性。

來自極左與極右的「疑歐」思潮，在不同時期受不同制度的出現因而此消彼長，但兩者都在歐債危機之後，達到前所未有的「共識」且找到反制歐盟的施力點。這股反抗的情緒醞釀著，最終在二〇一五年順著難民潮爆開，成為我們今日所見兩股來自不同方向卻擁有共同敵人的「疑歐」勢力。

在探究歐洲大陸上的「疑歐」思潮時，我們很難僅從近幾年的事件中一窺究竟，也無法從歐債危機找到完整的答案，更無法以難民潮來簡化在歐洲反撲的國族情緒。因為，「疑歐」這位古老的敵人，自從歐洲統合之初便醞釀著，在馬斯垂克的藍色憂鬱裡乾燒躁動，最後在歐盟慶祝「創歐六十週年」（《羅馬條約》六十週年）的二〇一七年時，無情地展開逆襲。

04 只是近黃昏——大英帝國為何能夠容忍納粹德國崛起？

黃長東　牛津大學國際關係哲學碩士

天下大亂，然後大治。第一次世界大戰（一九一四－一九一八）結束後，歐洲國家痛定思痛，簽訂《凡爾賽和約》，成立國際聯盟（League of Nations，下稱國聯），毅然摒棄過去三百年的爾虞我詐，全心建立全新秩序。屬於戰勝國的英國和法國視守護和平為己任，並努力提倡民族自決以及集體安全。但是，歷史也告訴我們，《凡爾賽和約》是一條不平等條約，勒令戰敗國德國割地賠款兼裁軍，種下後來納粹冒起、德國擴張的禍根。那麼，回顧歷史，一九三九年第二次世界大戰之所以爆發，是因為英法兩國理想實踐得不夠徹底，還是英法根本存心陷害德國以致反噬？

其實，戰後不少有識之士已未卜先知，預見二十年內將有大災難降臨。當中又以法國人獨具慧眼，早在一九一九年巴黎和會結束不久，法國總司令便忿言：「這並不是和平，而是二十年的停火協議。」此後法國人總是洞悉先機，由德國進軍萊茵蘭（Rhineland）入侵伊始，到其吞併捷克斯洛伐克，到最後發動大戰，一次又一次地大聲預警，卻又一次又一次地坐而待斃。當中究竟發生什麼事，使得歐洲各國必須眼睜睜任由戰爭再度塗炭生靈？身為歐洲最強的英國，又究竟需要負上什麼責任呢？

德蘇雙頭火車，英國左右為難

分析歷史，當先放眼大局。要分析歐洲，必談「德國問題」（the German problem）。所謂德國問題，指的是德國相對於其他歐洲國家來說，實在是太強大了，歐洲容不下德國，結果德國也容不下歐洲。第一次世界大戰後，德國問題依舊存在。戰後的《凡爾賽和約》，奪去德國十三％的土地和十二％的人口，剝奪德國所有殖民地，嚴限德國海陸兩軍實力。《凡爾賽和約》聽著好像太嚴苛，可絕未嚴苛至擊潰德國，但要說太仁慈，也未仁慈至修復德國。而且在國族主義主流的世界，列強再也不可能像一百年前維也納和會般，把分裂德國做得那麼名正言順。結果德國又再一次憑其人口與工業，趁歐洲四分五裂之際銳意稱雄歐洲。另一方面，法國大戰後筋疲力盡，人口較德國少上兩千萬，煤鋼生產被德國大幅領先，國力一落千丈，一切需要仰仗英國。

面對「德國問題」，英國在整個戰間期（一九一九－一九三九）的對德外交主調是

「綏靖政策」。英國認為，戰敗國德國受到《凡爾賽和約》不公允待遇，既然德國也必然重新強大，倒不如順水推舟，趁早巴結，盡可能滿足德國在奧地利及捷克蘇臺德地區合情合理的要求，為日後英德兩國親善鋪路。因此，面對戰後隱然壯大的德國，英國表面上醞釀與法國結盟、抗衡德國；暗地裡卻是對法國施壓，不容法國積極圍堵德國。在英國強硬反戰的態度下，法國－捷克斯洛伐克同盟也就形同作廢，無可奈何之下唯有親近蘇聯制衡德國，此時又擔心失去英國這座靠山，軍事上便乾脆採取守勢，不思進取。

英國對德一味退讓的做法，一直持續到打仗前夕。一九三七年，英國時任樞密院議長哈里發克斯（Lord Halifax）竟然告訴德國：英國樂見德國於但澤、奧地利、捷克斯洛伐克實行「有可能的更改」（possible alternations）。此言助長了德國後來的擴張行動，也預示了後來英國對德反制雷聲大、雨點小的做法。直到德軍入侵波蘭的最後一刻，英國還在懶懶拖延與蘇聯商討結盟（英國使團居然坐船悠悠駛向列寧格勒），僅是為了做個樣子給國內民意和法國看，卻直接促使蘇聯改與德國瓜分波蘭。即使一九三九年九月英法正式對德宣戰，也是宣而不戰，依然按兵不動坐視波蘭遭到瓜分，為期長達半年，遲至德國一九四〇年四月攻擊丹麥、挪威，才真正開打。

也難怪包括邱吉爾在內的許多人，稱第二次世界大戰是一場「不必要的戰爭」，認為英法如能果斷行動的話，早在一九三六年就可遏止德國擴張。這也是當時法國的立場。早在希特勒進軍萊茵蘭前五個月，法國大使已然向英國發出預警。未賭先輸的英國外務大臣艾登（Anthony Eden）語出驚人：「在投降尚具談判價值之際，我們應該儘早跟德國政府商討，放棄我們在萊茵蘭的權益。」

英國如此縱容德國，是傻了嗎？非也非也。原來許多歷史學家只看到德國東山再起，卻看不到蘇聯同樣後勁凌厲。一九二八年，史達林啟動「第一個五年計畫」，迅速帶動蘇聯經濟現代化，一九三三年至一九三八年更將紅軍人數增加兩倍。一九三〇年，歐洲經濟總量裡德國占了三十三％、英國占二十七％、法國占二十二％、蘇聯占十四％；到了一九四〇年，德國保持第一（占三十六％），蘇聯榮升第二（占二十八％），英國淪落第三（占二十四％）。[1]英國自一八七一年德國統一之後，就對德俄實施雙重防範，更何況現在勢不如人？英國剩下可採取的最佳的辦法，自然就是實施最拿手的借力打力，坐山觀虎鬥。綏靖政策本身沒有錯，錯反而錯在英國首相張伯倫（Arthur Neville Chamberlain）後來魯莽行事，單方面擔保波蘭邊界完整，無視蘇聯憂慮，從而觸發德蘇瓜分波蘭，結果在無法再三食言的情況下只好對德宣戰。

至於納粹德國，也絕非單是無情的戰爭機器。史料顯示，即使是納粹德國之前那個積貧積弱的威瑪共和國，也是密謀推翻《凡爾賽和約》、廢除賠款、建軍東擴、推動德奧合併，最終重振德國在歐洲的威望。說希特勒是狂人，倒不如說他權慾薰心，也不如說是整個德國權慾薰心。在二十世紀國際關係弱肉強食的森林，大國謀求擴張是再自然也不過的事情，英國如此，日本如此，德國也是如此，有時訴諸談判，更多時候是發動戰爭。希特勒也不是要真打，他不顧軍方反對，否決內部有關擴充預備役的提議，改增設適合閃電作戰的前線士兵，一切只為增加外交籌碼。[2]英國也看到德國重新崛起的大勢，情知並非推翻希特勒便能了得，只能設法籠絡，盡量為自己擴充周旋空間。

英國人不斷問自己：打什麼仗？就算英法擊倒德國，然後呢？德國總有一天會重新壯大，問題還是沒有解決。要是蘇聯干預，就更是糟糕。德國要是打敗蘇聯，歐洲將再沒有國家是其對手；蘇聯要是打敗德國，共產主義將會降臨歐洲，這個後果，有人賠得起嗎？英國外交思想在整個三〇年代只可用「斷念」來形容。事後冷戰蘇聯大軍壓境東歐，的確證明了英國實是別無他法。

共產思想西征，英國禍水東引

讀者也許會不禁疑惑：要是英國與蘇聯結盟，擺個姿態應該就足以震懾希特勒，就不用真的開打了吧？例如在慕尼黑會議前後，蘇聯紅軍步兵三十個師就緒，隨時準備攻向柏林之際，假如與法國、蘇聯站在同一陣線齊聲喝住，恐怕希特勒就會按兵不動，但為什麼英國遲遲不這樣做？其中一種解釋，是一九三六至一九三八年間史達林展開大清洗，蘇聯

❶ John J. Mearsheimer, *The Tragedy of Great Power Politics* (New York: Norton, 2014), pp.315-316.

❷ Taylor, *The Origins of the Second World War*, p.78, 97, 140, 267.

國內上至參謀長下至前線指揮官無一倖免，令西方覺得其軍隊喪失作戰價值，倒不如與波蘭結盟更有保障。可是，這個說法並不完全站得住腳，因為就算到了一九三九年秋天德軍滅了波蘭，張伯倫在五度派使者與德講和的同時，始終防範蘇俄。❸英國既然決定遊走德蘇之間，為什麼始終防俄多於防德呢？

其實早在戰間期，冷戰就已經爆發。須知蘇聯是個「革命政權」，革命不是請客吃飯，本質上就是要推倒重來，破舊立新。一九一七年俄國十月革命成功，人類歷史上出現了第一個共產政權，「政府」、「法律」、「秩序」，一切在一夜之間被視為資本家壓榨工人的幌子。一九一九年蘇聯成立「共產國際」圖謀輸出革命，撥出兩百萬盧布支援各地革命組織；一九二〇年紅軍更一度攻入波蘭。歐美政府既為現有制度既得利益者，自然對蘇聯煽動己國工人造反的行徑深惡痛絕，所以在俄國革命後悍然入侵蘇聯打擊紅軍。後來巴黎和會不單將蘇聯拒於門外，英國還利用《凡爾賽和約》在東歐劃出一眾小國，作為西方與蘇聯的「隔離地帶」（cordon sanitaire），開宗明義是為了防止共產主義「病毒」散播。直至一九二四年，英法同蘇聯建交，條件也是蘇聯終止對外文宣統戰工作。

蘇聯雖是革命起家，不過列寧、史達林很快意識到馬克思預測的世界無產階級大革命在有生之年未必會實現。蘇聯是時候暫緩對外輸出革命，與西方國家修好，擺脫在國際舞臺上的孤立狀態。與此同時，更需要保住自身，鞏固國內革命成果，畢竟皮之不存，毛將焉附，不是嗎？這就是史達林在一九二五至一九二六年間提出的「一國社會主義」

（socialism in one country）要領。至於史達林本人，雖也是個堅實的馬列主義信徒，但也沒有任由革命激情沖昏了頭腦。回顧整段戰間期，史達林的外交做法總是現實先行，當國家利益受到威脅時，隨時準備犧牲革命理想。蘇聯一九三四年加入國際聯盟，一九三五年簽訂《法蘇互助條約》。一九三六年，蘇聯在西班牙內戰時對社會主義黨的援助也是極其克制，始終沒有放棄與西方和好。一九三八年慕尼黑危機期間更是多次提議與英法共同保衛捷克斯洛伐克。

有道是江山易改，本性難移，英國由始至終都無視蘇聯外交上的橄欖枝。在英國政商界眼中，納粹主義是皮膚病，共產主義才是心臟病。納粹德國以西方反共陣營的橋頭堡自許，反共信念比誰都要徹底，是蘇俄難得的天敵。希特勒在《我的奮鬥》（*Mein Kampf*）早已明言：德國將來摧毀俄羅斯，英國將會是德國的主要拉攏對象。在整段兩戰間期，唐寧街十號的歷屆主人全部都是反共分子。[4] 一九三六年，也就是希特勒進軍萊茵蘭的這年，英國首相鮑德溫（Stanley Baldwin）是這樣說的：「如果他（希特勒）向東擴張，我絕不會感到心碎。」慕尼黑危機期間，張伯倫也說：「我一定要承認我對蘇俄的猜忌最

[3] Sandra Halperin, *War and Social Change in Modern Europe: The Great Transformation Revisited* (Cambridge: Cambridge University Press, 2003), p.214.

[4] John Harvey, ed., *The Diplomatic Diaries of Oliver Harvey, 1937-1940* (London: Collins, 1970), p.290.

深。」到了最後關頭，德軍入侵波蘭，張伯倫也是堅持主和，擔心蘇聯藉機滲透。

英國財金勢力（蘇聯稱之為「資本家」）在這時期的外交影響力也絕對不容小覷。英倫銀行總裁諾曼（Montagu Norman）便恆常繞過外交部與納粹德國暗通款曲，並說：「他們為了我們的社會制度與共產主義開戰。他們失敗的話，共產主義就會降臨德國，其後歐洲什麼事情都有可能發生。」一九三四年，一份國防報告列德國為英國長遠的大敵，立即被英國財政部截去。[5]在這種「官商勾結」的大環境下，英國反共立場始終旗幟鮮明，未因德國擴張而有所動搖。

在反共的大環境下，英國的做法是聯德制蘇：由英國盛情款款地讓出整個東歐，然後禍水東引、借力打力，使德蘇正面碰撞。也難怪史達林疑心，覺得那個蘇聯沒有獲邀出席的慕尼黑會議，是西方國家圍堵蘇聯的陰謀。一九三九年三月之後，英國藉口防範德國東擴，承諾擔保波蘭、羅馬尼亞和希臘三國的邊界完整，卻獨獨不擔保位處德蘇夾縫之間的波羅的海三國，看在史達林眼中，這當然又是英國移禍江東之計。

英國沒有看錯的是，蘇聯始終對歐洲圖謀不軌。列寧傳下來的祖訓是資本主義陣營內部遲早會因為貪婪而爆發內戰，蘇聯應該坐山觀虎鬥，待雙方兵力耗盡之時，蘇聯便能坐收漁人之利，不廢一兵一卒地掀動世界革命。一九二七年，史達林毫不忌諱地說：「一切取決於我們能否延遲與資本主義世界那場無可避免的戰爭，直至資本家之間內鬥為止。」後來的冷戰，證明了英國的分析正確無誤。

區域整合大勢所趨，英國以空間換時間

英國的綏靖政策有兩大切入點，一是戰略大局、二是經濟潮流，兩者缺一不可。前者解釋了英國外交的方針（即迎德拒蘇），後者解釋了英國外交的手段（即和平至上）。戰間期之所以關鍵，是因為第二次工業革命正如火如荼進行中，誰站在最新的科技制高點上，誰就能成為下一輪的世界霸主。然而，英國很快發現，新興的汽車、化工等產業均背後都要有龐大市場支撐，才可以量產以降低成本，而鐵路、公路所開發內陸地區的勞動力和消費力，則沒有相當縱深都不能消化。故此，第二次工業革命的門檻對如英法帝國這類「海洋經濟」非常不利，卻是眷佑了如美國、俄國和德國的「大陸經濟」。第一次世界大戰後，英國國內元氣大傷，更淪為美國債務國，深感需要壯大自身，才能保住最新世界經濟的席位。

一九三二年，英國召開渥太華會議，推動「帝國特惠制」（Imperial Preference），增加大英帝國全體對外關稅壁壘，同時對內減低帝國各領地間之關稅，並銳意推廣英鎊域內流通，藉此強化帝國紐帶，最終冀望聯同加拿大、澳洲、紐西蘭等，締結如同今日歐盟那

---

❺ Alexander Anievas, "The international political economy of appeasement: the social sources of British foreign policy during the 1930s," *Review of International Studies*, 2011, 37: 611-612.

般的大型有機經濟體。與此同時，英美菁英界密鑼緊鼓籌謀「大大不列顛」計畫（Greater Britain），成立如今廣為人知的皇家國際事務研究所（Chatham House，漆咸樓）與美國外交關係協會（Council on Foreign Relations）等組織，最終目標是成立橫跨大西洋的民主共同體，主導世界。現在英國不少脫歐支持者，就是渴望重推這種「盎格魯撒克遜」同盟，來補救英國失去歐洲市場的窘況。當然，其他國家也不甘讓英國專美於前，例如德國意圖稱霸中歐（Mitteleuropa），日本籌謀「大東亞共榮圈」，法國也是在這個時候開始構想歐洲聯邦的藍圖。

因此，和平外交與其說是英國小國心態作祟，倒不如說是英國的大國視野例證。一九三八年，蘇聯早已超越英國甚至德國，躍身繼美國之後世界第二大工業體，至於美國經濟，更是超越英、法、德三國的總和。[6]英國政商界深知：和平是通往「大大不列顛」的唯一道路。英國比其他大國需要和平，更需要悶聲發大財。在整個戰間期，英國在與時間競賽，一再忍讓，大蕭條過後更是以空間換取時間，視經濟為「第四防」（the fourth arm of defence，張伯倫語）。[7]豈知一切已經太遲，最後歷史重演，英國再度捲入東歐戰事，不單「大大不列顛」之夢遙遙無期，還一夜淪為「小不列顛」（Little England），時至今日被迫遊走美國與歐陸之間。

和平未到根本絕望時候，絕不放棄和平

在「戰略」與「經濟」兩大主題交錯的棋盤之上，小不忍則亂大謀，英國外交在戰間期無法不以柔遠懷邇為主軸，但這不代表英國外交毫無迴旋空間。相反地，在美蘇鎖國、法國依附下，英國的活動空間頗為可觀，只要在不違反綏靖政策的前提下，英國國內政治絕對是左右其外交政策的一大因素，因此有必要追溯英國戰後內政的走勢，當中或能探究出第二次世界大戰的誘因，甚至能瞥見其與今日英國以至世界的一些共通點。

戰間期是理想澎湃的時代。歐洲領袖與平民無法相信，位於世界文明前列的歐洲諸國，可以為了巴爾幹半島的一場小爭端互相廝殺長達四年，而日新月異的現代殺人武器，不論對戰勝國或是戰敗國均造成無可估量的性命財產損失，其中包括高達一千萬人的性命。當時歐洲普遍論調認為，人類社會是進步的，戰爭不單對經濟有害無益，而且是文明人都應該唾棄的野蠻手段。英王喬治五世（George V）便肅然向全英子民承諾：「我不會再打另一場打仗。我不會。」

---

❻ Taylor, *The Origins of the Second World War*, p.268.

❼ Robert Boyce, "Economics," in: Robert Boyce and Joseph A. Maiolo (eds.), *The Origins of World War Two: The Debate Continues* (Basingstoke: Palgrave Macmillan, 2003), p.261.

兩戰期間和平思潮的佼佼者，不可不提一九〇九年英國作家安吉爾（Norman Angell）的大作《大錯覺》（*The Great Illusion*）。安吉爾聲稱：全球自由貿易下人人得益，一國的領土面積不再重要，戰爭不再有用，甚至有害。只要各國領袖認清這點，則世界和平指日可待。[8]《大錯覺》深受歐洲和平愛好者歡迎，安吉爾更於一九三三年獲得諾貝爾和平獎。

那麼如何在國際層面上保障和平呢？戰勝國英、美、法三巨頭深感要建立全新和平秩序，必須要查找舊有外交理念之不足。歐洲歷來戰事頻繁，秩序大抵一百年重整一次（一六四八、一七一三、一八一四）。一九一九年之所以重要，是因為戰勝國（理論上）毅然廢除傳統外交汰弱留強的規矩，取而代之創立一套以道德論政的新風，實行「頭痛醫頭、腳痛醫腳」：既然軍備競賽引發戰爭，則以裁軍取代之；民族仇恨冤冤相報，則以「民族自決」原則調解之；主權國家任意妄為，則以國際法約束之，由國聯一眾成員用制裁、聯防等方式防止戰爭。

凡爾賽秩序之所以重要，是因為其對後來國際局勢有著獨立於一般強權政治的影響。許多人以為大國之間只講利益、不談道德，斷言國聯在國際舞臺的地位有等如無，卻未知「恩」「威」並施才是國際政治的第一法則，才是區分勝負的關鍵。《孫子兵法》開首一句便言：「兵者，一曰道，二曰天，三曰地，四曰將，五曰法。」道理先要在己方，名正言順，接著的地理條件和行軍本領才能有所發揮。同樣，西方理論也有分「軟實力」、

「硬實力」之說。大國過招，戰略與經濟格局懸念不大，決定勝負的往往就是道德論述。正因如此，戰後道德秩序的重建是至關緊要的一環。誰能控制道德高地，誰就能振臂一呼、號令天下。

本來戰敗國輸誠納款，亙古有之，一九一八年德國強加於俄國的《布列斯特和約》（Treaty of Brest-Litovsk）就不比《凡爾賽和約》仁慈。凡爾賽戰後秩序的弔詭之處在於，其一方面狠狠懲罰德國，另一方面卻高舉正義旗幟，虛偽性質昭然若揭。虛偽的必然代價，是《凡爾賽和約》（下稱《和約》）的自相矛盾部分站不住腳。《和約》口頭上主張民族自決，實際上卻無視戰後奧地利一面倒支持併入德國的民意，還列明禁止德奧合併，無異自打嘴巴，使得德國後來出師有名進軍奧國與捷克蘇臺德地區，一夜之間成為歐陸霸主。又好像《和約》第二三一條將發動戰爭的責任全數歸咎於德國，德國心懷怨恨自然不在話下，然而連英法兩國也自知理虧，這也是為什麼希特勒一九三六年占領萊茵蘭時可以道貌岸然地宣布：「如果說全世界依從條約信紙的話，那麼我便是依從永恆的道德。」英法全然按兵不動。

當然，希特勒也極擅麻痺西方國家和民眾的神經，在一九三六年進軍萊茵蘭時，便開出優厚條件，支持德國重新加入國聯，甚至要求與法國簽訂互不侵犯協議。即使是後

❽ Norman Angell, *The Great Illusion – Now* (London: Penguin, 1938).

來的連串「侵略」行為，也是堂之皇之：德奧合併靠的是奧方不顧後果單方面宣布獨立公投（試想像今日臺灣推動獨立公投），入主蘇臺德地區靠的是多邊談判，至於最終兼併捷克餘部，靠的也是因為該國分裂在即。希特勒的行徑固然明目張膽，可是做法未必不「合法」。英法堅持頂戴道德光環，自是啞巴吃黃蓮，有苦說不得，白白加速了德國冒起的進程。

如果說虛偽的代價是戰敗國的投機，天真的代價換來的就是戰勝國的投降。凡爾賽秩序的另一致命點就是天真。「世界和平」、「天下民心」、「民族自決」種種口號全部上了神牌，不容動搖。去舊容易，迎新極難，問題隨之產生。第一、兩個崇高理想有可能相悖：一旦德意志「民族自決」的偉大過程當中破壞了「世界和平」，英美應如何取捨？

再者，「世界和平」、「天下民心」全是世界上最好聽的口號，但很快知識分子就會發現世界原來並非完美，理想與現實往往有落差，貫徹理想就要付出代價。新時代下，由於「民意一定是對的」，於是歷任英國首相都不敢逆民意而行，民選領袖由勞合．喬治（David Lloyd George）到張伯倫頻頻繞過外交部行事。但外交是大國博弈最高深的學問，經世不傳，豈能任由無知婦孺說三道四？一九三六年，在野的邱吉爾抨擊首相鮑德溫擴軍進度緩慢，鮑德溫竟反問：「假如我宣布以擴軍應對德國，難道這個和平的國度會有人響應嗎？」一九三五年十一月的大選，工黨便是因為主戰而慘敗，保守黨則因為提倡「毋須戰爭的制裁」（all sanctions short of war）而取得二百多的席位優勢。言猶在耳，英國在國際舞臺上能不被動嗎？當張伯倫在慕尼黑被希特勒耍了一場後，英國民意沸騰，一時又矯枉過正，招招針對德國，平白錯失了許多和解的機會。

和平一定是雙向的。希特勒本人究竟是「投機主義者」，還是「變態侵略狂」，歷史學家未有定論，但可以肯定的是，希特勒不會放過任何乘虛而入的機會，並會得隴望蜀，貪得無厭。不過英國對希特勒上臺的第一反應，卻是「以德報怨」，加快單方面解除武裝。一九三九年，英國史學家卡爾（E.H. Carr）見兩戰間期不少和平愛好者自欺欺人，遂發表巨著《危機之二十年》（*The Twenty Years' Crisis*），抨擊英國政界妄顧現實，以為「民意一定是對的」，並炮轟英國的國聯創始人塞西爾（Robert Cecil）等幻想可以僅挾「天下民心」云云便足以主持公道，嚇退侵略者。卡爾更警告：所謂世界和平，只是英、法自己勝者為王的和平，一旦德國崛起，德國難免會爭取更多話語權，在此過程中，如何確保和平過渡才是關鍵。[9]

有意思的是，最後於一九三八年，就連卡爾的死對頭，理想主義者安吉爾也看不過去，再版出書警告：世上沒有免費午餐，捍衛和平必須預備犧牲。又說：英國為了保和平一再讓步，徒教德國得寸進尺，結果養虎為患，戰爭反而愈發迫在眉睫。歷史證明，待一

---

[9] E.H. Carr, *The Twenty Years' Crisis, 1919-1939: An Introduction to the Study of International Relations* (Basingstoke: Palgrave Macmillan, 2001).

九三九年八月英國首相張伯倫想要用極強硬的語言，警告德國勿再重蹈第一次大戰低估英國的戰略錯誤，此時已經有氣無力，一切積錯難返。

賂秦而力虧，破滅之道也

要知道，以君子之心不能度小人之腹。西方知識分子沾染了古代落第秀才的迂腐，「兵者，凶器也」，不分青紅皂白地厭戰，卻不知地球另一角的「民意」卻是記恨在心，處處包容之下的結果卻變成縱容，最後還是需要一戰。雖說如此，也不是要英國真的出手，前文便已說到和平才是英國長遠戰略利益所在。希特勒由萊茵蘭進軍波蘭，這一路上一直都是等到探出英國底線才敢行動，實際上英國僅需擺個姿態、亮亮兵刃，便能起震懾效果，從而拖延甚至煞停德國擴張進度。更重要的是，英國若能寬猛相濟，威信不至於會蕩然無存，希特勒也就不會敢不理會英國最後一聲「狼來了」。

由此可見，上層的道德論述出現問題，下層的外交政策緩急輕重的火候拿捏就會出現偏差。和平思潮、道德論政本身不是問題：古今中外太多政論家，主張一切「現實」先行，以為無止境擴充權力才是政治的第一目標，但若問最終目標所為何物，卻是答不上來。沒有理想，再大的權力也變得一無是處，會徒然導致一群政治動物互相撕噬，社會則原地踏步。只是理想必須建基現實之上。時勢固然造英雄，然而英雄想憑一己之力「造」時勢，強以為之，卻是未免太「離地」了。英雄可以做的，是認清歷史洪流中的多股細流，看準其中最具潛力的細流，順勢而行，最終可望江河入海，在理想與現實的兩極間找到中庸之道。

曾經有一段時間，歐洲列強亡羊補牢，一度成功調和理想與現實。一九二四年，美國出面推行道威斯計畫（Dawes Plan），對德進行巨款借貸確保德國賠款，穩住歐洲局勢。一九二五年，英、法、德、義四國簽訂《羅加諾公約》（Treaty of Locarno），法德兩國正式修好，由英、義兩國共同擔保法德邊界，德國同時加入國聯並成為安理會常任理事國，變相接受戰後世界大國政治的遊戲規則，國際政治總算成功以開誠布公的討論，取締赤裸裸的敲詐。一九二六年，法德連同比利時、盧森堡達成鐵鋼協定，此舉可說是近代歐洲一體化的先河。霎時間，歐洲大陸經濟復甦，生氣勃勃，似已走出戰爭陰霾。另外，《羅加諾公約》並不擔保德國東面邊界，默許德國按照民族自決原則處理中歐諸國德裔居民的窘境，也是務實做法。

到了後來，英國國策無法變通，加之民意掣肘，使得理想與現實兩者不可得兼。一九三五年，義大利悍然入侵阿比西尼亞（今日依索比亞），英法推動國聯對義實施經濟制裁。本來英法為免得罪義大利，願意讓步，容許義大利占領阿國外圍的沃土，換取阿國皇帝統治原有的山頭，怎料消息洩漏出去，英法民情洶湧，痛陳英法出賣小國利益，迫得兩大外長雙雙辭職之餘，義大利還得以吞併整個國家，繼而轉投希特勒治下的德國。說時遲那時快，希特勒眼見離間英、義得手，乘機進軍萊茵蘭，為後來東擴鋪路。再一次地，英國贏了道德、輸了國力。

但歐洲這盤殘局並非一發不同收拾，英國也不一定要眼睜睜看著自己被捲入戰爭。歷史是由人寫的，馬克思有句名言：「人創造歷史，但人無法隨意把歷史創造成自己喜歡的模樣。」（Men make their own history, but they do not make it as they please）在此關頭，英國舉手投足都有決定性的影響。一九三八年德奧合併當日，希特勒遲至最後一刻才敢出兵，還有七十%的軍車中途故障。要是這時英國能大聲喝止，義大利就不會坐視德國染指奧地利，後來更不會因受德國威脅而倒向德國。同樣地，一九三九年慕尼黑會議召開之前半年，張伯倫已經急著阻撓法國插手，並言：「假若德國真的執意消滅捷克斯洛伐克，我看不到能阻止的方法。」張伯倫不知道的是：有時戰爭才是保障和平最有效的手段。希特勒六月便對內發出指令，稱德國要直至能夠肯定英法不會干預，才會考慮對捷克斯洛伐克採取行動。[10]然而德國占領蘇臺德地區後，英國復又反口拒絕擔保捷克斯洛伐克的剩餘邊界，霎時間威信全無。

行文至此，需再強調一次：英國以狼拒虎的基本方針沒有錯，錯在其執行得極其粗疏，沒料到有朝一日會遭狼反噬。美國前國務卿季辛吉就曾經評道：如果一九三九年時英國可以陰險一些，僅僅答應擔保波蘭東面連接蘇聯的邊界（而不是西面接壤德國的邊界），蘇聯就會被迫接下德國犯境的壓力，未至於與德簽訂互不侵犯協議，英國的外交迴旋空間亦會因此大增。[11]當連德國也預測英蘇會簽訂某種同盟協議時，英國卻誤以為德國與蘇聯勢同水火，未理會蘇聯合作的請求，不知道一九三八、一九三九年蘇聯曾兩度與日本在滿洲和外蒙交戰，腹背受敵，此時正是與其聯袂震懾德國的天賜良緣，白白錯失最後一次捍衛歐洲和平的機會。

結語：大英帝國與小不列顛

整個戰間期間，英國統治階層都深知和平之可貴。的確，只有維持和平，人民才可以安居樂業，英國才可以發展經濟；也只有維持和平，歐洲才能與美蘇分庭抗禮。在這個大前提下，英國既要「和平」制衡德國統一歐洲，又要「和平」力拒蘇聯蠢蠢欲動，對內更要面對道德霸權的重重掣肘，門檻實在高得吃不消，惟有明知不可為而為之，最後的結果便是率先喪失和平，接著坐視德國統一歐洲，然後眼睜睜看著蘇聯勢力壯大。英國不單沒能成為「大大不列顛」，反而痛失整個帝國，淪為「小不列顛」，時至今日仍然被迫遊走於美歐之間。

今日英國，不也正處於和過去相似的情況嗎？全球一體化的大趨勢下，英國踴躍投入歐洲一體化，帶動全歐洲史所未見的區域整合，達致全歐貿易、投資、移民、規管的統

---

❿ Taylor, *The Origins of the Second World War*, p.208.

⓫ Henry Kissinger, *Diplomacy* (New York: Simon & Schuster, 1994), p.348.

一標準。然而正當歐盟經濟總量超越美國時，德國又再悄然崛起，並發揮著無可取代的影響力。二〇一五年，德國總理梅克爾夫人不顧歐洲多國反對，收容中東、北非超過一百萬難民，並強制全歐分擔難民負累。又一次，理想與現實出現了分歧，而今回，英國選民的「民意」選擇了另一個答案。

脫歐之後的英國，將重新面對全球經濟下區域整合的壓力。不少保守黨人奢求重振英美澳紐加（及印度）的紐帶，當然，這將會是理想與現實之間的另一場掙扎。幸好，英國就算押錯了注，都（似乎）不用再受到戰火洗禮。因為二十一世紀的歐盟，終於成為了世界和平的中流砥柱。

現今，共產同納粹雖然不再，恐怖主義卻是迅速蔓延，威脅著英國人多年來的生活方式。恐怖主義沒有國家，結果「戰略」和「經濟」兩大利器雙雙失靈，此時，領袖的魄力與民眾的耐力更顯舉足輕重。目前，英國對外繼續追求著「世界和平」、逢戰必反；對內繼續宣揚著「天下大同」、族群無差。英國的選擇不多：過猛的鎮壓無異火上加油，過寬的包容則無異自欺欺人。理想與現實又一次出現分歧，亟待調和。道德論述之爭，也又一次地將主宰英國的國運、歐洲的未來。

我們如何喪失民主與自由？

05 希特勒的掌權之路——民主如何走向瘋狂？

李博研／神奇海獅　漢堡大學歷史碩士

一九三三年一月二十八日，威瑪共和國最後一任總理施萊徹爾（Kurt von Schleicher）向興登堡（Paul von Hindenburg）總統遞交了辭呈，興登堡宣布了他的決定。一直到這時候，威瑪共和已經盡了一切努力來挽救共和政體。然而年老的元帥已經無力阻擋希特勒上臺，他對已經下臺的總理說著：「我一隻腳已經踏進了棺材，我不敢說，自己將來在天堂中不會對這個舉動感到遺憾。」

施萊徹爾緩緩抬起了頭，回答興登堡：「在今天之後，先生，我不敢說你會進天堂。」

此時納粹黨中央也異常緊張。希特勒幾乎通宵不寐，在飯店房間中來回踱步。在這最關鍵的一晚，什麼都有可能發生：所有的陰謀家都在竭盡心力玩弄最後一手，一種病態的緊張氣氛籠罩著柏林。

有謠言說，剛下臺的前總理已經勾結陸軍總司令，打算在首都衛戍部隊的支持下逮捕總統、建立軍人政權；也有人說納粹黨人要政變了，柏林衝鋒隊將要占領總統府和政府部門。但這其中最有可能發生的，是納粹黨死敵的共產黨發動罷工。這晚，多達十萬名工人湧進了柏林市中心的遊樂公園示威，他們撂下狠話：如果希特勒被任命為領導新政府，陸軍和工人們就會進行一場癱瘓國家經濟的總罷工。

納粹黨籍的國會議長赫曼．戈林（Hermann Göring）走進了飯店，告知大家：興登堡總統將於三十一日十一點會見希特勒！

這次晉見對他本人、對德國、對整個世界來說，都是一件攸關命運攸關的大事。納粹黨高官戈培爾（Joseph Goebbels）、羅姆（Ernst Röhm）在凱撒霍夫飯店的窗口，焦急地望著總理府的大門。戈培爾在日記裡寫下了這段話：

> 各種情緒此起彼伏，有時感到懷疑，有時感到希望。過去失望的次數太多了，這使我們不敢真的相信會發生偉大的奇蹟。

但是在總統府內，任命與宣示正快速進行。最後興登堡只短短說了一句話：「那麼，諸位，隨著上帝前進吧。」

希特勒很快就走出來了。他與納粹黨的官員們面面相覷。戈培爾寫著：「他一言不發，我們也一言不發，可是他的眼中滿含著淚水。」他們親眼看到了一次奇蹟——那個四十三歲、在維也納一事無成的流浪漢、一次大戰的無名小卒、啤酒館政變中有點滑稽的「領袖」……如今，已經宣誓成為德國總理了！

讓我們把時間倒轉回半年前的一場集會，來看一看希特勒最有名的煽動性演說，究竟有什麼席捲德國的魅力？

納粹黨的宣傳手法（1）：一切都必須發生在晚上

根據日本政治家鶴見祐輔的記述，他在一九三二年七月二十八日這天見證了一場盛大的納粹黨集會，從他記述的景象看來，這場集會相當忠實地體現了許多納粹黨的宣傳手法。

他在下午五點左右時，來到了柏林最大的巴拉斯特會場。足以容納八萬人的場地此時還相當空曠，不過很快地人潮就聚集起來了。突擊隊、青年團員陸續走到中央的廣場，周圍道路以外的地方全都站滿了人，人山人海，會場內竟有超過十二萬人，擠不進來的人只好待在外面等待集會開始。

根據希特勒的敘述，納粹黨的集會通常在晚上舉辦，一方面為的是使其顯得更加重要，另一方面則是要讓觀眾處於疲憊狀態——在精神疲倦時，聽眾更容易接受演說者的暗示。他們不用思考、不用想出反例來批判演講者的邏輯謬誤，只接受演講者給出簡單的結論：「我的不幸是別人造成的。」

第一次世界大戰作為開端

這一切的開端，必須要從第一次世界大戰的結束說起。

一九一八年十月三日，德國總理巴登向美國提交停火協議。德軍統帥興登堡將軍親口向當時的威廉皇帝報告：從今以後德國將變成議會制政體，總理以後對議會負責，而非皇帝。但德國人並沒有因為施行共和就獲得幸福，這反而變成恥辱的象徵：原先，德國百姓及官員都寄希望於威爾遜和他的十四點和平計畫，希望這位美國總統能夠在凡爾賽和會秉持著他的民族自決原則、平等對待德國。但是條約出爐後，全德國人都傻眼了。

《凡爾賽和約》裡傷害德國最重的有兩項：第一、德國必須限制自身的軍事能力，此後德國只能保留一支十萬人的軍隊；第二、德國必須為停火付出高昂代價：和平的價格是兩千六百九十億馬克（等於三百三十億美金）——等同於七十年的德國生產總額。也就是說，德國境內所有人不吃不喝、將所得全部上繳協約國，也要到一九八八年才還得完債。

德國人當然憤怒了：「要是能繳得起這筆錢，我們幹嘛不繼續把這場仗打完啊？」但法國人表示「那是你家的事」，而新生的共和國不可能負擔得起這種賠款，只好開始盲目地發行馬克。最後導致的結果，就是歷史上有名的「超級通膨」。

一九二〇年代初，德國物價誇張的程度甚至到每四十九小時就翻一倍，到了一九二三年，物價已經來到了前一年的七千二百五十三萬倍。一片麵包或一張郵票的價格就高達一千億馬克，德國工人每天須領取兩次工資，且在錢到手後必須在一個小時之內花出去，否則就會迅速貶值。小市民與中產階級突然發現，自己辛苦一輩子攢下的存款此時連顆雞蛋都買不起，但這還不是共和國面臨的最糟困境。

因為裁軍協定而遣散的大量軍隊，才是共和國最大的問題。這些被遣散的兵士在國內到處流竄，加入各種左、右派的準軍事組織。軍隊、工會天天都在左右互搏，而他們唯一共同的敵人，就是只擁有十萬軍隊的共和國。先是一九二〇年的卡普政變（Kapp-Putsch，因抗議簽署《凡爾賽和約》導致的政變）、一九二一到一九二三年，魯爾區及漢堡的德國共產黨也紛紛發動武裝抗爭，就在這時候，希特勒與他的納粹黨也趁機發動了有名的「啤酒館政變」（德文：Hitlerputsch，直譯為「希特勒政變」），準備以武力掌控南德的大邦巴伐利亞。這起行動很快就失敗了，希特勒也以叛國罪名被捕入獄。

這些武裝抗爭暗示著共和國的危機四伏，人民不滿的情緒日漸升高，照這情況看來，共和國的結束似乎也只是早晚的問題罷了。不過希特勒因叛國入獄一年後假釋出獄時，一切似乎全都變樣了。

納粹黨的宣傳手法（2）：「小人物」先行暖場

讓我們再回到納粹宣傳會場。當晚六、七點時，講者希特勒還沒有要出現的樣子。天色漸漸暗了下來，細雨一刻也不停地下著。

一九三九年出版的書《希特勒與國社黨》[1]其實就分析過納粹黨的宣傳技巧。在納粹集會開始前，通常會由一個比較次要的人物先上臺暖場，他會先用一種親熱的態度對群眾講話，告訴大家有一個偉大的嚮導在領導他們，而他們能有這樣的嚮導是多麼幸運。

這些談話聽起來就像隨意聊天式的家常話，實際上卻是煞費苦心編織成的講稿。演講者先對觀眾開些政治上的笑話，讓他們放下了戒心，醞釀大約五分鐘後，講者的聲音會突然悲悽起來，開始提到人民的災難，說他們個人、家庭、祖國，處境都很危險，一切都在最惡劣的國度裡，朝著最惡劣的方向走。這次的主講者是元首希特勒。所以這個「比較次要」的暖場人物，是納粹黨宣傳部長約瑟夫・戈培爾。

「十三年的失政啊！」

時間來到將近九點，在陰暗的夜色中一股明晰的聲浪突然從廣播中流出。會場爆出一陣騷動，所有人都在說：「戈培爾！是戈培爾！」

戈培爾繼續他的演講：「自《凡爾賽和約》締結以來，至今已經十三個年頭了；外招世界侮辱、內陷全民族於貧苦深淵的社會民主黨，至今的失政已經長達十三年了！社會民主黨，你有何面目再立於大眾之前？」

雷動的掌聲震撼了黑夜。

「十三年的失政啊！」

鶴見祐輔閉起了眼睛，豎起耳朵聽著這種與過往完全不同的新型演說。它並不講求邏輯、事實以及辯論，完全訴諸聽眾的本能情感。希特勒這麼說過：

> 只要簡括、只要通俗！對於反對黨的政見，不必加以尊敬或公平的處理，不必十分顧念事實。簡單的人需要簡單的答案：是或否、對或不對、愛國或賣國，德國的或外來的。

美國金援的力量

希特勒在一九二五年出獄後，德國簡直像是跳轉到另一個世界似的。三年前無止境跌落的馬克，忽然安定了下來；門可羅雀的工廠開始吐出濃濃黑煙，發揮其功效；滿載德國貨物的輪船，駛向世界各大港口。柏林成了不夜之城，德國再次恢復了繁榮。

❶ 許天虹著，改進出版社出版。

這是美國金援的力量。

造成如此榮景的最大的功臣，是德國外交部長古斯塔夫・史特雷斯曼（Gustav Stresemann）。在他的努力下，以美國為首的協約國免除了德國九成的戰爭賠款。原本三百三十億的戰爭賠款一下子刪到剩下七億多。作家賽巴斯提安・哈夫納（Sebastian Haffner）這樣描述他們的二〇年代：

> 一九二六年至一九三〇年之間，最優秀的德國年輕人正默默致力於非常美好、可為將來造成深遠影響的事務……那是一種新的理想主義，也是第二波的自由主義行動……當時的德國處處感受得到清新的氣息，傳統的謊言顯然已經消逝無蹤。各階層之間變得既寬鬆又容易穿透。這很可能就是大家一起陷入貧困以後的正面收穫……許多大學生兼差當工人，而許多年輕工人也抽空在大學進修。階級的傲慢與白領意識變得完全不合時宜，兩性間的交往則是前所未有的自由……

德國找回了活力，希特勒與納粹黨引以自豪的雄辯術隨之失去吸引力，無法像從前那樣打動聽眾。不管他怎麼高呼：「排除美國的金元，保住德國的靈魂」、「道斯計畫和《凡爾賽和約》一樣，都是足以陷德國於奴隸境遇的東西」，一九二八年的國會大選證明了它的效果薄弱：納粹黨在五百八十四席的國會裡僅僅只拿了十二席，納粹黨面臨前所未有的挑戰。

納粹黨的宣傳手法（3）：戲劇化登場

晚上十點，天色已經全黑。戈培爾的演講結束後沒多久，全場忽然又開始騷動了起來，有人大喊：「希特勒！希特勒！」

「在哪？」鶴見祐輔問鄰近的人。

那個人指了指：「在那。」他仰頭看著所指的地方，沉沉墨色、星影全無的雨幕中，突然出現了一點點火光，接著流星般地從人們頭上下落。

那是飛機。

希特勒從三千公尺的夜空向柏林急轉而下，天上飄然之音變為巨大爆裂的聲響，火光緩緩降落在離會場不遠處的廣場上。場內十二萬和擠在場外的八萬群眾一同起立，將右手向前伸出，高呼：「萬歲！希特勒！」

希特勒就是要等到這最戲劇化的一瞬間，才肯現身。

不久，汽車聲在場外響起，希特勒立在閃著強烈光線的汽車上，從一片漆黑中緩緩出現。鶴見祐輔如此回憶他看見的希特勒：「黃褐色的突擊隊制服，黑馬靴、黑領帶，梳得整潔的栗色頭髮，小小的鬍子，櫛沐在十三年政戰風雪中的赭色的臉，還有神采奕奕的雙眸。」

接著，全場二十萬人都因希特勒的演講沸騰。

決定德國民族運命的政治決戰，迫在眉睫。諸君此時要決定的是什麼？請看德國民族的窮困死亡阿！德國雄飛世界的威容到哪裡去了？現在我們為何成為譏笑侮辱的對象？這全都是因為締結《凡爾賽和約》的政客失敗的緣故阿！

他嘶啞的聲音配合十足的手勢，營造悲壯的感覺。

是啊！是啊！

全場觀眾一致怒號。他們多數是因為馬克暴跌而破產、是因為工廠關閉而失業的人。

然而為什麼當此國危民困的時候依然政爭不休？大家要曉得德國今日的困境不在外面，而在內部。就是在這分裂為三十個政黨的政客裡面啊！宣布死刑吧！宣布三十個政黨死刑！創造新的德國吧！把政權讓給未試身手的我們！

暴雨似的吼聲，從二十萬聽眾喉中轟然而出。

德國工業社會的隱憂

事實上，早在華爾街股市崩盤以前，表面歌舞昇平的德國就已經隱藏著些許的不安。繁榮的景氣造就了大量的寡頭企業和貧富不均——卡泰爾（Cartel）、太上公司（Holding Company）等等設立發展。這些龐大的國際企業組織一邊扼殺成千上萬的德國中小企業，一邊實行限制生產、提高價格，並加緊剝削一般消費者；一邊又花鉅款到美國去購買最新式的龐大機器，實行生產「合理化」。

造成的結果，便是德國的工人失業了。

因此在一九二九年的世界經濟恐慌潮流淹沒德國以前，德國的工業雖然很景氣，失業人口卻始終有幾百萬之多。其中最苦的是年輕人，一九二〇、一九三〇年代的年輕人在第一次世界大戰後出生，戰爭、混亂和通貨膨脹，讓這整個世代彷彿被遺棄了一般，彷徨不知有何可為，達到就業的年齡時，也遲遲找不到一個可以立足的地方。

他們努力，但卻失望地發現：四處都沒有他們的容身之處。年輕的化學家、工程師、教員、律師、醫生、各種專家或一般的手藝人，全都發現他們的進路被其父兄阻礙。在爭取「飯碗」的猛烈競爭中，失敗者當然是這些初出茅廬的小子。因此，他們的憎恨就增長了起來——憎恨他們滿足現狀的父兄，憎恨那沒有餘地容納年輕人的社會制度、憎恨那接受戰勝的協約國提出的《凡爾賽和約》的政黨和政體。和平對於這些潦倒失意的青年來說，沒有多少好處。

「與其生活於恐怖之中，不如同歸於盡！」成為了他們的標語。

納粹黨的宣傳手法（4）：撼動人心的聲光

你們真是可憐蟲，既無民族的獨立，又無財產；既無社會的顧恤，又無收入的來源。但大戰失敗和那可恥的和約，並不是你們的過失！你們被人家出賣了。你們的祖國被人割裂了。

可是記著，你們是世界上最偉大的民族，是萬能的上帝派來統治世界的亞利安民族。

希特勒演說造成的空前興奮，是鶴見祐輔從未在任何政治演說中見過的。三十分鐘過去，希特勒斬截淋漓的演說告終。臺下不斷響起有如教室上課般的機械問答：「我們的不幸歸咎於什麼？」其中暗藏的黨員說道：「現行體制！」

「這制度的後臺老闆是誰？」

「猶太人！」

「阿道夫．希特勒是我們的什麼？」

「信仰！」

「還有呢？」

「最後的希望！」

突然，軍樂隊奏起樂來——數量至少二十，至多兩百支樂器當中，有許多長喇叭和軍鼓。鶴見祐輔突然看見對面的場外，漆黑的背景中有三條白煙冉冉上升，不久就變為橙黃色，最後變成刺目的赤紅。一會兒，那三根火柱愈加紅豔，聳立在黑夜中，「好似象徵著拯救德國的希特勒運動」。

希特勒注定崛起

且讓我們再跳到一九二八年的美國。當時華爾街股市上漲進入最後的瘋狂，股票幾乎成了國民運動。有些學者，像是羅傑·巴布森就預先提出了警告：「股市遲早會崩盤！」但是人們普遍醉心於咆哮的二〇年代，沒有人真的把專家的警告當成一回事。

直到一九二九年的十月，股市以令人措手不及的速度崩盤，股價如同決堤之水突然直衝暴跌，人們紛紛脫手股票，媒體以「黑色星期四！華爾街恐慌」為題發表新聞。因應股市的突然崩盤，紐約數家主要銀行迅速救市希望力挽狂瀾，胡佛總統甚至親自發表文告安撫股民。然而到了下週一，股票依舊不給面子地繼續下跌。

沒有人再出面救市。股民在一瞬間就做出了決定：拋單！所有股票都成了燙手山芋，只要拋掉就好，人們手足無措面臨著這紐約證券交易所開所一百一十二年以來「最糟糕的一天」。

美國的情況立刻影響歐洲各地。德國馬上受到了影響——而且災難深重。德國經濟能姑且穩定的原因主要來自向美國借的外債和對外貿易，一旦美資從德國撤退，德國就無資金購買所需的原料和糧食等必需品，德國的工業也因無原料而無法開工，也就無法出口產品。成千上萬的小企業就此破產，經濟危機引發了超乎想像的空前大規模失業，失業人口的數字突破六百萬。一名英國記者描述了當時德國那種黯淡絕望的氣氛：一間工人酒館裡，所有人呆望著那位唯一有錢點杯啤酒的客人。

就是在那個最黯淡的日子裡、在成千上萬德國人陷入苦難深淵的時刻，希特勒看見了他的機會，居然在納粹黨報紙上這樣寫道：

> 我一生之中從來沒有像這些日子這麼舒坦、內心這麼滿意過。因為殘酷的現實打開了千百萬德國人的眼睛，使他們看清楚瞞騙人民的馬克思主義者史無前例的欺騙、撒謊和背叛行為。

他不浪費時間同情同胞的苦難，而是要冷酷地立即將之轉化為政治上支持自己的力量，這就是他在一九三〇年夏末國會大選上要做的事情。

宣傳如火如荼地進行。光在巴登·弗騰堡（Baden-Württemberg）一邦，希特勒就舉行了將近九百次演說，每場都人山人海，參加者幾乎無地可站。苦難深重的人民要求擺脫困境、千百萬失業者要求工作機會，約四百萬達到投票年齡的青年人要求至少有個能溫飽生活的選擇。希特勒向這些千百萬處境困難、心懷不滿的人們提出的保證，似乎給他們帶來了某種程度的希望。各地的黨部湧進請求入黨的人們，甚至還因為人數過多必須宣布暫時關閉，以便整理收到的入黨請願書，當中有多數來信是表達對元首的崇拜和感激之情：

「希特勒，我們相信你，沒有你，我們就是一盤散沙；有了你，我們就是一個民族。」

「你遞給我們你的手和你的目光，這目光至今仍使年輕的心蕩漾；美好的幸福它將永遠陪伴我們，這一刻產生如此強大的力量。」

希特勒的辦公室裡堆滿了求愛者寄來的精心編製的毛衣和漂亮的襪子，有些來信甚至寫到希望能與他生孩子。

上一次的國會大選，納粹黨只獲得十二個國會席次，而這次，希特勒有信心能增加三倍，讓黨得到五十席，然而選舉結果卻讓所有人大吃一驚：納粹黨所得的選票增加到了六百四十一萬張，可以取得一百零七個席位！從國會裡從最小的黨派一躍成為第二大黨。

一九三〇年九月是一個轉折點。納粹黨在全國選舉中獲得驚人勝利一事，說服了千百萬普通人民：現在也許出現了一種無可阻擋的趨勢。很多人也許不太認同納粹黨煽惑人心的做法，但在某一種程度上，它喚起了曾受到嚴重壓抑的愛國主義和民族主義的傳統感情。人們渴望納粹黨真的能領導德國人民擺脫共產主義、社會主義、工團主義，擺脫民主政體的軟弱無能。最重要的是，它已經在全國造成了燎原之勢，注定讓希特勒三年後就任德國總理，也注定了德國的命運。

06 法蘭西第三共和興亡史——為什麼放棄民主？

洪仕翰 臺大歷史學系畢業／現任書籍助產士

失控的汽車：一九四〇年法國陷落

一九四〇年六月的法國是特別的。那年夏天，陽光燦爛、萬里無雲、冷熱適中，堪稱一次世界大戰以來最美好的季節。也正是在那年夏天，法國陷落，法國人自己終結了長達七十年的自由民主。

六月四日，當最後一批英國遠征軍離開敦克爾克，法蘭西第三共和國正式進入了亡國的倒數計時：它最精銳的部隊已被摧毀，僅存的盟友逃回海上，而進擊的德軍則已兵臨城下。雪上加霜的是，野心勃勃的義大利獨裁者墨索里尼更在此時對英法宣戰，粉碎了法國透過義大利居中調停的最後希望。

納粹鐵蹄步步進逼，法國政府連夜出逃；百萬難民流離失所，巴黎街頭人去樓空。

海峽彼端，英國首相邱吉爾正在國會發表演說，呼籲全民抗戰到底，並聲稱這是不列顛「最光輝的時刻」；但對海峽此端的法國總理保羅·雷諾（Paul Reynaud）來說，法蘭西最黑暗的時刻才正要開始。

六月十二日，甫逃出巴黎的法國政要，陸續聚集在巴黎以南圖爾市的一座城堡，參加影響法國命運的會議。在會議中，法國陸軍的最高指揮官魏剛將軍（Maxime Weygand）沉重地宣布：法國已經戰敗，眼下只有停戰求和一途。

這個消息震驚了內閣官員。這不是政府第一次遷離巴黎，上一次大戰中法國也曾遷都他處。真正讓他們震驚的，是陸軍高層放棄抵抗的態度，這是前次大戰中不曾有過的。

雷諾反對停戰。長期對抗姑息主義的他，反對向希特勒無止盡的野心低頭。「希特勒就像成吉思汗！」身形矮小、體格壯碩的雷諾如此比喻道。他主張將政府與軍隊撤至北非殖民地，繼續抗戰。

魏剛對雷諾的提案嗤之以鼻。他認為流亡海外會讓軍隊名譽蒙羞，政府官員應該留下來承擔戰敗責任，而他也絕不會接受政府撤往北非繼續抵抗的命令。

失敗主義很快蔓延，雷諾只得求助於德高望重的貝當元帥（Philippe Pétain）。在不到一個月之前，雷諾才剛任命這位八十三歲的老將軍出任法國的副總理，期望這位在上次大戰中挽救法國低迷士氣的國民英雄，能夠再次鼓舞國人士氣。

然而雷諾錯了。這位備受國民崇敬的一戰英雄，並未在此關鍵時刻站在雷諾這邊，反而支持魏剛將軍的停戰提案。貝當宣示自己絕不離開法國本土，更宣稱那些逃走的政客將喪失領導法國的資格。

貝當元帥的介入，讓輿論風向完全倒向停戰。除了內政部長曼德爾（Georges Mandel）與雷諾破格提拔的國防部次長戴高樂等少數人外，多數閣員傾向支持兩位資深將領的判斷。面對主和聲浪的高漲，雷諾不得不辭去總理一職，倉皇帶著情婦逃往北非。

雷諾沒能抵達他的目的地。他駕駛的雷諾汽車突然偏離道路，失控撞上路邊的梧桐樹。情婦當場死亡，而負傷的雷諾則在醫院中被貝當元帥的新政府逮捕。「我失去了國家、失去了榮譽、失去了愛人。」這位悲慘的總理難過地說道。

沒有人知道為什麼雷諾的汽車會突然偏離道路。唯一可以確定的是，法蘭西第三共和的國運就像這臺偏離正軌的汽車一樣，一去不復返了。

貝當領導的新政府很快就與希特勒簽署了停戰協議，並在國會議員的「選舉」之下，被賦予了至高無上的權力。新政府定都在維琪（Vichy）——法國南部一座以溫泉出名的小鎮，並立刻廢除了國民議會與第三共和國憲法，擁抱威權獨裁。

手握大權的貝當，著手推動國家革命（Révolution nationale）來重建法國，更將法國的國家格言從「自由、平等、博愛」換成了「勞動、家庭與祖國」（Travail, Famille, Patrie）。

維琪法國（Régime de Vichy）於焉誕生，第三共和則走入了歷史。

民主在退潮：是誰謀殺了第三共和？

二十世紀是個極端的年代，政治制度與意識形態的衝突以最激烈的方式在國與國之間上演。面對納粹德國和共產蘇聯等極權主義代表的挑戰，根基不穩的自由民主制度遭到重大挫敗。而在二十世紀上半葉、遭到極權主義挑戰的國度中，在一九四〇年自願放棄七十年民主歷史的法蘭西第三共和國，特別值得二十一世紀的我們研究。

隨著蘇聯的解體與東歐國家的民主化，我們的世界經歷了一段短暫的樂觀時期，民主制彷彿定於一尊，難以撼動。論者如法蘭西斯・福山等人甚至大膽預言，西方的自由民主制度將是人類社會的演化終點。

那個樂觀的年代畢竟沒有持續很久。二十一世紀也不過才走到第二個十年，我們已開始聽到各式各樣的質疑。一度看似能夠突破民族國家藩籬的歐洲聯盟，如今看來處處是分裂的牆角，更不用說極右派在歐洲的得票率正年年增長；川普在美國一連串具有爭議的舉措，猶如在自詡世界民主領頭羊的美國自由派頭上敲了一記悶棍；而在世界的其他地方，則似乎有愈來愈多的國家意欲仿效所謂的「中國模式」或「俄羅斯模式」。

「民主在退潮」的言論一時甚囂塵上。

我們的世界正在遠離一九四〇，但我們的世界彷彿也愈來愈像一九四〇。

歷史不會重演，但有時會驚人的相似。無論我們是否正在重返極端的年代，有一件事情倒是確定的：我們正在失去對既有民主體制的信心，就像一九四〇年的法國人一樣。

在這樣的背景之下，回頭檢視七十年前的法國人，為什麼選擇揚棄自身的民主制度，或許就不再是一個那麼遙遠與抽象的課題。

那麼，一九四〇年的法國人為何放棄了民主？

軍事潰敗是最顯而易見的原因。民主的法國在短短六週之內敗給了獨裁的德國，無疑會讓法國人對自身的制度產生懷疑。

然而，軍事上的失利無法完全解釋法國的選擇。法國並不是歐洲唯一受到納粹軍事入侵的民主國家。一九四〇年陷落的不只有法國，還有丹麥、挪威、盧森堡、荷蘭與比利時。但法國卻是這些國家中，唯一在戰敗後「自願」放棄自由民主與既有憲政體制的國家，也是除了丹麥以外，唯一民選政府沒有流亡海外繼續抵抗的國家。而與丹麥不同的是，法國政府甚至沒有試圖在德國占領下維持民主制度，反而迫不及待地宣布民主共和的死刑。

用美國駐法記者威廉・夏伊勒的話來形容，就是第三共和在戰敗後「切腹自殺」了。當民主遭難時，法國在第一時間的反應並不是起身捍衛，而是將過往的民主共和視為戰敗的元凶。就像日後擔任維琪法國副總理的右派政治家拉瓦爾（Pierre Laval）在鼓吹國民議會將大權授予給貝當時說的：「導致這場大災難的制度不能再保持不變了。」

表面上來看，法國的選擇是務實與理性計算的結果。貝當掌權前夕，絕望的邱吉爾曾突發奇想，提案英法共組政治上的統一聯盟，試圖讓法國有理由繼續抵抗。對此貝當只是冷冷地評論：「法國為什麼要與一具屍體瞎攪和？」對貝當來說，納粹德國已經征服歐洲，英國的臣服也只是時間的問題。現實的風向已經變了，識時務者為俊傑，法國應該趁早服膺於這個新秩序之下。

然而，貝當與維琪法國的支持者們並非只是單純的投機主義者。法國之所以從民主走向獨裁，還有其理想與意識形態上的因素。

「法國已經受夠了。」最先主張停戰的魏剛將軍，在法國陷落前曾私底下表示：「由共濟會、資本主義與國際思潮所組成的政權與舊秩序，是導致我們落到這步田地的原因。」[1]這位天主教出身的保守將軍多年來始終同情君主體制，並對「失序」的共和政體憂心忡忡。

當雷諾總理主張要遷都至北非繼續抗戰、並舉出同樣流亡海外的荷蘭為例時，魏剛嚴詞反駁，他認為法國第三共和「這種在短短七十年間就換了上百個政府的短命體制」無法和荷蘭的君主制相提並論。那些每隔幾年就會被人取代和遺忘的民選政客，根本無法代表國家。魏剛的回應頗具有代表性，除了暗示他個人鍾情於君主政體外，也明示了像他這樣的陸軍高層，對當時法國的民主共和制所持有的輕蔑看法。

法國需要一個新的秩序、一個智識與道德上的復興。❷

國民英雄貝當元帥在向法國人民宣布對德停戰消息時如此宣稱。也就是說，在貝當眼中，法蘭西第三共和不但失序，在智識與道德上也淪喪。為此，法蘭西必須矯正她過去的錯誤，才能重新恢復勞動、家庭與祖國的優良傳統價值。

就像貝當一樣，維琪法國的支持者將戰敗看作變革的契機，可以一口氣擺脫第三共和時期種種他們所不樂見的「民主亂象」：頻頻更迭的政府內閣、共產主義與社會主義所引發的罷工與社會動盪、政客與媒體的腐敗，以及人民對天主教信仰的不虔誠。

沒有人能夠比里昂的樞機主教熱利耶（Cardinal Pierre-Marie Gerlier）更能表現出這種將戰敗視作贖罪機會的看法。這位主教在法國陷落後坦白地表示：「如果戰勝了，我們或許永遠都會是自身錯誤的囚徒。」❸

一九四〇年法國陷落，意外給了所有對過去法國民主體制抱持敵意或心灰意冷的人們一個難得的機會，而這個機會的產物就是維琪法國。極右派政客、法國大革命後被壓制的

---

❶ 譯自Julian Jackson, *The Fall of France: The Nazi Invasion of 1940* (New York: Oxford University Press, 2004), p.233。

❷ 譯自Julian Jackson, *France: The Dark Years 1940-1944* (New York: Oxford University Press, 2003), p.123。

❸ 譯自Julian Jackson, *France: The Dark Years 1940-1944*, p.140。

保皇黨人、保守派軍人、天主教會與各式各樣的投機分子們聯合起來，在第三共和最脆弱的時刻，給了它致命的一擊。

這些對第三共和民主政體的憤恨與不滿從何而來？是什麼導致這樣的不滿長成足以撼動共和的基石？又是什麼因素使得民主的捍衛者愈發噤聲？

羅馬不是一天造成的，維琪也不是。讓維琪法國得以在一九四〇年萌芽的種子，也必然有片適合它生長的土壤。

為此，我們必須回頭追溯第三共和的歷史，重新檢視第三共和追求民主、以及最後自毀民主的歷史。我認為法國的經歷有助於讀者理解，民主國家在極端的年代可能面對的挑戰與困境，並在二十一世紀的關鍵年代裡重新思考，捍衛民主必須要付出的代價。

妥協的產物：第三共和的誕生與挑戰

法蘭西第三共和是妥協的產物。

在一八七〇年的普法戰爭導致拿破崙三世的第二帝國垮臺後，法國國民議會的代表們並未立刻就擁抱共和政體。事實上，他們之中絕大多數都仍擁戴君主制度。然而，由於波旁王朝、奧爾良王朝與波拿巴王朝的支持者們，對於新王室人選始終僵持不下，共和制度才成了眾人眼中的折衷方案。在各黨派的妥協下，一個臨時性的共和政府就這麼組成了，這就是第三共和的濫觴。

第三共和國的首任總統梯也爾（Adolphe Thiers），在評論法國何以最終採納共和制度時，留下了一句名言：

> 共和制是最不分裂法國的政府形式。❹

這句話點出了第三共和的立國根本。

共和國奠基後所面臨的第一個挑戰，自然就是亟欲「復辟」的保皇黨人。

一八七五年，國民議會通過一連串形塑共和國憲法的法案。在這些法案的設計下，法蘭西第三共和將由代表國家的總統治理，國會採上下兩院的議會制度，總理則是議會的領袖。但這個設計很快就面臨挑戰。

兩年後，保皇派的軍人總統麥克馬洪（Patrice de MacMahon）解散國會，試圖透過重新選舉來讓同為君主派的總理上位。沒想到此舉弄巧成拙，麥克馬洪除了被控顛覆憲政體制的罪名外，還輸掉了大選。經過此次危機，共和派嚴格限制總統的權力，總統就此虛位化。法國也因此奠定了實行了近七十年之久的議會共和制度。

隨著體制的確立與保皇黨人內部的路線分裂，作為妥協方案的共和制度愈發成為法國

❹ 譯自James McMillan eds., *Modern France: 1880-2002* (New York: Oxford University Press, 2003), p.11。

內部的共識。除了部分重視穩定的保守派外，自十八、十九世紀興起的中產階級，也成為了共和制度的主要支持者。而那些亟欲復辟的保皇派貴族與軍人，則成了共和制度的潛在顛覆者，一有機會便會嘗試「撥亂反正」。

第三共和的第二個危機是布朗熱事件。一八八六年，喬治·布朗熱將軍（Georges Ernest Boulanger）在共和派的支持下，出任法國軍事部長並主導軍事改革。

共和派的本意是透過布朗熱將軍來去除軍中的保皇派勢力。但是他們很快就發現，布朗熱將軍實在太受歡迎：不只是右派軍人與保守政治家支持他，就連巴黎的勞工階級都成了將軍的擁護者，希望他能一掃先前普法戰爭的陰霾。不少布朗熱的支持者甚至鼓吹將軍發動政變，帶領法國改頭換面。

布朗熱的權勢愈大，共和派就愈擔心。拿破崙叔姪與麥克馬洪殷鑑不遠，而布朗熱似乎就是下一個軍事獨裁者。或許對共和派來說幸運的是，布朗熱本人並沒有發動政變的打算，反而試圖透過選舉來與共和派一較長短。選舉失利的他，隨即遭到共和派的清算而失勢，最終流亡海外。

布朗熱事件加深了法國文人領袖與軍事領袖之間的隔閡，而雙方的歧見很快地又在幾年後的德雷弗事件再次爆發。這回挑戰共和體制的，除了傾向保皇派的軍方外，還多了勢力龐大的天主教會。

一八九四年，一名叫做阿佛列·德雷弗（Alfred Dreyfus）的猶太裔陸軍上尉遭到逮捕，並被指控洩漏軍事機密給德國。這件事很快就引爆法國上下的敏感神經。國族主義的同仇敵愾，配上當時因天主教信仰而普遍瀰漫的反猶風氣，法國社會一時群情激憤；新聞媒體在背後推波助瀾，製造各種聳動的故事；自覺聲譽受損的軍方只想息事寧人以掩蓋內部醜聞。德雷弗因此在罪證不足的狀況下，被以叛國罪判處終身監禁。

後來在德雷弗的家人與共和派領袖的多年奔走下，案情終於露出一線曙光：洩密者另有其人，德雷弗只是軍方高層為了掩蓋自身醜聞而找的替罪羔羊。

德雷弗事件最終演變成一場延續多年的政治風暴，並深深撕裂了法國社會。一方是堅稱德雷弗才是犯人的軍方保守派、反猶的極右派政客與天主教會人士，另一方則是打著平反冤屈大旗的激進共和派，雙方各執一詞、僵持不下。

重新審理此案的結果是無可奈何地妥協。德雷弗仍被判有罪，但可以得到法國總統的赦免。雖然多年後此案終得以平反並還給德雷弗一個清白，但仍舊在法國社會留下了一道難以癒合的傷口。即便事隔五十餘年，當保守派終於藉由維琪法國之手推翻第三共和，他們的其中一個舉措，便是清算當年德雷弗案件的支持者與他們的後代。因德雷弗事件而創立的法國人權聯盟被維琪政府勒令關閉，許多在當年捍衛德雷弗清白的運動領袖，更慘遭極右派分子暗殺。

維琪法國的極右派政治家馬努拉（Charles Maurras）更在戰後受審時心有不甘地宣稱：「這是德雷弗的復仇！」

德雷弗案件後，共和派更加不信任軍方和天主教會，顏面掃地的軍方和天主教會則心懷怨懟，日漸對共和政府離心離德。當然，這樣的不滿尚未直接轉變成激烈的反共和行動，而它造成的影響也不應該被過度誇大。

回頭檢視第三共和草創期的歷史，我們可以發現，每次的危機都讓共和國的體制更形鞏固。當然，這並不表示共和制從此高枕無憂，因為每一次的危機，也都是在揭開社會的瘡疤、侵蝕相互妥協的共識，也考驗這個「最不分裂法國的政府形式」。

第三共和是妥協的產物。而到十九世紀結束前為止，儘管在施行上遭遇諸多的挑戰，共和體制仍是這個時候法國人普遍能夠接受的最大公約數。

一直到極端的年代來臨為止。

分裂的國度：極端年代下的兩個法國

一九一四年，全面戰爭籠罩法國，這是極端年代的第一個徵候。

在第一次世界大戰的背景下，高漲的民族情結與國家全面動員的體制，迫使法國人不得不暫時團結對外。一九一九年，《凡爾賽和約》在巴黎和會上簽訂，終結了這場長達四年餘的歐陸大戰。表面上看來，法國人在付出了慘烈的代價後獲得了勝利，一躍成為歐陸最強的國家，而鐵血獨裁的德意志帝國則在戰後土崩瓦解，這彷彿證明了法蘭西的民主共和路線正確。

有那麼一段時間，法國看起來似乎可以擰脫戰爭的陰霾。人們欣喜和平的到來，巴黎則重拾往日歐洲文化之都的光輝。然而，在光鮮亮麗的表象底下，卻潛伏著許多令人憂心的危機。

這場大戰將法國推向了崩潰的邊緣。它摧毀了法國近三分之一的家園與最精華的北部地區，更奪走了法國十分之一的總人口數。若按人口比計算，法國是損失最慘重的歐陸列強，有超過一百三十萬名法國人失去了性命。法國在戰爭中損失了一整個年輕世代的勞動力與生產力，惡化了原本就在戰爭中背負了難以計數債務的法國經濟狀況。

任何在世界大戰後關注法國新聞的人都會發現，法國政府正用前所未有的速度更迭：光是在一九二四年至二五年這短短一年間，就連續換了七屆內閣。然而，無論是哪一黨派上臺，都無法解決日益嚴重的財政問題。

比經濟危機更嚴峻的挑戰，則是法國那低迷的生育率。

早在世界大戰爆發前，法國的生育率就已敬陪末座。在一八七一年至一九一一年這段時間，法國人口總共只增長了八．六%，而同一時間英國與德國的成長率則分別是五十四%與六十%。

法國政治人物競相將低生育率列為國安問題，但對於如何解決這個問題卻莫衷一是。保守主義者將問題歸咎於家庭傳統的破壞，他們祭出的手段是提高對墮胎的懲罰，然而成效卻十分有限；激進左派則試圖透過賦予育有子女的婦女投票權來鼓勵生育，但這個提案最終隨著婦女參政權一起胎死腹中。共和制度的擁護者們擔心，開放婦女投票權，會讓傳統上對婦女有較多影響力的天主教會得到更多選票，進而危及好不容易確立的共和體制。

經濟與人口的消長嚴重衝擊法國保守派的榮譽感，他們開始感到法國不再像過去一樣強大，日子似乎也不如過去般「美好」了。

這種相對剝奪感表現在各個層面上。在路易十四的年代，每五個歐洲人中就有一個法國人，且法國握有歐洲三分之一的財富，而在一九三〇年代，只有不到十二分之一的歐洲人是法國人，且法國的財富已縮水到占全歐洲的八分之一不到。在一九一九年的巴黎和會首次將英語與法語並列後，法國人也開始意識到，法語正逐漸失去歐洲主流語言的地位。

有愈來愈多的人開始質疑共和國與議會制度解決問題的能力。這種不滿的聲浪，很快就在隨後的經濟大恐慌中進一步激化，成為孕育極端意識形態的溫床。

極端意識形態的對立，則是極端年代下的第二個徵候。

一九三一年，早已襲捲全球的經濟大恐慌降臨法國。由於法國遲遲不願放棄其金本位制度，使得經濟大恐慌在法國影響的時間遠比英、德等國來得長。經濟衝擊再次反映在政府的更迭頻率上：在接下來的一年半時間，內閣又有如洗牌般地連換五屆，且每次政黨輪替、就會爆發許多金融醜聞。

戴高樂日後在回憶一九三〇年代的法國政府時，如此感嘆道：

政府的支離破碎表現在各個層面上，許多操守廉潔與智力超群的人擔任部會首長，但他們多半在政治遊戲中因竭盡精力而趨於癱瘓。幾乎所有上臺的總理在尚未掌握各種需求、批評並執行其政策前，其能量便為了躲避甚至是無中生有的攻訐而告耗竭。每個人都知道其在位也不過短短一陣子罷了。❺

當人民開始對自己國家的民主體制失去信心，他們往往會往外找威權國家作效仿的模範。極左與極右派的支持者們，很快就在共產蘇聯與納粹德國找到了各自的楷模。經濟蕭條刺激社會運動，也刺激著勞工階級階級觀的形成，法國共產黨與工運團體發起罷工，溫和者試圖替勞工爭取更多的權益，激進者則試圖在共產蘇聯的指導下，加速無產階級革命的進程。

在這樣的氛圍刺激下，部分的保守右派團體終於按捺不住。他們認為當前的政府對左派太過軟弱，而黨派林立的議會制度所導致的低效率與政府更迭，更是他們眼中必須矯正的「亂象」。這些團體於是效法墨索里尼的黑衫軍與希特勒的衝鋒隊，訴諸街頭武裝鬥爭的路線。

❺夏爾．戴高樂，《戰爭回憶錄．卷一：喚回榮耀》（*Memoires De Guerre*）（臺北：左岸文化，二〇〇二），頁七。

一九三四年二月六日，以極右翼團體愛國青年團（Jeunesses Patriotes）為首，上萬名示威者聚集在巴黎協和廣場，矢志「消滅共產主義」與「導正錯誤百出的國會」。他們試圖衝進國會，並與反對者和巴黎警方爆發激烈衝突。準備不夠充分的警方，在群眾的棍棒和石塊攻勢下被突破。

總理愛德華・達拉第（Édouard Daladier）與其他議員只得狼狽逃離一團混亂的國會。不幸的是，達拉第在回家路上被暴民認出。要不是憲兵隊及時趕到，這位法國總理只怕要被暴民扔進塞納河。

當時，政府中有人力勸驚魂未定的達拉第宣布戒嚴並派遣軍隊鎮壓暴民。然而，達拉第本人不希望看到共和國陷入真正的內戰，更不確定當時掌管陸軍的保皇派將軍是否值得信任。幾天之後，他黯然宣布辭職下臺。

這起事件造成近千人傷亡並直接導致政府更迭，堪稱法國第三共和建政以來最瀕臨內戰的一次危機。

面對右派的強勢挑戰，左派決定團結對抗。在經過短暫的混亂後，包括激進的法國共產黨與溫和的社會黨在內的左派，共同組成了政黨大聯盟：人民陣線（Popular Front），並成功在一九三六年拿到政權。這是法國歷史上第一個左派政府，而人民陣線的領導者布魯姆（Léon Blum），更是法國歷史上第一位猶太人總理。人民陣線上臺後，立即推行了一連串的激進改革：包括查禁愛國青年團等右派團體、推動賦予勞工罷工權與降低工時的新勞動法、擴大公部門推動公共建設的支出、把軍火工業國有化、首次在內閣中納入女性閣員。

不難想像，這些改革皆遭到了保守右派的強力反彈。他們憂心這個國家將會被聽命於蘇聯的共產主義者操控，陷入可怕的革命失序與無政府狀態。如此一來，法國的傳統價值將被永久破壞。

無論保守派的擔憂是否言過其實，他們對共產主義的恐懼卻真切存在。他們對秩序與穩定的推崇，使得他們難以接受極端年代下的各種社會變動，並傾向將一切負面的狀況皆歸咎於共產主義。

曾經在德雷弗事件堅信德雷弗有罪的魏剛將軍，在一九四〇年法國陷落的當下，為了合理化自己的停戰提議，甚至子虛烏有地向內閣官員宣稱，巴黎已經發生共產革命，必須趕快停戰以維持秩序。

魏剛不是唯一開罪於共產主義的人。當人民陣線在一九三六年勝選時，年邁的貝當元帥就曾私下表示，法國已然陷入了「精神危機」。而當他被雷諾政府重新請出山來挽救法國時，老元帥再次感嘆道：「我的國家被打敗了，然後他們要我回去談和與簽署停戰協議。這就是馬克思主義盛行三十幾年來導致的結果。」[6]

對共產主義的敵視貫穿了一九三〇年代至維琪政府時的法國政壇。這份擔憂最終讓法國在一九三九年開戰前夕查禁了法國共產黨，也讓法國錯失與蘇聯共同對抗納粹德國的機會。

一九三六年七月，人民陣線剛上臺不滿一年，鄰國西班牙就爆發內戰。這場內戰加深了法國的意識形態矛盾。法國保守右派擔心法國會成為下一個西班牙，也擔心人民陣線會讓法國也陷入內戰與分裂的泥沼中。就連左派本身，也因為這場內戰而分裂。

左派分裂有內部的因素。法國共產黨希望增加軍事支出以對抗日益猖獗的法西斯主義，社會黨希望投資社會改革，而激進黨則希望維持共和傳統、降低改革幅度以免刺激右派。左派各黨之間的利益不一，導致整合困難、無法團結。

左派分裂也有外部的因素。蘇聯在國際上對其他社會主義流派日益高漲的敵視態度，除了讓其他左派難以與共產黨合作外，亦讓右派長期攻訐法國共產黨是蘇聯代理人的說法，愈發得到法國人的支持。

兩年後，內部分裂的人民陣線終於瓦解，留下困惑與失望的法國人民。

許多對政治失望的人，加入了新成立法蘭西社會黨（French Social Party），這是一個標榜法蘭西傳統價值的右派保守政黨，前身是遭到政府打壓而解散的火十字團。這個政黨的口號「勞動、家庭與祖國」，日後將成為維琪法國的國家格言。

有愈來愈多的法國人，受夠了議會政體的無效率與眾聲喧譁，並期盼能有一位強人來領導法國。保守派報紙《小報》（*Le Petit Journal*），甚至拿「最受歡迎的獨裁者」這個題目來做讀者票選，而獲得第一高票的法國人居然是貝當元帥。

對照第三共和立國初期對布朗熱將軍等軍事強人的敵視，這樣的轉變不可謂不大。

對一八七〇年代的第三共和制奠基者們來說，共和制是最不分裂法國的制度。但對於一九三〇年代的法國人來說，這句話的效力早已大打折扣。

極端年代下的意識形態矛盾將法國一分為二。這不只削弱了法國整體的國力，更讓對造的雙方無從妥協，從根本掏空了民主共和體制作為各黨派最大公約數的共識。有的史學家甚至用「法國對法國的戰爭」（Franco-French War）或「隱形內戰」這樣的詞彙，來形容第三共和時期法國內部的分裂程度。

然而平心而論，法國的分裂趨勢在一九三〇年代晚期，似乎有好轉的跡象。一方面，透過放棄金本位與投資軍事工業等手段，法國開始逐漸走出經濟大恐慌的陰霾；另一方面，接替人民陣線的新政府，採取了若干折衷妥協的政策，也有助於緩和左右分裂的程度。

一九三九年納粹德國違反慕尼黑協定後，法國更在外患的威脅下，展現了空前的團

❻ 威廉・夏伊勒（William L. Shirer），《一九四〇法國陷落・卷三：希特勒在巴黎》（*The Collapse of the Third Republic: An Inquiry into the Fall of France in 1940*）（臺北：左岸文化，二〇一四），頁九六。參考原文後根據中文版譯本潤飾而成。

結。一切彷彿像是第一次世界大戰重新來過：遭遇分裂危機的共和國，即將因共同的外敵而團結。

但歷史畢竟不會單純重演。

法國在戰場上犯了致命的戰略錯誤，它在錯誤的地方投入了最精銳的部隊，而德國如閃電般迅雷不及掩耳的機動攻勢，則讓法國來不及像上次大戰一樣彌補自己的失誤，最終導致了雪崩式的潰敗。

軍事上的失利，讓一切的復甦跡象都成了宛如迴光返照的泡影，也讓法國人發現，一九四〇年的法國並沒有一九一四年的法國團結。那些從一八七〇年代就對第三共和抱持各種不滿的人，即將得到一個重新改造國家的機會。

塵封的記憶：放棄民主的國度

一九四〇年，法蘭西第三共和國隕落。

「我感覺此時此刻法國社會徹底瓦解了，軍隊、政府、民心都渙散了。」當時正在巴黎報導新聞的記者夏伊勒這麼回憶。

震驚的法國人迫切地需要一個足以解釋現狀的說詞。而貝當元帥已經準備好了一套。他說：

我們比二十二年前還要脆弱。我們的朋友更少，我們沒有足夠的小孩、足夠的武器，也沒有足夠的盟友。這是我們戰敗的原因。

然後，他話鋒一轉，繼續說道：

我們讓自身的享樂精神壓過了犧牲精神。我們要求的太多，但付出的太少……我不會讓陸軍來承擔政客所犯的錯。

在今天來看，貝當此番言論像是在怪罪過去二十年來的人太草莓，而那些不負責任的政客，則要對這二十年來的政治亂象，乃至於對法國陷落本身，負起主要的責任。一九四〇年，有太多飽受分裂之苦的法國人，已經準備好接受貝當這套說詞。他們成為維琪法國的潛在支持者，並透過支持貝當的說法，將戰爭的痛苦與戰敗的恥辱，轉嫁到第三共和的體制本身。

法國已經準備好要放棄它的民主。

一九四〇年七月十日，除了少數逃往北非的議員外，法國國會以五百六十九票對八十票的懸殊比數，全權授予貝當元帥修改第三共和國憲法的權力。法國國會此舉形同宣判了自己的死刑。貝當隨即頒布一系列的修憲法案，包括賦予自己指派與辭退內閣官員的權力、凍結既有國會並改透過自己指派的官員來負責立法。

在新的憲政體制之下，貝當形同掌控法國的行政、立法與司法大權，甚至還可以挑選自己的「繼承人」。從太陽王路易十四以來，沒有一個法國元首擁有這樣大的權力。彷彿自我實現的預言般，一個萬眾期盼的強人誕生了。

在國民英雄貝當元帥的帶領下，法國終於揚棄了民主建制，轉而投入「國家革命」的懷抱。無論真誠與否，許多人相信貝當的「國家革命」能夠帶領法國走出過往的政治亂象與重回昔日的榮耀。既然自由、平等、博愛是導致失序與混亂的潛臺詞，維琪法國於是把國家格言置換成了勞動、家庭與祖國。

一系列「撥亂反正」的措施很快展開。

維琪法國透過打擊個人主義來重振家庭在法國的核心地位，將法國重新塑造成一個由貝當爺爺領導的家父長式威權國家。

維琪法國透過打擊女性主義與自由主義來提倡婦德和挽救生育率。女孩被要求接受家政教育，學校的教材開始將聖女貞德描寫成精於裁縫與廚藝。它修改民法的離婚要件，凡是結婚三年內一律不得離婚；墮胎自然是非法的，墮胎與協助墮胎者最重甚至可以求處死刑。

維琪法國還禁止罷工與工會，以避免人民陣線時期的亂象再現。新政府強調回歸農民與鄉村的傳統價值，以杜絕階級鬥的可能。此外，反猶主義受縱容，年輕人則被鼓勵加入天主教會。新政府認為恢復教會在生活中的權威，有助於社會的穩定與和諧。

不是所有人都贊同維琪法國的作為，但共和國堅貞的捍衛者卻不夠多。前首相雷諾、達拉第、布魯姆等人都被長期拘禁。先前反對停戰最力的內政部長曼德爾展開最早的地下抵抗運動（他在一九四四年遭到維琪政府殺害），而戰爭部次長戴高樂則流亡海外，從零開始號召法國人反對維琪政府。

貝當的國家革命終究沒能持續。隨著二戰局勢的逆轉與納粹德國愈發糟糕的占領政策，法國人對貝當與新政府的支持迅速冷卻。二次世界大戰結束以後，第三共和的滅亡與維琪法國的誕生就成了法國人所不願面對的一段回憶。

在二戰結束後的很長一段時間裡，一九四〇年自願放棄民主、擁抱獨裁的往事，遭到了法國人的刻意遺忘。

在戰後的審判草草定罪了若干維琪政府的官員後，關於第三共和國隕落前夕的記憶似乎就此塵封。或許，正如同研究法國史起家的英國史學家東尼·賈德（Tony Judt）在《戰後歐洲六十年》（*Postwar: A History of Europe since 1945*）當中所說的，像這樣的集體遺忘有助於國家復原。[7]

法國年鑑學派的史家布勞岱爾（Fernand Braudel），在一九四〇年法國陷落時正在法軍服役，並在德國戰俘營度過他的二戰歲月。布勞岱爾在一九七二年的個人遺囑中自陳，當年之所以會用結構性、長時間的角度去寫他的成名作《地中海史》（*The Mediterranean*），有部分原因正是出於自己不願面對當年經歷的悲慘事件。他只能選擇拒絕、否定與降低這些事件在歷史上的重要性。他想要相信，歷史與命運都是在一個比這些事件更深遠的層面上被書寫。[8]

與遺忘並行的，是對過往的選擇性記憶。

多數法國人選擇相信，他們是遭受貝當與維琪法國政府的欺瞞，他們選擇相信自己，也很快響應戴高樂號召的抵抗運動，為民主和自由而戰。這或許是法國人在面對放棄民主的這段難堪過往時，一種自我調解的方式。

「抵抗運動」就此成為二戰後法國的國家迷思。

戴高樂與許多共和支持者們特別助長這樣的迷思，因為這有助於他們否定維琪法國的正當性與合法性。強調維琪法國的異常與非法，有助於戰後的新共和維繫自身政權的正統與延續。這樣的迷思持續了數十年。直到一九七〇年代以後，才有愈來愈多的法國人願意回頭檢視這段失落的記憶。

即便如此，維琪的幽魂從未遠去。維琪二字，象徵著法國人自願放棄民主與擁抱獨裁的那段過往，更提醒著當年有許許多多的法國人因此失去生命，包括那些被維琪法國送至納粹集中營的法國猶太人，以及不受「國家革命」歡迎的人們。

一九八一年，左派社會黨領袖密特朗（François Mitterrand）當選法國總統，他早年曾支持貝當政府、並在維琪法國任職的往事又再度成為政壇話題。一九九四年，即將卸任的密特朗接受媒體訪問時表示，他認為法國不該為猶太人的死負責，應該負責的是維琪政府，而維琪政府不等於法國。密特朗的「切割」言論引發喧然大波，並遭到繼任總統席哈克（Jacques Chirac）的嚴厲駁斥。同樣的爭議在二〇一七年的法國總統大選中再次上演。「民族陣線」的候選人瑪琳．勒朋（Marine Le Pen）同樣認為，法國作為一個國家，無須替猶太人的死負責，因為維琪法國無法代表法國。

密特朗和勒朋的說法，顯然也是選擇性遺忘（或記憶）的呈現，而這自然是因為面對真相並不容易。法國人很難去承認自己選出的國會代表曾經用相對民主的方式，自願在一九四〇年法國陷落的當下放棄了民主共和的建制。

「共和前進」的候選人馬克宏對這樣的態度深深不以為然。他在當選總統後，於二〇一七年七月接見以色列總理時表示：

---

❼ 東尼．賈德，《戰後歐洲六十年，卷一：進入旋風》（臺北：左岸文化，二〇一二），頁一一三－一一四。

❽ 譯自Fernand Braudel, *Personal Testimony*, *The Journal of Modern History*, Vol. 44, No. 4 (Dec., 1972), pp.448-467。

將維琪法國視作一個誕生自虛無、又回歸到虛無的政權是一件很方便的事。是的，這很方便，但它是虛假的。而我們不能將自尊建立在謊言之上。[9]

[9] 譯自"France organised this': Macron denounces state role in Holocaust atrocity," *The Guardian*, accessed Nov 15, 2017, https://www.theguardian.com/world/2017/jul/17/france-macron-denounces-state-role-holocaust-atrocity-paris-1942.

07 被奴役之路——義大利如何邁向極權？

尹子軒　香港《The Glocal 全球政經評論》副總編輯

「民粹主義」一詞，在英國脫歐公投和美國川普當選總統兩次顛覆近代政治常規的事件發生後，一時之間，似乎讓歐洲變得黯淡無光，假新聞、極端右派政黨和移民危機等等事件的發生，也打破了戰後以來歐洲富饒、進步和規律的形象。

對一般人來說，「民粹」不過是一個媒體標籤，但在研究歐洲歷史和政治的學人眼中，卻是似曾相識。這主要是因為歷史告訴我們：民粹主義不只是全球化最大的副作用之一，還代表政治系統深層次、追趕不上經濟發展所形成的病灶。民粹政治的本質，在於將一切政經議題二元化，在於由政客領導著而自問純潔、高貴的「人民」，去抵抗腐朽的「菁英」階層以及外國人。為了消滅這些敵人，人民必須不斷給予領袖更多、更大的權力，以刨除固有的秩序——不論是有形的反對派還是無形的經濟政策框架皆是。

這麼一種激進的政治取向，好比是食腐肉的蛆蟲，如果是在一個健康的政治生態裡，他們的存在，只是對民主制度的一個提醒。但是，要是這種病毒式的政治運動一旦壯大，成功感染一個分裂的政治系統且控制了國家機器，就說明了這國家內部分裂和跨國衝突的發酵，已經到達了危險的臨界點。坐視不理的最終結果，會發展成將自身意識形態、武力強加於鄰居以展示強盛的專政極權。

上述的激進政治取向從一次大戰結束後的混沌吸收養分，到在三〇年代正式將義大利經濟系統納入到法西斯政權，最後將國家拖進戰爭的泥潭。而作為世上第一個法西斯主義政體，貝尼托・墨索里尼（Benito Amilcare Andrea Mussolini）則在這個立基點上，示範了如何先以改革者模樣入主政府，再從經濟層面奴役一個現代國家。

外強中乾的一戰戰勝國，戰爭動員的後遺症

第一次世界大戰對二十世紀初的義大利來說，是一次極為矛盾的體驗。的確，在經歷過戰爭的城市中產階級到南方農夫心中，「義大利」開始成為一個堅實的想像共同體，但這是以極大代價換來的。在一戰前，比起其他歐洲帝國，義大利尚處於政治體制以及經濟體制現代化進程的幼年期，社會各個階層和利益團體尚在適應議會制度，由資金、勞工以及國家體制組成的經濟結構，亦正適應著工業革命帶來的新衝突。參與一戰，的確一部分滿足了義大利各階層「和列強比肩」的美好聯想，而當時的主戰派政客亦將對外戰爭視為

撫平社會衝突的藥方。但是，即便是作為戰勝國的一員，戰爭動員對義大利內部分裂的政經結構所造成的衝擊，卻遠遠超出了主戰保守派菁英的掌握。

一九〇一年起，以首相中間派的自由主義政治家喬瓦尼・喬利蒂（Giovanni Giolitti）為首的改革派，一方面因疏解基層和統治階級的衝突而和保守派的地主和工業家們（Industrialists）搏鬥，另一方面在內部亦受到主張革命、反議會的激進社會主義者阻擋，艱難地建立起一個在各派別間勉強能夠求同存異的政府。但是，這個中間派政府，遭遇了和其他正在民主化進程中國家相同的問題，那就是由菁英領導打造的政治系統和選民間的連結，在本質上極為脆弱。

在參與一戰前的最後一次大選，義大利就迎來了一個歷史的轉捩點；一九一三年，喬利蒂領導的中間派自由聯盟黨，雖然憑藉第一次參與政局的天主教選舉聯盟（Italian Catholic Electoral Union）的支持，避開了利比亞戰爭的泥沼及當時最嚴重的罷工危機，免於敗北的命運，但是，對於教廷深惡痛絕而且逐漸抗拒議會政治的左派義大利社會黨（Partito Socialista Italiano, PSI），在穿著革命者裝扮的墨索里尼領導下，卻不再支持自由聯盟。這直接導致已飽受黨內反教廷自由派勢力威脅的喬利蒂辭職，亦擊沉了義大利稚嫩的政治系統。

義大利錫耶納大學的歷史學家葛納（Paul Corner）相信，若義大利當時可以如一九〇六年的英國一樣，在自由派和社會主義者之間維持一個中間派聯合政府以穩定大局，或者可以避免參與一戰，遠離往後的亂局——但這畢竟從未實現。接替喬利蒂的保守派首相安東尼奧・薩蘭德拉（Antonio Salandra）和義大利國王伊曼紐三世，於一九一五年繞過國會表決、插手大戰，之所以如此，除了因為有來自學生及城市小中產階級的主戰聲音支持，在很大程度上也是由於薩蘭德拉期望能夠通過參戰快速獲得勝利，來換取政局上的穩定。然而，薩蘭德拉這次以戰爭動員賦予的權力，加強中央政府對義大利政經系統控制的豪賭，從戰後的局勢來看，無論在政治還是經濟上，均災難性地落空。

首先，在政治上，繞過國會逕自參戰，意味著政府將無視議會內的多個黨派；包括自由派、天主教代表，以及相對溫和、信奉國際主義的社會主義者期望中立的主張。本已在民間缺乏認可性的國會權威被更進一步削弱之餘，帶領羅馬參戰的保守派亦因戰事的拖沓而進退維艱。薩蘭德拉期望藉由參戰維護國會控制的意願，在這一層面上可說是失敗的。其次在經濟上，比羅馬政府想像中時間長得多的一戰所要求的全面動員，令政府日漸加深對資本（尤其向英國和美國的借貸）的依賴，而更重要的是，在議會少有權力的戰時，操控和管理動員經濟的工業家（Industrialists）以及技術官僚們組成的管治階層，漸漸開始將議會從經濟管理上隔離。此舉不但為後來墨索里尼掌握經濟大權埋下伏線，更進一步惡化了本已極為緊張的工業勞資關係。

義大利其後的局勢，由於物資分配緊張，讓軍事化管治的工人付出代價、讓工業家戰爭販子獲益這種說法在基層大行其道，再加上接近大戰尾聲的一九一七年夏天的「都靈事件」，又更進一步加固這種印象。

戰時食物大範圍的嚴重短缺，造成義大利全國上下因為糧食限額起了零星騷亂，在一九一七年八月，都靈工人罷工成了導火線，引爆一次龐大的動亂，軍方甚至需要出動戰機和機關槍去鎮壓示威者，最終導致四十一人死亡。都靈事件首先促使已廣泛反戰的義大利社會主義者，進一步成立了反政府，反對跨黨派合作，同時亦加深了他們在小中產階級——那些日後多半會加入法西斯主義行列的義大利民族主義者——眼中叛國者的印象。希望在兩派之間斡旋的改革派，則被民族主義者視為庸碌無為、軟弱的代名詞。於是，雖然不像同年發生的俄羅斯二月革命和德國的十一月革命，羅馬政府的武裝鎮壓成功制止了政權崩塌，但同時卻激化了義大利政經結構內的矛盾。

戰爭帶來的貧富懸殊、嚴重的通貨膨脹以及復員等等問題，將會改變義大利的整個政治版圖。戰時經濟對義大利社會及脆弱政經結構的衝擊，助長了政治的極端化——先往左，再向右。而最終，義大利從一戰僅得到一個溫和派漸漸消失，朝衝突快速塌陷的政治生態。

「紅色兩年」：法西斯運動作為反共載體

義大利哲學家克羅齊（Benedetto Croce）在和他的德國同行佛斯勒（Karl Vossler）通信時，提及一戰之後的義大利，說道：「戰爭不止為義大利帶來致命的頑疾，更有可見的潰殤。」（Gilmour, 2011, p.304）的確，戰後一九一九和一九二〇兩年，一戰挑起的政經結構深層矛盾開始病變，導致逐漸終結了義大利的自由主義。

一九一四年參戰前夕，義大利中立派和主戰派的衝突，因為中間派退潮而通過議會解決分歧。雙方在社會主義者以及天主教徒陣營各自固化之後，在處於一戰結下的果實無法滿足任何一方的情況下，各自視被通貨膨脹及勞工市場動蕩逐漸逼到臨界點的政經局勢，為己方勝利的曙光。

一戰作為第一次全球化的過程，大幅扭曲了義大利的經濟。戰時需求一方面讓電子工程和化學品工業等行業萌芽成長，軍工業更在此期間大肆擴充十倍以上（De Cecco, 2002, p. 73），但是在另一方面，工業發展對貿易的需求亦令以追趕者姿態進入全球經濟的義大利不堪負荷。

在工業革命命脈的鋼鐵和煤礦所需的原物料方面，義大利極為依賴外國進口。根據義大利國家統計局（Istituto Centrale di Statistica）的數據顯示，一九一三年的義大利進口鍛鐵僅二十六萬七千一百噸，但在一九一九年達到進口高峰，共有四十六萬四千九百噸，增長近四分之三。義大利本身並不產煤礦（Salvemini, 1951, p. 31），僅有出產較低質量的啡煤（Brown coal），在一九一九至一九二一年高峰期的產量不過平均一百二十萬噸左右，但同時期國內的煤礦入口卻達到平均六百萬（Degli Esposti, 2015）。

義大利在一九一五至一九一八年大戰期間大幅舉債，一部分原因即是為了購入這些原物料以支援整體戰事支出：一戰時期，義大利有十三．二%的軍費，是由向美國、法國以及英國借貸而得（Knox, 2002, p.116）。與此相對應的，在那個金本位的年代，義大利外匯兌換率急升之餘，國內通膨也隨之飛升。在一九一三到一九二五年間，里拉兌英鎊的匯率暴跌超過四倍，從一比二．五七到一比一二一．一；物價指數以一九一三年為基數，生活成本指數升高超過四倍（Degli Esposti, 2015），躉售物價指數（Wholesale Price Index）在同期更升超過六倍（Cohen, 1972, p.644）。

這些數字背後，是高度通貨膨脹帶來的國民儲蓄的蒸發，還有人民日漸艱難的生活，如此慘況再乘以復員軍人對勞工市場的衝擊，可以得見一戰對於義大利嗷嗷待哺的民主體制（義大利在一九一二年方落實僅限三十歲以上男性的普選權）造成的壓力有多大，而這局勢則直接反映在一九一九年十一月的大選上。

最先從深陷經濟困局的人們，尤其是青年復員中看到機會的，是社會主義者。他們先看到都靈動亂以來工廠工人的生活愈發艱苦，又看見戰時義大利政府曾經向年輕農民許諾過進行土地改革，將在復員後贈予土地吸引他們加入軍隊，卻在戰後食言，引發民間不滿。接著受到俄國革命鼓舞的社會主義的支持者，又在義大利南部鄉間目睹騷動——在他們眼中，義大利滿滿是革命的機會。

由社會主義者組成的工會，義大利工人總聯盟（General Confederation of Labour, CGL）的會員人數，在一九一八到一九二〇年之間，從二十五萬暴升到超過兩百萬，並且快速開始軍事化（Blinkhorn, 1997, p.14）。工廠工人，農工（braccianti）和貧困的農民，開始在工會的組織和煽動下，於這「紅色兩年」在義大利各地罷工，接著逐步升級行動，以武力脅逼雇主將雇傭勞工的權力下放到工會，以奪取對生產手段（means of production）的控制。

此時的社會主義的支持者認定資本主義制度即將崩潰，全球革命即將到來。一九一九年十月，義大利社會黨（PSI）就在國家黨大會上提出了將布爾什維克派的「社會革命」立為黨綱，認為必須用武力奪權在義大利建立無產階級專政，並且向列寧的第三國際宣誓效忠。

在義大利十一月的大選中，義大利社會黨獲得三分之一的票數，在議會內獲得五分之一的選票，獲得天主教徒為主體的新黨，人民黨（Partito Popolare Italiano, PPI）的合作。議會總數共五〇二席，社會黨和人民黨各得一五六及一〇〇席。傳統自由派菁英領導的自由民主黨（Partito Liberale Democratico, PLD，由戰時首相奧蘭多〔Vittorio Emanuele Orlando〕領導）和自由聯盟（由暮年的喬利蒂領導）則僅得十五．九％以及八．六％的選票。其中，自由聯盟在國會損失達到二三九席；溫和派在義大利議會從此失去絕大部分的政治能量，直到二戰結束為止。

雖然一戰後的首相均由自由派擔任，但卻都無法駕馭撕裂的議會和國家，首相和內閣如同虛設。在社會黨獲得了最大黨地位的同時，已經軍事化的工會行動亦漸趨激烈。一九二〇年六月，工會煽動農民在倫巴第省附近的鄉郊地區的科雷馬（Crema），武力抗議地主違反先前定下的勞工協議。數以百計的農民在罷工之餘更強奪糧食、侵占農場以及地主的住宅（Gerwarth, 2016, p.159）。此外，在拉齊奧（Lazio）和南部農業區等地，人們開始大規模地占據荒地（Corner, 2002, p.38），對於許多地主來說，這代表產權的逾越。雖然也有同樣反自由主義建制的天主教勢力，連同農業工會及復員組織（Fulwider, 2014）參與占據荒地一事，最終卻是堅持無產階級專政革命的社會主義者，因為同期俄國革命的風潮，在社會上引起最大的反響。

社會主義者對於革命的執著，促發了幾個決定性、誘發義大利走向專制的後果。第一，社會主義者和地主間的政治衝突開始升級成為武裝衝突；第二，當社會黨的主要議會對手自由黨，也將重心放在煽動基層和農民的人民黨的時候，社會從底層開始的躁動開始被資產階級注意：有俄國的前車之鑑，義大利出現武裝革命的可能性增加，令更多的工業家及地主們不安；第三，亦是最重要的一點，是政治系統的分裂同時反映著國家的撕裂，那些不被社會黨與人民黨囊括的人們——包括地主及工業家，還有開始崛起的城市小中產階級，開始追尋第三條路——由前社會主義者墨索里尼領導。雖然暴力，但他們向大眾保證不干預經濟，又許諾會實行社會公義的法西斯主義實驗。

企業主義：墨索里尼真正掌國的關鍵

法西斯主義在短短數年間由一個社會運動演變為執政黨，再完成高度集權的蛻變。墨索里尼剪除黨內掣肘的手腕固然有相當大的作用，但是說到真正要讓義大利人為法西斯主義服務，「統帥」（Il Duce, 墨索里尼的自稱，相對應後來希特勒領袖〔der Führer〕的名號）對於義大利的企業家和經濟管理官僚的收編更為重要，卻少被論及。

法西斯主義雖然是由墨索里尼一九一九年在米蘭作為創立者之一開始成為社會運動，但是，實際上在一九二〇年代早期，也就是在他一九二二年於國會選舉大敗後號召法西斯武裝民兵團（squadrismo，後來又稱黑衣軍〔Blackshirts〕）「進軍羅馬」（Marcia su Roma），威脅害怕政變的國王並使自己獲命成為首相之時，墨索里尼其實並未受各區法西斯主義頭領認同，並非他們絕對的共同領袖，更遑論掌控整個義大利的政經體系了。

在去除黨內派別的掣肘後，真正讓墨索里尼掌握義大利國家機器的關鍵，在於建立一個封閉的經濟體系，再從上至下將經濟上的監控權力集中在取替了中央政府的法西斯主義者手上。這個過程分為三部分；先是調控貨幣和關稅政策，繼而讓企業家和已被法西斯招攬的技術官僚陣營掌管的經濟管理實體合流，最後再將已收編的工會，納入一個全面倒向雇主的勞資調解體制。墨索里尼在野時對於經濟不干預和從經濟上保障社會公義的許諾，在他掌權後不久便煙消雲散，義大利從工業家、銀行家到平民，無一倖免地被法西斯的利維坦吞沒。

在墨索里尼成為首相的頭幾年，法西斯主義在政治及經濟上尚屬局外人。政治上，國家法西斯黨（Partito Nazionale Fascista, PNF）的主要支持者地域性質極強，可粗略分為農村和城市兩支；一支是新近獲得土地而崛起的農民中產階級，另外一支則是在城市裡的專業人士、技術官僚及小中產階級，如律師、記者、教師等。特別是農民中產階級，這個從一九一一年方才占義大利總人口十八．三％的群組，在一九二一年已經占三十二．四％，尤其是在倫巴第（十八．二九％－二十六．五四％）、艾米莉亞（十三．三三％－二十．二六％）和威尼托（二十二．五九％－二十九．五三％）三省，而正是這三省給予了黑衣軍的第一批支持者（Gentile, 2002, p.146）。

至於領導城市化地區，比如博洛尼亞（艾米莉亞省首府）的格蘭迪（Dino Grandi），倫巴第省首府的法連納齊（Roberto Farinacci），和菲拉拿（Ferrera，艾米莉亞省城市）的巴博（Italo Balbo）等的法西斯領袖，都各自在自己的區域擁有接近獨立的權力（Blinkhorn, 1997, p.20）。而在經濟層面，參與一戰巨大的經濟代價早已導致國家經濟管治體制和經濟生產手段的分裂。在法西斯政權崛起之前，羅馬政府已經極為依賴和縱容新興起的工業家及技術官僚所組成的工業經濟共同體。在經濟管理層面上，這些被稱之為「公營辦事處」（enti publlici，以政府資源設立，但是由私人企業家管理及以私人企業模式牟利的合營公司）的經濟實體權力，甚至是與中央政府部門平行的（Salvati, 2006, p.226）。直到一九二五年法連納齊帶著和墨索里尼平起平坐的期望（Gentile, 2002, p.152）被任命為國家法西斯黨黨委書記，全力推行中央化去削弱地區法西斯領袖的權力，並且鎮壓所有反對黨，將義大利變成一黨專政之後，墨索里尼「統帥」的名號方算得上名副其實。

政治上獨攬大權，對於墨索里尼來說當然不過是開始，法西斯主義要掌握實權並且滿足義大利的帝國夢（墨索里尼此時已經有攻打依索比亞的想法了〔Knox, 2002, p.120〕），必須控制國家的政經體系。

在墨索里尼本人並沒有推翻資本主義制度的意圖下，他們先切斷外國對義大利經濟的影響，從而將現有的義大利經濟管理體系——由工業資金來源到關稅和工會——納入法西斯旗下，就是最自然的選擇。

在國家法西斯黨掌權的頭三年，即一九二五年以前，乘著歐洲戰後重建的浪潮，權力未穩的墨索里尼配合當時財政部長迪史達芬尼（Alberto De Stefani）的自由主義寬鬆貨幣政策（一九二二至一九二五年，義大利的貨幣供應從五百八十九億里拉大增至八百億），義大利出口工業經濟曾有過數年的小陽春（短暫回升）（Cohen, 1972, p.643）。但是當戰後一直困擾著義大利的高度通貨膨脹和國內因為農業歉收而重新開始攀升的躉售物價指數，於一九二四年末開始影響里拉在國外的匯價，再加上迪史達芬尼又引咎辭職，這一切和政治上掃除政敵的行動並行，墨索里尼開始部署將經濟體系更進一步納入法西斯體制。

墨索里尼首先讓工業家羅庇（Giuseppe Volpi，水力發電公司ＳＡＤＥ的創辦人，在一九二二到一九二五年是義大利利比亞殖民地的黎波里塔尼亞的總督）接替財政部長。在他三年（一九二二到一九二五年）的任期內，義大利緊縮貨幣供應，同時向外國重工業和農業進口樹立起重關稅的措施。尤其是在一九二六年，將里拉匯價下跌比喻成「國家恥辱和經濟災難」（Cohen, 1972, p.651）的墨索里尼，藉穩定幣值為由，將里拉兌英鎊匯價從一九二五年的一二一．一大幅上提，定在九二．四六里拉兌一英鎊，史稱「九〇定價」（Quota novanta）。透過如此的舉措，墨索里尼一來期待匯率穩定，又清楚價格太強的里拉將會影響出口的工業家們，並藉此發出強烈的政治訊號（Cohen, 1972, pp.653-654）；二來，「九〇定價」和重關稅政策的並用，亦令工業家在法西斯的「胡蘿蔔和大棒」政策鼓勵下，轉為吞噬彼此成為寡頭而非向外擴張（Wiskemann,1969, p.31），從此失去了造次的動力。緊接著一九三一年的大蕭條，被人工穩定在「九〇定價」的里拉變得極為昂貴，隨之而來的重關稅政策（Rossi & Toniolo, 1992, p.548）正式讓「義大利製造」離不開亞平寧半島，亦拖慢極為依賴進口的義大利經濟發展，從而使得原本逐漸明朗的經濟現代化進程脫離正軌。

但即使如此，工業家們在此時依然擁有一定的自主性。而更進一步將他們這種自主性從根拔起，納入法西斯企業主義的經濟控制網羅一事，就交由班尼度切（Alberto Beneduce），這位國家保險聯會（Istituto Nazionale per le Assicurazioni，其中一個最早的enti pubblici）前首席執行官執行。在國家保險聯會這個由前政府創立，用以吸納私人資金然後導向缺乏投資的國內工業的獨營機構，班尼度切從掌管這機構獲得的經驗，用一種巧妙的方式為墨索里尼的法西斯政府取得國內工業的控制，又不影響產權。早在一九二〇年代，班尼度切就已經開始了他的實驗；經他手創立的公共基建信用會社（Consorzio di Credito per le Opere Pubbliche, CREDIOP）和公共事業信用機構（Istituto di Credito per le Imprese di

Pubblica Utilità, ICIPU）等公營辦事處，在發明利用政府背書售予銀行的短期債券以及公眾的資金去補公共工程資金漏洞的做法（De Cecco, 2002, p.77），讓遊走於政府和私人產業之間的公營辦事處，掌握了公共產業的資金來源，令法西斯義大利政府在企業監管上有相當的操控基礎。

班尼度切對墨索里尼政府最大的貢獻，在於一九三一年大蕭條引發的全球金融危機後，為法西斯義大利打造的金融系統：在一九三一年以前，銀行和工業家的關係極為密切，往往擁有頗多工業資產（Rossi & Toniolo, 1992, p.547），但是已經是墨索里尼經濟顧問的班尼度切，在一九三三年趁大銀行因為金融危機受到工業資產價值暴跌資不抵債的時機（如義大利商業銀行〔Banca Commerciale Italiana, BCI〕），為法西斯義大利政府創造了一個極為關鍵的工業重建辦事處（Istituto di Ricostruzione Industriale, IRI），這個公營機構將義大利工業收歸公有。

一九三四年，全義大利已有四十八・五%的股本（share capital）已落入在工業重建辦事處手中，到了一九三七年，該機構更掌握了全國的軍事鋼材工業、三成的電子工業，以及四成的民用鋼材工業（James & O'Rourke, 2013, p.59）。一九三六年通過的銀行業改革，更將銀行在經濟裡的角色矮化成短期借貸的提供者（De Cecco, 2002, pp.76-78），雖然在一定程度上保護了義大利工業免受國際金融市場衝擊，但亦讓政府得以在極為放任的狀態下規範經濟發展。至此，墨索里尼已經將工業家們變為法西斯的扈從。

對於那些原本為了增加和雇主談判籌碼而支持法西斯的小中產們，墨索里尼也找到了一個方法讓他們在形式上——也僅僅是形式上——獲得了和雇主平起平坐的機會。

在外通過控制輿論，在內集中勞資代表權力在法西斯黨員手上，墨索里尼治下的雇主和雇員「平等」了，只不過不是小中產雇員們將法西斯選上臺時想像的那樣。

首先，墨索里尼政權通過控制公共輿論，創造宗教式的民族主義狂熱，去合理化法西斯的管治，為的就是說服那些小中產階級們，資本家具備他們所沒有的領導才能，並宣揚要最大化義大利經濟的出產，勞動階級就必須服從資產階級的觀念（Gentile, 2002, pp.147-148）。起碼在思想教育方面，缺乏基數和組織的小中產階級無力公然對抗國家機器的洗腦，此外法西斯政權對於人民軍事化的管理，也掃清了所有滋事分子。另一方面，一九二六年七月，法西斯義大利設立了公司局（Ministry of Corporations），並且在一九三〇年設立多達二十二個各行各業雇主和雇員合夥的協會，以制定工資及待遇。一九三九年，一個所謂的法西斯及企業聯會（Chamber of Fasces and Corporations）亦取代了義大利原本的下議院——但那代表什麼？從一九二八年起，所有勞方在政府架構中的代表都不是勞工或者他們投票選出的，而是法西斯黨員（Blinkhorn, 1997, p.31）。

國家機器掌握了經濟系統的管理權後，墨索里尼最終通過公司局，達成了對整個資產階級和勞工市場的控制。本以為支持墨索里尼政府可保住自己的三畝地，並為跟上了國家富國強兵而欣喜的小中產法西斯們，就此被他們支持的巨獸吞噬。

結語：民族主義的幽靈

墨索里尼和義大利法西斯主義的興起，因為二戰中納粹德國的暴行太過出格而每每被中文世界忽視。但其實比起威瑪德國的隕落，作為第一個法西斯主義國家的義大利經歷更值得我們留意。

法西斯主義的極端軍事化和神話化種族階級政策，是納粹德國的發明，有它獨特的時空。義大利的法西斯主義則不然，它是單純作為一種「反動」（reactionary）的政治運動，永不具備固定形體；有時是某個群組的敵人，有時是某種倒影。唯一不那麼籠統的，是它的領袖墨索里尼始終如一，有意將義大利和法西斯混為一談，將法西斯主義變成一種形而上的民族主義信仰的解釋。

正如他的部下法連納齊講的：「法西斯主義不是一個政黨，而是宗教。」（Gilmour 2011, p.305）義大利法西斯主義的平庸和多樣性正是它的危險之處——任何人都可以是法西斯主義者，只要我們對某個敵人（其真實與否，有形無形都不重要）同仇敵愾。

法西斯在通過抹黑和攻擊左派的同時，煽動對被視為懦弱、腐朽的自由派的仇恨，讓義大利人自願幫助墨索里尼奪權。

一九二四年的大選，縱然先有法西斯黨改寫選舉法以確保當選，但是結果的懸殊，反映了實際上此一舉動的不必要：通過對於中產們的承諾，和得益於左派的內訌，法西斯黨獲得超過六成的選票——在經濟較差的南部尤好——大選過後，義大利人用選票為自己上了法西斯的枷鎖。

義大利的例子告訴我們，在面對全球化帶來的政經變化，在民主制度不健全、公民社會發展不足、菁英掌握社會多數權力和財富時，看似堅不可摧的政府，很有可能會被虛妄的民族主義幽靈占據，而只需要一次經濟危機和一些時間，就能達到如此劇烈的轉變。

種族主義與排外

08 傾頹的語言與科學巴別塔——「物競天擇，適者生存」是引發世界大戰的理論嗎？

蔡政修　臺灣大學生命科學系助理教授

導火線

第一次世界大戰的歷史，至超過一百年的今天，仍然廣被教科書與一般歷史著作討論著，即使到現在，各方的歷史學者仍試著從戰爭中挖出一些鮮為人知的事件，或提出一些新的觀點，來看這自喻為萬物之靈、高高在上的人類，為何會一頭栽進這殺人無數的殺戮戰場。

就當下的引爆點來看，主流的論述是因為普林西普（Gavrilo Princip）於一九一四年的六月二十八號在塞拉耶佛（Sarajevo）刺殺了奧匈帝國皇儲斐迪南，點燃了各方人馬的心中戰火。

不過，任何一件事情都是可大可小，某種程度上取決於背後相關主導的人員。奧匈帝國皇儲斐迪南被刺殺後，當時在維也納（Vienna）的人民還是酒照喝、歌照唱、舞照跳，對於自己家裡的皇儲被殺沒什麼特別的感受。一位歷史學家（Zbyněk Zeman）曾寫過：

> 這個事件（奧匈帝國皇儲斐迪南被刺殺）幾乎沒有造成任何影響，在星期天和星期一（被刺殺的當天和隔天），維也納的居民還是聽著音樂、喝著酒，彷彿什麼事情都沒有發生。❶

又或者，從英國和法國當時對於這件刺殺的態度也可以略知一二：

> 當時英國的駐外大使回報刺殺事件時說：「很明顯的，對於斐迪南被殺，似乎普遍被認為是件好事。」❷
>
> 在法國也是差不多的情況，當時媒體主要的焦點放在一個政治人物的妻子殺害了一個新聞主編，因為該主編說要報導那政治人物的負面消息，讓他從此離開政壇，而對於斐迪南被刺殺這件事情，如之後的一位歷史學家的說詞，在法國的狀況是：幾乎沒有被提及。❸

換句話說，將奧匈帝國的皇儲斐迪南被刺殺當作是引發了第一次世界大戰的導火線，或許有點太抬舉了這件事件，不如說，這只是給了想鬧事的人一個藉口罷了。

在當時的氛圍下，有如英國劍橋大學歐洲近現代史教授克拉克（Christopher Clark）的著作《夢遊者》（*The Sleepwalkers*）中各個國家強調的軍事武力，再加上各自的民族主義高漲，列強彼此之間的一較高下，只是時間的問題了。[4]

從這個角度來看，「民族或種族主義」或許可以算是真正地誘發了第一次世界大戰。

誰是適者？

民族主義在人類歷史上，一直都不算是新鮮事，若我們如果試著回到十九世紀末、二十世紀初期的時間點，民族主義可不只是一種情感上的寄託，在當時的思維中，民族主義

❶ ......the event almost failed to make any impression whatsoever. On Sunday and Monday, the crowds in Vienna listened to music and drank wine, as if nothing had happened.

❷ It is obvious that people have generally regarded the elimination of the Archduke as almost providential.

❸ 原文用詞為「hardly mentioned」。

❹ 有興趣的讀者可以進一步參考「故事」網站《夢遊者》的介紹：〈第一次世界大戰為何爆發？劍橋歷史學者：因為一群強權的集體夢遊〉。

有嚴謹的科學根據！這個達爾文所發展出來的科學根據又進一步地跟他們說了：「物競天擇，適者生存。」

當時英國及西歐地區的眾多國家，在經歷了幾百年的大航海時代之後，不只到了天涯海角去開拓新的可能性，也在抵達的許多地區開啟了殖民模式。在這樣的狀況下，那些看來和所謂的「白人」有明顯外觀差異的「黑人」，或是其他民族、整體社會的文明、發展等，與西歐地區相較之下似乎較不發達地區的人民們，就被視為理所當然該來服務白人的奴隸。

在這樣的思維下，除了來「服侍高等的白人」外，摧毀掉這些「不適者」，將有限的資源用在「適者」身上，這樣的民族主義也就被認為是再自然不過的事情。

達爾文雖然提出天擇（或稱為：自然選擇）這樣的機制來解釋演化的運作方式，但他對於天擇該如何、或是該不該應用到人類社會中這部分，其實是非常小心、盡量避免去將這天擇套用到「選人」並試著去操控人類演化的方向。

但當「適者」這名詞一被提倡並應用到人類社會中，一切似乎就難以避免地會往災難式的道路前進了。

「適者」這名詞，雖然不時會在生物學的論文中看到，但是在生物學上並沒有確切的定義。而一聽到「適者」，不論是不是從事生物學相關領域的人，大概都會直接聯想到那讓人琅琅上口的「物競天擇，適者生存」。

雖然許多人都認為「物競天擇，適者生存」是達爾文的招牌口號，不過，這樣的說法並不是從達爾文開始提倡的，也因此，或許不該解讀為達爾文的本意。達爾文一八五九年的《物種起源》（*On the Origin of Species*）就是一個絕佳的例子，因為《物種起源》後續的影響，不只徹底改變了生物學研究的方向及觀點，對於滲透進人類社會後所造成的衝擊及震撼的程度，大概到目前為止仍無人能及。

那麼，達爾文寫這本書的本意是什麼？

如果說達爾文在一八五九年發表的《物種起源》誘發了超過半個世紀後的第一次世界大戰（一九一四年開始），這真的有其道理嗎？還是只是為賦新詞強說愁呢？

要談達爾文自己本人對於《物種起源》應用於人類社會中，或是《物種起源》真正的想法，大概就像達爾文於《物種起源》中的最後，談到大眾對於演化論的接受度時說的：「這會是一個冗長的爭論（one long argument）。」

首先，我們先對近乎於洗腦的「物競天擇，適者生存」這句話做個簡短的解釋。

從原文來看，「物競天擇，適者生存」是從「natural selection; or the survival of the fittest」翻譯過來的。這句話也確實出現在達爾文《物種起源》一書中，但有趣的是，《物種起源》這本書的版本與內容，本身就有一段滿長的歷史可以探討。

一八五九年，《物種起源》初版上市，但此版並非現在大部分的人閱讀的版本，現在我們多半讀的是一八七二年的第六版、並於四年後由達爾文本人進行最後修訂及增幅的版本。

一八七六年的《物種起源》是達爾文生前自己修訂的最後一個版本（達爾文死於一八八二年），通常被認定是終極版本，所以真的想讀或有讀《物種起源》的讀者，似乎大多都挑這一個版本來讀。在市面上流通的中文翻譯的版本，也似乎都以一八七六年的第六版為主（題外話，我個人還是很希望大家能去讀最一開始的一八五九年的第一版）。

《物種起源》一書雖然還沒有到人手一本，不過在達爾文還在世的時候，大概就已經可以算是世界名著了。從這本書一八五九年的第一版，到一八七六年第六版的十七年間，達爾文從一個享受於自己日常生活及研究興趣的十九世紀紳士科學家，搖身一變為跨出科學界的指標人物，在大眾眼中也是極具話題性的人物。

達爾文相當看重他人對於他自身，或是他發表的文章、書籍等的看法或評價。就《物種起源》來說，因為極具爭議性，所以針對這本書有不少正、反面的書評；達爾文小心翼翼地讀了幾乎所有當時關於《物種起源》的書評，不斷地思考著如何能在下一個版本改進，或試著說服那些對於演化論有點激進又有力道的反駁，又或者思考如何才能緩和那些不堪入耳的批評。

這樣看來，若說在第一版到第六版的十七年間，達爾文本人在某種程度上是隨波逐流、不堅持自己的主見而調整了《物種起源》書中內容的敘述方式的話，也就不會太令人訝異了。

有了上述的初步了解，再讓我們回頭看看「物競天擇，適者生存」這句話的歷史。

大部分人讀到的《物種起源》第六版，「物競天擇，適者生存」這句話醒目地出現在目錄中第四章的標題。不過有趣的是，在一八五九年時第一版的第四章，標題只有「物競天擇」（Natural selection），而沒有「最適者生存」（the survival of the fittest）這句話。如果我們將各版本放在一起檢視的話，會發現前四版中的標題都沒有出現「最適者生存」這句，一直要到十年後（一八六九年）的第五版，才有這句話。

先不論在這過程中達爾文的觀念有了什麼轉變，不過也許我們可以猜想或是大膽猜測：達爾文某種程度上已經被洗腦了！

事實上，「最適者生存」這句極度爭議性的話，並非來自達爾文，而是由十九世紀的史賓塞（H. Spencer）提出；當時的史賓塞不只在科學界，也相當活躍於社會上。

讀完達爾文的《物種起源》後，史賓塞受到了極大的啟發，大概就有如大家熟知的，替達爾文戰鬥的鬥牛犬赫胥黎（T.H. Huxley）說的：「真的是太蠢了，之前竟然沒有想到過！」（How extremely stupid not to have thought of that!）

史賓塞在一八六四年所寫的《生物學原理》（*Principles of Biology*）裡，就用了「最適者生存」來重新詮釋達爾文的物競天擇。

人們在接收到新的訊息時，對於該用詞的經驗或了解，都會影響到之後對於其論述的感受、觀感。達爾文自己也深知措辭的重要性。從《物種起源》原書名的副標題，我們大概就可以感受到他對於如何表達自己的想法，是相當的小心翼翼。

我們現在熟知的《物種起源》這書名讀來簡潔清晰，但原始書名可是很長一串：

> 《藉由自然選擇的方式，或是在生存的競爭下被保留下來的族群而導致物種的產生》（*On the Origin of Species by Means of Natural Selection, or the Preservation of Favoured Races in the Struggle for Life*）

達爾文本身對於使用物競天擇／自然選擇（natural selection）這個用法其實並不是很滿意，但又找不到更適合的詞彙以精確表達他真正的想法。畢竟用了「選擇」這字眼，似乎就隱含了背後有一個「神」之類的人，有意識地操縱著什麼可以被留下來、什麼會被淘汰。

但既然無法在既有詞彙中找到比這更恰當的，再加上大眾對物競天擇／自然選擇的用詞很陌生，因此就演變成書名主標題後再加上說明，試著用另一個方式來解釋、淡化「主動選擇」的意味。

書出版之後，無法就現有語彙找到適當的表達概念方式，還有外界龐大的壓力、眾多批評與討論，都影響了達爾文。像是與達爾文在一八五八年一起發表演化初步概念文章的華萊士，就「推薦」達爾文應該要在新版的《物種起源》內使用史賓塞的說法：「最適者生存」。

不可否認的，達爾文在《物種起源》內加持「最適者生存」的用法後，這說法的感染、滲透力，在一時之間發揮到了極限。諷刺的是，達爾文在《物種起源》內所想表達的，是將「神」從我們生存的自然世界移除，但結果卻反了過來，達爾文自己被人們奉為像「神」一樣的存在，造成只要是他認可的事情似乎就一定是真理。

有了達爾文的背書及《物種起源》的論述所建立的科學根基，「最適者生存」這樣煽動人心的說詞，似乎找到了可以穩固依附的靠山。

在這樣的背景與架構下，我們要探討的「民族主義」某個程度受到了推波助瀾，像是打了《物種起源》這「科學」的強心針，讓一些自以為優越於其他民族的人，認為如果將這些「不適」的人消滅掉的話，全世界就會只剩下「適者」，如此一來有限的資源就不會浪費在這些不適者身上，他們並進一步以為這樣一來就可以帶來世界和平——這當然只是這些人自以為的和平，並不令人訝異，但這樣的思維似乎不可避免地引領著這些自以為優越的「民族」，一路走到了近乎瘋狂的第一次世界大戰。

理論的推廣

寫出了一本書或提出了一個概念，先不論其可讀性或重要性（比方說，《物種起源》的重要性不需多加贅述，但其可讀性卻似乎是讓人敬畏三分），適時、適度的傳播、推廣，讓人們可以有機會聽到、了解、思考、並進一步接受這新的論述、想法，或甚至是以此為契機提出新的或不同的看法，就是一個非常大的挑戰。

語言在這其中，或許扮演了極其重要的角色。

二十一世紀是電腦網路的資訊時代，人們看似可以很快地推廣新的想法或發現（像是寫電子郵件或是發布在社交、通訊軟體上），且網路上也可以輕易取得為數不少的翻譯軟體，但如果沒有全面、詳細地將一個新的概念或理論完整地轉譯到另一個語言，讓接受新資訊（尤其包含了大量抽象或難以用三兩句話解釋其內容的論述）的人可以細細地推敲、咀嚼其內涵的話，人們大概會僅停留在表面上的理解，而不會多加注意，或甚至可能會誤會或曲解了原作者想表達的想法。

又或者，即使是使用相同的語言，如果沒有簡潔清楚地說明新的想法或概念，很可能無法讓讀者輕易了解其內涵，也可能容易被有心人士斷章取義來重新解釋，導致完全悖離作者的原意。

達爾文深知語言的隔閡或描述的方式，很可能會妨礙了《物種起源》想要探討並傳達的想法，而更糟的狀況就是人們誤解、曲解了他真正想呈現出來的世界觀。

當他以英文寫出《物種起源》時，深知這本書肯定會在英語世界裡造成一定程度的衝擊，不論怎樣小心翼翼解釋自己的想法，也無法避免與宗教長期以來以「神」為本位創造出的世界觀衝突。

先不論《物種起源》當時在兩大英語系國家英國和美國後續會引起的反應及震撼，達爾文老早就在物色可以恰當、完善將《物種起源》翻譯成其他語言的機會。德文及法文版翻譯的《物種起源》是達爾文的首選，因為這兩種語言在當時的歐陸地區，在自然科學相關的研究及思維上也有相當程度的發展，他因此希望可以讓歐陸地區的研究人員對於《物種起源》裡的論述有更全面、完整的理解，進而有深入的對談。

舉例來說，當他和植物學家諾丹（Charles Naudin）書信往返討論著植物學相關的研究時，母語為法文的諾丹除了有理解英文的障礙，還加上達爾文潦草的筆跡和對植物學討論繁瑣、冗長的說明及解釋，讓諾丹更難以理解達爾文想說的話，要是可以有《物種起源》法文譯本，對諾丹來說會有很大的幫助。

但要找到適合的翻譯人選，尤其是對於《物種起源》這樣一本有點冗長、生硬，且帶著可能顛覆眾人世界觀的敏感、爭議性話題的書籍來說，可不是一件簡單的事情。

當時書籍翻譯的狀況，通常是譯者本人先聯絡原作者、取得原作者的同意後，再找當地的出版社進行出版作業。達爾文因此陸陸續續寄了不少本《物種起源》到德國和法國增加曝光率，希望當地會有對該書有興趣並進一步想要將之翻譯成當地語言的人可以主動聯絡他。

《物種起源》在一八五九年十一月二十四日正式出版，達爾文很開心地在一八六〇年二月二日收到波昂（Heinrich Bronn）的來信，說有出版社願意出德文版，而波昂會負責監督及修改此譯本（一開始，波昂似乎是要找人翻，不過最後還是由他自己翻譯了）。

波昂最初寄給達爾文的這封信目前下落不明，不過我們可以從達爾文收到消息當天立刻著手寫給他的好友赫胥黎說這件事情的信，[5]或是達爾文在兩天後（二月四日）回信給波昂的時候，說他很期待可以讓在德國的人們更了解《物種起源》的內容，[6]可以清楚感受到達爾文對於其論述可以更有效地傳到歐陸地區有多興奮。在達爾文寫給波昂的信中，還特別強調他可以放棄《物種起源》德文版的所有獲利，只要翻譯本可以順利出版！[7]

波昂也不是什麼來歷不明的人。他是海德堡大學（Heidelberg University）的教授，專長為地質學和古生物學等，而達爾文對他也不陌生，在一開始「亂槍打鳥」寄《物種起源》到德國和法國，希望有人會主動聯絡他詢問翻譯的事情時，波昂就在寄件名單上。

新的問題也從這裡產生：達爾文沒料到，波昂或許從最初就不打算忠實、逐字翻譯《物種起源》。

達爾文自己很清楚，要完善翻譯《物種起源》並不是一件簡單的事，更何況，德文版的《物種起源》在距離波昂一開始寫信給達爾文談翻譯這件事情後，才花了四個多月的時間，譯本就分成三個部分，分別在一八六〇年四月四日、五月二日、六月十一日出版了，這讓人不禁懷疑譯本是否太粗糙，或是波昂是純粹順著自己想說的話來「翻譯」，並不是太在意達爾文《物種起源》裡真正想呈現的想法。

達爾文很想要知道波昂在德文版中是怎樣詮釋《物種起源》的世界觀。他雖然有點德文基礎，但就像他在寫給波昂的信中提到的那樣，他讀德文非常地緩慢，❽要讀完並了解德文版的《物種起源》還是有點難度。

一開始，達爾文準備了幾本德文字典，希望可以自己好好讀完德文譯本。不過很快的，他就決定找人將波昂的德文版本再翻回英文，而翻譯人選剛好就在達爾文家中。在一八六〇年來到達爾文家當家教的路德維西（Camilla Ludwig），她的母語剛好是德文，雖然專業並不是生物學相關領域，但透過路德維西的德文能力，達爾文還是可以比自己翻著字典更快速、深入了解波昂是如何用德文「改寫」《物種起源》。

就著自己原本就有一些讀德文的基礎，再加上路德維西的翻譯（路德維西跟達爾文說

---

❺ 達爾文寫信給赫胥黎的信，一開頭就說波昂有意願翻德文版的《物種起源》。原信件的開頭為：「I have had this morning a letter from old Bronn......」

❻ I am most anxious that the great & intellectual German people should know something about my book.

❼ I give up all right to profit for myself; so that I hope a translation will appear.

❽ 達爾文在一八六〇年二月十四日時寫給波昂的信中寫到：「......I read German very slowly.」

非常難翻），[9]達爾文意識到波昂的翻譯本問題重重；他在一封寫給卡盧斯（Julius Carus）的信中說：「波昂的翻譯有很多缺陷，至少我已經從滿多人那邊聽到了不少抱怨……。」[10]

即使是在同一個語言內的傳遞，同樣的內容在不同人筆下也很容易被以不一樣的觀點來詮釋，比方說借助新的證據來重新解釋，或是斷章取義成自己想表達的說詞；更何況是要轉譯成另一個截然不同的語言。

《物種起源》不論是在英語世界，還是在他國語言譯本推出後，推廣的過程中引起的爭議此起彼落，而達爾文也已經無法一封封親筆回覆排山倒海的詢問信件。他在一八八二年四月十九日過世後，這本他最親近的「小孩」《物種起源》，也更加在不同領域、不同地區，經由眾人的個別解釋，成長茁壯成不一樣的面貌。

德國的達爾文男子

「今年，達爾文主義在德國有了非常好的進展。」[11]海格爾（Ernst Haeckel）在一八七三年時興奮提筆寫給達爾文的一封信裡，這麼寫著。

海格爾自從讀了波昂翻譯的《物種起源》後，有如醍醐灌頂，彷彿發現了這世上的最終真理。從他寫給對方的信件內容，就感受到他有多推崇達爾文的《物種起源》，幾乎到了為之神魂顛倒的地步，像是：「在我所有讀過的書中，沒有任何一本可以接近像是你對於物種演化的理論一樣，對我造成如此的衝擊及長遠的影響」、「希望你不會介意讓我對於你的理論表達我個人的想法，因為我打算用我的一生和我一輩子的精力來去推廣你的理論」、「自從了解你的理論後……我可以保證一點都沒有誇大……你的理論每一天都是滿滿地占據了我的心」、「我現在才三十歲……在我的一生中，我會持續追求的一個目標，那就是推廣、支持以及讓你的理論更加完美」、「我相信再過不到幾年，你的理論在德國的支持者人數就會超過在你家鄉英國的跟隨者」。⑫

說海格爾對達爾文的《物種起源》推崇到了近乎瘋狂的地步，或許並不超過。當他遇

---

⑨ 達爾文在一八六〇年十月八日寫信給萊爾（Charles Lyell）時，提到路德維西跟他說：「......very difficult.」

⑩ 波昂在一八六二年過世後，卡盧斯重新將《物種起源》翻成德文。

⑪「Der Darwinismus hat in diesem Jahre in Deutschland sehr grosse Fortschritte gemacht」。海格爾寫信給達爾文時用的是德文，而達爾文寫給海格爾時是用英文，雙方都可以讀懂對方的文字，但下筆時還是用自己熟悉的語言。《達爾文的通信紀錄》（*The Correspondence of Charles Darwin*）裡提供了德文原信件內容及英文翻譯：「This year, Darwinism has made very great progress in Germany」。本篇以下引用海格爾寫給達爾文的信件時，會以英文翻譯為主，原始德文信件可參考《達爾文的通信紀錄》（目前無中文翻譯）。

⑫「Of all the books I have ever read, not a single one has come even close to making such an overpowering and lasting impression on me, as your theory of the evolution of species」、「I hope you will excuse me if I add a few details regarding my personal attitude to your theory, for I intend to dedicate my entire life to it and to employ all my energies in its advancement」、「Since then your theory – I can say so without exaggerating – has occupied my mind every day most pressingly」、「I am only 30 years old... I shall pursue the one goal in my life, namely to disseminate, to support and to perfect your theory of descent」、「I believe that in a few years their numbers will be greater even than those of your sincere followers in England itself」。

到針對《物種起源》的激烈異議，會火力全開，用他畢生所學和對方辯論，就像海格爾在信中寫給達爾文的：「……我立刻被一個表達非常流利的人強烈反擊……雖然如此，我還是替你的理論贏得了許多的支持！」[13]

在海格爾滿三十歲的當天（一八六四年二月十六日），與他最親近，同時也最支持他從事研究工作的妻子安娜（Anna）過世了。這對海格爾來說，無疑是相當大的衝擊，畢竟安娜不只是他生活上最大幸福的來源，[14]也是海格爾在追求《物種起源》相關研究背後很大的動力。[15]

失去了安娜，讓海格爾只想更專注於了解及探索《物種起源》的隱藏內涵，一部分是因為這是安娜生前希望他繼續從事的工作，二來這樣他才能在某種程度上逃離失去妻子帶來的精神折磨。

不過，走到太過極端時，隨之而來的常常是新的問題。

正如先前提到的翻譯問題。同樣的句子、內容等，當不同的人去讀或試著理解其含義時，常常都會有不同的解讀方式或重點，更何況用不同的語言來詮釋另一個語言想表達的觀點。也因此，當我們試著呈現一些想法時，不可避免的，都會參雜了自己原先獨特的經驗、再轉換成自己的解讀方式，並且，在陳述的過程中，也難以避免地會有意無意地只截取自己偏好的資訊、捨去自己不喜歡或認為不重要的部分。（同樣的，讀者正在閱讀的這篇文章，針對《物種起源》如何強化「種族主義」並進而推動了世界大戰的論述，透過我的閱歷、思考及閱讀等，也經歷了類似的過程）。

海格爾在追求《物種起源》相關研究的同時，漸漸增加了在科學界的聲望，也透過公開演講及撰寫書籍等方式，提升在社會中的能見度，進而讓自己的一舉一動及所說的話有了一定的影響力。

從寫給達爾文的信中，不難感受到海格爾對於達爾文有著無可比擬的敬意與崇拜，而他對於《物種起源》相關的探索及理解或許也無可置疑，不過，在將「人類社會」這個主題放進《物種起源》脈絡來看時，海格爾的應用方式卻和達爾文的初衷截然不同。

身為撰寫出《物種起源》的原作者，達爾文很清楚他提出的演化背後運作的機制：天擇，如果被有意地應用在人類社會中，很有可能會引起很可怕的後果，所以達爾文在回應許多相關的問題、疑問時，都相當的小心，也很盡量避免談到將天擇的概念放入人類社會。

達爾文本身有著相當成分的人文情愫。在十九世紀奴隸制度還極為盛行時，達爾文

⓭ I was immediately vehemently attached by a very eloquent speaker ...... nevertheless, I managed to win a lot of support for your theory......

⓮ 達爾文跟海格爾要照片時（當時他們只有通信，還沒有見過面），海格爾特地附上自己和安娜的合照，並強調他不能只寄自己的獨照，一定要和安娜一起。

⓯ 安娜都說海格爾是她的「德國的達爾文男子」（German “Darwin-Mann”）。

的家族就參與了推動廢除奴隸制度的社會運動，這似乎是他較不為人知的一個面向：《物種起源》的起源，某種程度根源自達爾文對奴隸制度的反抗；他要向世人說明所有的「人類」有著共同的祖先，也就是「我們都是一家人」的概念，因為當時的奴隸是不被當人看待的。

達爾文在一八五九年出版《物種起源》前夕，寄給致力反奴隸制度的運動人士希爾（Richard Hill）這本書時，在信中說他對於希爾的人道成就及努力感到相當的開心。[16]

雖然不斷推崇達爾文，但海格爾在關於「人類社會」這方面幾乎是反達爾文之道而行。他取了《物種起源》中自己想要的的部分，並藉此為契機，以「科學性」的論述來發展「種族主義」。比方說，海格爾說「高加索人是所有人類族群中最為高度發展及完美的」、「想要嘗試將文明帶到那些低等的人類中，都是徒勞無功的」；或是「如果一定要畫上一條線來分割的話，那些低等的人類一定要和動物歸在一起」。[17]

達爾文的初衷是試圖用《物種起源》將所有的人類拉在一起，海格爾卻是用《物種起源》將人類細分為不同的「人類」，並且更極端地走向：「太低等」的人類物種不該存活在這世界上，或是該由較「高等」的人類來統治的想法。

達爾文雖然很刻意地避免在《物種起源》談到人類自身的演化問題，或是在社會中可能造成的動盪，但還是被史賓塞的「最適者生存」及上述海格爾的「應用生物學」給拉到了第一陣線上（海格爾的名言之一就是：「政治是應用生物學。」〔Politics is applied biology〕）。

有如拉森（Edward Larson）在他《演化》（*Evolution*）一書裡說的：達爾文主義在英國誕生，但在德國找到了家。[18]但或許，我們綜觀前面海格爾在民族主義上的應用，應該說是「社會達爾文主義」在德國找到了家。

當然，我們不能將後續引發戰爭的所有問題推給海格爾，但他在當時德國社會的影響力，以及他以《物種起源》為根基的「科學性」論述引起的漣漪，比他想像的還要更深、更遠。如此一來，我們也就不難理解，為何二十世紀中相當著名的演化生物學家古爾德（Stephen J. Gould），會說海格爾最重要的影響力往一個悲劇性的方向——國家社會主義（National Socialism）前進，而他的所作所為，也因此直接或間接地替納粹的興起鋪路。[19]

---

[16] I was quite delighted (if you will not think it impertinent in me to say so) to hear of all your varied accomplishments and knowledge, and of your higher attributes in the sacred cause of humanity.

[17] 「The Caucasian, or Mediterranean man (Homo Mediterraneus), has from time immemorial been placed at the head of all races of men, as the most highly developed and perfect.」、「All attempts to introduce civilization among these, and many of the other tribes of the lowest human species, have hitherto been of no avail......」、「If one must draw a sharp boundary between them, it has to be drawn between the most highly developed and civilized man on the one hand, and the rudest savages on the other, and the latter have to be classed with the animals.」

[18] Darwinism (bone in Britain and nurtured in the United States) found a home in Germany.

你是什麼人？

不論是所謂的民族主義還是種族主義，或許都可以說是尋求「認同」的一種概念。以實際狀況來看，這所謂的單一民族或種族根本就不存在。或是我們可以以安德森（Benedict Anderson）的話來說，這些都不過只是「想像的共同體」（Imagined communities）罷了。

在實際的狀況下，任何兩個獨立為個體的人，即便是小家族裡的成員，或甚至是雙胞胎，從內（如：性格、想法）到外（如：外貌、舉止），我們都可以輕易列舉出大大小小不一樣之處，同樣的，我們也能夠不意外地找出諸多相似點。

也因此，當我們想要「放大」差異性來攻擊，或甚至是消滅非我族類的對象時，當然永遠不怕找不到藉口。

當我還在紐西蘭從事研究對象為鯨魚的演化相關研究工作時，實驗室裡有一個會說毛利語的人，她母親是紐西蘭原住民「毛利人」，而父親是歐洲「荷蘭人」。我們在討論十八、九世紀從英國來到紐西蘭的大批人馬，遇到長居紐西蘭當地居民時，情況可能是這樣的：

「你們是什麼人？」

「嗯？我們就是普通人（Maori）啊。」

「再問一次，你們是什麼人？」

「啊我們就是普通人（Maori）啊。」

在毛利語裡，「普通」一詞的發音為「毛利」（Maori），而從此之後，紐西蘭原住民就被通稱為「毛利人」（Maori）了，雖然以毛利語來說，他們不過就是有如你我的「普通人」。

要完全讓這世界上的戰爭消失，或許是永遠不可能的，不過，如果我們可以不斷地互相對話、更進一步地了解彼此、看到對方與自己類似的影子（互相認同之處），並尊重彼此相異之處替這世界帶來的「多樣性」，或許戰爭的次數與強度會漸漸降低。畢竟，以生命演化的長時間尺度來看，一世代以二十年左右來計算，目前我們現存人類的最近共同祖先，離我們也不過才幾千代或是數萬代以內之遠，以「血緣」來分種族、民族，並引發後續大規模的自相殘殺，怎麼看都說不過去，因為，我們真的都是「一家人」。

⑲ But, as Gasman argues, Haeckel's greatest influence was, ultimately, in another, tragic direction – national socialism..... all contributed to the rise of Nazism.

09 淘金潮、華工與白澳政策的誕生
——種族主義如何塑造新生澳洲？

蔡榮峰　國防安全研究院政策分析員

當代澳洲擁有豐富的天然資源、高薪資水準以及國民自豪的生活品質，不斷吸引世界各地的人們前往這個「勞動者天堂」。受惠於來自各國的技術移民，澳洲的競爭力始終在國際上名列前茅，然而，澳洲並不是打從一開始就有這種自信，它也曾經歷過一段必須靠著排外主義建立國族自信心的社會動盪期。

近代對於「澳洲人」的國族想像，多半源自十八世紀英屬殖民地時期。歐洲移民社會作為推動歷史發展的主體，掌握了日後決定「誰是澳洲人」的話語權。而澳洲獨立的第一個百年，即以超高倍數快轉，走完歐洲老牌國家好幾百年的發展進程：從罪犯流放地到自治領地、捲入第一波工業革命。澳洲的誕生，可說是全球化的產物。

澳洲史學家布萊尼（Geoffrey Blainey）將澳洲與其他大陸的「遙遠距離」，比喻為

「決定一切的暴君」（the tyranny of distance），一語道破澳洲發展史的核心思維。這裡有超過九成人口住在沿海地區，對外貿易全靠海運，殖民者心理上長期受到地理距離感主宰。

這塊大陸雖然領地廣袤居世界第六，但人口密度卻恰好相反，又距離殖民母國遙遠、緊鄰人口繁盛的亞洲，無異於易攻難守。於是，害怕孤絕、被入侵的心理狀態，讓澳洲人的自我認同建立在不安全感上。

一八五〇年代意外爆發的淘金熱，讓澳洲在獨立之前的半世紀，湧入規模前所未見的華工潮，而利益衝突引爆了排華聲浪。澳洲社會與亞洲移工在這個全球化過程裡不斷產生摩擦，最終導致二十世紀建國初期「白澳政策」（White Australia Policy）的出現。

華人作為亞洲人的形象主體，在關鍵年代填補了白人群體對於「他者」的想像，而正是在這一聲聲「誰不是澳洲人」的質問中，澳洲國族認同一步步於上個世紀建構起來，這段過去固然被崇尚多元文化的當代澳洲人視為反面教材，卻也反映了澳洲社會演進的歷史脈絡。

比起白澳政策本身，讓當時的澳洲人選擇走向這條路的原因，更值得我們去探究。

從一窮二白到澳洲錢淹腳目

在最早的大英殖民地時代，澳洲還只是個地理名詞，這裡有的是不同時期發展起來的殖民地，彼此因為相隔太遠，只能藉由海路互通。一七八八年一月，英國先遣艦隊在今天的雪梨傑克森港灣（Port Jackson）建立了最早的監獄殖民地，而這也是現在新南威爾斯州（New South Wales）最早的雛形。

這個現代觀光客戲稱為「大荒野」（Outback）的澳洲，在當時可是貨真價實的天涯海角！為了考量船艦運載量，殖民者連流通貨幣都沒帶來；在最初的二十幾年裡，流通於澳洲這個嶄新世界的主要貨幣單位，是水兵們最愛的蘭姆酒。

澳洲著名經濟歷史學家巴特林（Noel George Butlin），稱一七八八至一八二〇年為「灘頭堡經濟」（Bridgehead Economy）時期。因為當地廉價的罪犯勞動力無法支撐一個社會的基礎需求，這個時期澳洲經濟完全仰賴英國內地補給。[1]

一八三〇年代，英國逐漸興起「系統性殖民理論」（Systematic Colonization）。政治思想家維克菲爾（Edward Gibbon Wakefield）主張，光是擁有大片土地無法幫助殖民地落地生根，必須考量當地的人力需求才行。於是他建議政府停止司法流放，改按殖民地的需求，送入具有特定技能的底層民眾。

工業革命推動了英國本土經濟結構轉型，人口壓力逐漸浮現，這樣的做法一來能緩解英國社會面臨的問題，二來能夠增加殖民地的勞動力、滿足英國工業化後對初級產業的供給需求。情況類似日治時期「工業日本、農業臺灣」的安排。維克菲爾的理論，深刻影響了之後一八三六年南澳與一八四〇年代紐西蘭的殖民地規劃。[2]

直到一八六八年一月九日，當最後一艘載滿囚犯的船隻「霍高蒙特」（Hougoumont）緩緩開進西澳殖民地的港灣城鎮佛里曼圖（Fremantle），澳洲全境才算全面邁入了經濟殖民地時代，這個階段的轉型過程相對緩慢。一七八八到一八六八年之間，英國總共開出四百五十五艘關押船艦，流放了超過十六萬人到這片南十字星大陸。[3]

實際上，澳洲東岸的新南威爾斯殖民政府，早在一八四〇年就停止將罪犯送往澳洲，改成由殖民地官方提供補貼，以「更好的生活」為號召，招攬英國本土有一技之長的自由移民。殖民政府從此大興土木，投入當地的基礎建設，多半集中在能夠獲取天然資源的項目。[4]

一八二〇年代起，澳洲農產品開始輸出到英國本土，澳洲的伐木業、採礦業、畜牧業、捕鯨業蓬勃發展，來自母國的資本也開始大量挹注當地產業。其中羊毛是最重要的輸出品，一八八〇年代，澳洲畜養的綿羊首次突破一億頭。[5]

---

❶ Butlin, N.G. 1994, pp.20-22.

❷ Bunker, R. 1988, pp.59-62.

❸ Maxwell-Stewart, H. & Oxley, D. 2017, and also see State Library of Queensland, 2019, Convict Records of Australia-ships, viewed 15 May 2019, https://convictrecords.com.au/ships

❹ Ibid.

❺ Australian Bureau of Statistics, 2013, "Historical Selected Agriculture Commodities-Sheep," viewed 15 May 2019, http://www.abs.gov.au/ausstats/abs@.nsf/Lookup/7124.0Chapter122010-11

捕鯨業是澳洲殖民初期最重要的經濟產業支柱之一。新南威爾斯第一任總督（Arthur Philip）正是靠它起家，南澳林肯港（Port Lincoln）捕鯨據點的出現，甚至早於南澳總督府。十九世紀上半葉，捕鯨業對歐洲人的重要性相當於今日的石油產業，自一七九〇到一八五〇年發現石油為止，鼎盛時期正好橫跨了英國第一波的工業革命時代。

由於大英帝國頒發豐厚賞金鼓勵澳洲發展捕鯨經濟，於是當時停靠在雪梨傑克森港灣的船隻當中，每十一艘就有五艘是捕鯨船。根據澳洲政府檔案，一八〇〇到一八八八年之間，來自北美追逐南半球數量仍豐的抹香鯨、南方露脊鯨的捕鯨船就超過八百艘。[6]

雖然這樣的榮景看似美好，但澳洲的金融生殺大權被遠在天邊的母國掌握著。倫敦打噴嚏，澳洲就倒楣，接連幾次澳洲的經濟衰退都跟英國有關。

澳洲人掌握自己命運的真正轉捩點，無論是從經濟還是政治的角度來看，則發生在瘋狂的一八五一年。

這一年，澳洲各個殖民地陸續發現金礦，大量移民湧入使得澳洲快速都市化，僅僅十年的時間當地人口就翻倍成長。在金礦礦脈豐富的維多利亞殖民地，人口甚至暴漲了七倍，首府墨爾本也翻了四倍，達到十二萬人規模，超越當時美國新興大城舊金山。[7]若與英國本土相較，則約莫與第八大城普利茅斯（Plymouth）相當。

礦業在一八六〇到一八七〇年代之後逐漸成為澳洲經濟新支柱，黃金取代羊毛成為眾所矚目的出口新星。一八八〇年代新南威爾斯的「勃肯山丘」（Broken Hill）發現銀、鉛、鋅礦，塔斯馬尼亞的萊耶爾山（Mountain Lyell）發現銅礦。西澳更在一八九三年在庫爾加迪（Coolgardie）和卡古里（Kalgoorlie）兩地挖出了十九世紀全澳儲藏量最大的黃金礦脈。[8]

澳洲錢淹腳目，滾滾熱錢使澳洲人生活水準大幅提升，人口密集區的不動產價格跟著水漲船高，畜牧業則因應都市化，轉型為肉品供應。此時西歐基本上都邁入了工業化，中產階級慢慢形成，開始創造大眾消費市場，人們對於甜食的胃口大開。

在這樣的背景下，為了搶進國際糖市，十九世紀中在澳洲昆士蘭興起的蔗糖種植業，於一八七〇到一八九〇年間蓬勃發展，糖業加工迅速崛起。然而，發展熱帶栽種需要依靠大量外來勞力。與北美加勒比海引進黑奴的進程相似，蔗糖加工業的發展為日後的澳洲社會埋下了衝突的根源。

熱帶栽種人力仰賴大量來自亞洲和南太平洋美拉尼西亞地區的「契約勞工」。這群勞工因為家鄉生活困苦自願到異地打拚，但是過程中的艱困程度卻是出發前難以想像的，他

---

❻ Australian Government, 2017, Australia's whaling industry and whales, reviewed 1 October 2017, http://www.australia.gov.au/about-australia/australian-story/australias-whaling-industry-and-whales

❼ Attard, B. 2008, "The Economic History of Australia from 1788: An Introduction," Economic History Association, viewed 15 May 2019, https://eh.net/encyclopedia/the-economic-history-of-australia-from-1788-an-introduction/

❽ 卡古里到了今天仍然是全澳洲黃金產量首屈一指的金礦重鎮。

們的勞動條件往往跟奴隸沒有兩樣。其中，因為清末局勢動盪的關係，來自清國華南地區的人特別多。一八六〇年《北京條約》的簽訂使華工出洋合法化後，這種半拐半騙的特殊現象廣泛發生於英法殖民地，那時的東南亞還出現了「苦力」（Coolie）這個英語詞彙，專門指稱遠赴歐洲殖民地謀生的華工。

部分南太島民受拐騙或根本是被綁架而來，在農場裡沒日沒夜工作，甚至死亡。這種人蛇集團的可怕行徑，在當時被稱作為「抓黑鳥」（Blackbirding）。一八七二年英女王維多利亞蒞臨國會演說時，還特別強烈譴責「有些殖民地」以大英帝國的名義，偷偷在南太平洋地區延續早該於一八〇八年禁絕的奴隸制度，可見其猖獗程度。[9]

從羊毛、鯨脂，到蔗糖與黃金，澳洲十九世紀的經濟榮景，可說是建立在母國工業化帶來的旺盛消費主義，與一夜致富的淘金狂潮之上。然而，全球化資本主義的景氣循環特性，即使是遠在天邊的澳洲也逃不掉。

大量熱錢堆疊出的融資泡沫，導致澳洲分別在一八四〇與一八九〇年代遭遇兩次經濟蕭條。當母國資金退潮，殖民地只得自力更生；帝都倫敦與澳洲各地殖民地總督府都是泥菩薩過江，紛紛轉向本位思考，彼此的矛盾自然跟著加劇。

對統治者來說，當經濟表現差勁又沒人想下臺負責，為了保全大局，唯一的解決辦法就是找替罪羔羊來轉移焦點了。

淘金熱潮與華工湧入

一八三七年，從美國爆發的金融危機衝擊了當時的世界金融中心倫敦，連帶使得原物料價格崩跌，澳洲經濟跟著滑到谷底，經歷了十年的低潮。原本要前往「希望之地」打拚的自由移民不來了，澳洲人口還呈現淨流出。

一八四八年，時來運轉的美國在舊金山發現金礦，短短兩年內吸引上萬懷抱發財夢的澳洲人離境，攔也攔不住。當時連主要都市雪梨的總人口都還不到四萬，當地政府面對這麼龐大規模的人口遷離，慌張程度可想而知。

幸好，這種情況並沒有持續多久。

一八五一年五月十五日，《雪梨晨驅報》（*Sydney Morning Herald*）刊出了一則轟動全澳的爆炸性消息：新南威爾斯殖民地確定發現豐富的金礦藏量！消息來自一位名叫哈格雷夫斯（Edward Hammond Hargraves）的礦工，曾在一八四九年遠渡加州淘金，學習新式尋礦技術。礦藏所在地被命名為「俄斐」（Ophir），也就是聖經當中索羅門王寶藏所在之處。[10]耐人尋味的是，報紙上甚至刊載了詳細地點，不出一週，湧入媒體藏寶圖所指之處的民眾超過四千餘人。

---

[9] Saunders, K. 1975, p.2.

究竟哈格雷夫斯為何選擇公開祕密呢？原來根據十九世紀的英國法律規定，屬於貴金屬的金銀礦，所有權與開發權都屬於皇家，即使找到金礦也只能通報政府，一般人根本不可能分一杯羹。

當時人們相信新南威爾斯總督府可能在二月早就知道哪裡有金礦，之所以遲遲按兵不動、沒有上報倫敦的最主要考量，就是澳洲嚴重缺乏勞動力。當地政府害怕重演美國舊金山的逐金狂熱，使殖民地經濟受到毀滅性打擊。

也有一說認為英國殖民地官僚體系習慣用最少的人來管理「化外之地」，向來以降低風險與管理成本為最高指導原則。萬一黃金的消息走漏，社會動盪將大幅提高統治成本，更糟還可能引來敵國勢力。

哈格雷夫斯刻意昭告天下，就是想在澳洲複製美國模式。看準總督府無力阻止大批湧入的民眾，也來不及向遠在天邊的倫敦求救。

果不其然，總督府不得已，只好頒布命令允許民眾自由淘金，但必須事先繳納費用換取「金礦開採許可」（Gold Mining Licence），對皇家以示尊重。

新南威爾斯發現黃金的消息，意外緩解了加州淘金熱以來人力流失的狀況，不過卻引爆了各個殖民地的淘金熱，不到四個月，維多利亞殖民地的「克呂納」（Clunes）和「巴拉瑞特」（Ballarat）也發現金礦。

一八五一年十一月，維多利亞殖民地副總督拉籌伯（Charles La Trobe）寄給英國殖民地事務大臣格雷（Sir Henry Grey）的緊急報告當中提到：

> 跟新南威爾斯比起來，維多利亞發現的金礦距離城鎮比較近，結果短短三個禮拜，墨爾本、季隆（Geelong）的廣大郊區萬人空巷，許多男性居民消失得無影無蹤……棉花田荒蕪了，房舍出租了，商業全面停擺，甚至連學校也關門了……季隆這裡所有商店、公私部門作業、無一例外，全部停擺。這種情況下，任何契約都不再有人遵守。[11]

有趣的是，因為水手們都跑去淘金了，船隻棄於碼頭，連直航的船都開不出港，這份緊急報告也因此一直到隔年，也就是一八五二年四月份才送抵倫敦。副總督拉籌伯實際上被迫自掏腰包，為公務員無條件加薪五十%，才勉強留住一些人堅守崗位、管理治安。[12]

澳洲爆發淘金熱的一八五一年，恰好是大清帝國咸豐元年。消息很快傳到了華南地區，吸引了大批投機商人與黑工，尤其在廣東更大肆招攬三年期的華工。墨爾本也因此被

---

[10] Sydney Morning Herald, 1851, Discovery of an Extensive Gold, 15 May, viewed 15 May 2019, https://trove.nla.gov.au/newspaper/article/12927091

[11] Trobe, C.L. 1852, pp.5-6.

[12] Eastwood, J., 1967, "La Trobe, Charles Joseph (1801–1875)," Australian Dictionary of Biography, vol. 2, viewed 15 May 2019, http://adb.anu.edu.au/biography/la-trobe-charles-joseph-2334

稱為「新金山」，與加州的「舊金山」遙相呼應。

這種「清朝版打工度假」熱門到什麼程度呢？一八四九年，全澳洲農場主首次計畫性引入華人契約勞工時，累計也不過才三百九十人，但發現金礦的五年內，光是維多利亞殖民地的礦區華工至少就達到四萬人。一八五一年該地區的首府墨爾本總人口還不到三萬人，對比之下足以想見這是何等盛況。[13]

華工人潮如洪水般湧入，但他們不懂白人礦工的潛規則，例如不懂先被找到的新礦會豎起旗子標示所有權、因為技術差異而用掉大量清水，無法理解水資源在澳洲的珍貴、喜歡集體行動等等，導致一連串的排華衝突爆發。[14]

一八五四年在維多利亞的本迪戈（Bendigo），爆發了有紀錄以來最早的排華事件，集結的白人礦工與四千名華工產生肢體衝突。一八五七年，當第二次鴉片戰爭在大清如火如荼上演，澳洲又發生了白人礦工群起打死三名華工、造成數十人受傷、約二千五百名華工被迫離開營地的「巴克蘭谷暴動」（The Buckland Valley Riot）。但是這些都比不上一八六〇年十二月起在新南威爾斯延燒了大半年的「藍濱灘暴動」（Lambing Flat Riots），隔年六月三十日暴動達到巔峰時，共有兩、三千名華工被暴徒洗劫，駐紮地被燒毀、被迫集體外逃。[15]

由於「藍濱灘暴動」規模過大，新南威爾斯總督府從一八六一年三月派兵進駐，並火速在同年十一月通過《限華法案》（Chinese Immigration Act 1861）嚴格限制入境華工人數。官方則視華工為潛在的不可控因素，對此提心吊膽，深怕種族衝突的不定時炸彈，哪一天又被引爆。

不過，澳洲各州總督府各自為政，間接導致殖民地「以鄰為壑」，出現奇怪的立法競賽現象，導致只要哪個發現金礦的殖民地規矩比較寬鬆，華工自然就往那裡跑。

當華人成為「問題」

一八八八年六月十二日，澳洲六大殖民地總督府破天荒齊聚雪梨市政廳，首度希望針對單一國家的移民問題達成立法方針共識。這就是史上著名的「華人問題殖民地會議」（Intercolonial Conference on the Chinese Question）。決議如下：

一、各殖民地確信，進一步禁止華人移民，攸關澳洲人民基本福祉。

二、本會共識，需要大英政府追認，並採取進一步外交動作，搭配澳洲各殖民地立法

---

⑬ Victorian Parliament Legislative Council, 1857, para. 2. Also see The University of Melbourne, 2008, e-Melbourne-the city past & present-Demography.

⑭ 費晟，二〇一三，頁一四七－一四八；Victorian Parliament Legislative Council, 1855, pp.72–73, 237 & 337。

⑮ Hoban, B., Anti-Chinese riots and rorts, The Victorian Cultural Collaboration, viewed 15 May 2019, https://www.sbs.com.au/gold/story.php?storyid=56#

一致，才能有效執行。

三、本會考慮派出一位澳洲全權代表，向大英政府表達意見，以敦促帝國當局採取進一步外交動作。

四、各殖民地立法要點：

1. 適用於全體華人，並訂定具體細則。
2. 華工抵達澳洲各港口的人數，必須要明確設定上限，船隻無論類型，排水量每五百噸，只能配有一位華工入港。
3. 在各總督府之間，沒有特殊安排的情況之下，華人旅客不得進行跨殖民地的移動，否則將視為違法。[16]

這些條件前所未有，以上規定還開宗明義就表明「適用於所有華人」，也就是說，連澳洲出生的華人也得乖乖照辦，每次跨殖民地移動、單次進出澳洲，都必須申請「華人豁免證」（Chinese Exemption Certificates）。在新南威爾斯，申請費用是一百英鎊，換算成今天的價格大約是一萬英鎊，超過新臺幣四十三萬。對於需要出外打拚的人來說根本是天價。在那個澳洲大陸上沒多少城鎮的年代，也意味著華工一旦入境，就形同要牢牢禁錮在特定的土地上，直到期滿為止。[17]

其實，早在會議召開前幾天，倫敦就發出嚴重警告，認為澳洲總督們持續針對華人祭出禁令，不僅破壞帝國內部的和諧也藐視帝國法律位階。當時英國企圖保有在大清享有治外法權，擔心清政府以澳洲殖民政策為藉口，要求修正不平等條約。

一八八八年六月一日的《每日電訊報》（*Daily Telegraph*）就報導了這些尖銳的意見。英國下議院議員海頓（John Henniker Heaton）向媒體放話，稱「華人問題」正讓英澳關係變得緊張，更別說可能再次引起清英兩國之間的齟齬。位高權重的英國殖民地事務大臣諾士佛子爵（Henry Thurstan Holland, 1st Viscount Knutsford）甚至撂下重話，質疑澳洲各殖民地的總督諸公，是不是想要在澳洲創造另一個美國？藉此暗示澳洲當局不要自找麻煩。倫敦方面相當擔心，廉價勞力背後代表的利益衝突，會讓另一場美國南北戰爭在澳洲捲土重來。[18]

正如諾士佛子爵的洞見，實際上在「華人問題殖民地會議」裡面，澳洲北方與南方各州的態度大異其趣，剛好與美國「戰南北」的情況類似，身處熱帶的北方不願意放棄引進華工，希望延續變形的奴隸制，特別是受到蔗糖出口大增鼓舞，擁有全澳最大的外籍勞動

⑯ Welch, I.H., 2003, p.267.

⑰ Ibid., pp.278-279.

⑱ Daily Telegraph, 1888, The Chinese Question, National Library of Australia, 1 June, viewed 15 May 2019, https://trove.nla.gov.au/newspaper/article/237207696?searchTerm=Henniker++Heaton&searchLimits=dateFrom%3D1888-06-01%7C%7C%7CdateTo%3D1888-06-01

人口的昆士蘭，其政壇本身在禁止移工的議題上，也是當時全澳尖銳對立最嚴重的，保守派大多是地主，都支持繼續維持，自由派則要求全面禁止。相較之下，南方殖民地普遍憂心外來人口對澳洲社會造成威脅。[19]

真正的癥結點在於，國際條約的話語權掌握在倫敦手上，在無法改變對華條約現實狀況下，法律位階較低的殖民地法律成了唯一的規範工具。

各殖民地對華工避之唯恐不及，過於嚴苛的「法律競賽」不斷拉高標準，而且適用對象從原本在原鄉就屬於弱勢的華工，擴及到所有階級的旅澳華人身上。這麼一來，難保不會在整個廣大的南洋華僑圈產生什麼連鎖反應，進而危及到母國大英與大清之間的關係。

站在澳洲各總督府的角度來看，這種結果就算不是必然，至少也是出於無奈，因為各個殖民地政府既沒有能力封鎖廣袤的海岸線，兵力也不足以應付民間騷亂。

澳洲各總督府的邏輯是：既然倫敦無法增派治安人力，只是空口說白話，要殖民政府「相忍為國」，殖民政府也無力控制最後形成的衝突，那麼只好乾脆阻止「引起衝突」的源頭。

一旦把矛頭指向社會中少數的外來者，許多官民之間的緊張議題自然會「迎刃而解」。只可惜理想很豐滿，現實很骨感，在大家都把眼光望向外來人口的同時，沒多少人發現，真正影響民眾生計的另有其人；這一次，澳洲就沒像一八五〇年代這麼幸運了。

經濟大停滯

澳洲打從殖民開拓時代以來，多數人口最初就是居住在城鎮中心，跳過了大部分舊世界國家緩慢的都市化過程。黃金的發現讓澳洲的墨爾本、雪梨人口倍數成長，人們對於住房的需求，自然撐起了欣欣向榮的房地產市場。

澳洲十九世紀的最後二十年，一八五〇年代淘金熱而來的移民的孩子大多到了成家立業的年紀，於是又帶來一波短暫購買潮。今天亞洲各國相當興盛的炒房風氣，在那個年代的澳洲大都市已經頗為盛行。一八八八年墨爾本曾出現過比倫敦還高、每平方英尺一千五百英鎊的天價。

基於相同理由，政府也大力投資基礎建設。這些建設資金多半是從「英國內地」借來，當時人們普遍認為，反正澳洲經濟成長迅速，債務很快就能償還了。不過這類假設建立在殖民地經濟動能不間斷、人口持續成長的前提之下，而問題是，淘金熱以來的「黃金年代」還能維持多久？

一八八〇年代，澳洲人口不過約三百七十萬，殖民政府對外舉債居然推升到九千萬英鎊，換算現在大概等於九十億英鎊，折合新臺幣超過三千五百億！債務占GDP比重，一

---

⑲ Price, C.A., 1974, p.150.

八八〇年代初還在六十%，到了一八九〇年代已飆破百分之百。[20]

終於，巨大的經濟泡沫破裂了。

一八九〇年代澳洲經濟突然撞上一堵牆，直線下墜。這一次，沒有什麼黃金特效藥能拯救經濟了。

一八八〇年代的房市榮景就是澳洲十九世紀繁榮期的尾聲。這一波需求是由淘金移民第二代，也就是當地人口創造的。淘金熱期過後，外來移民盛況早就不存在，結果導致一八八九年房市泡沫破裂，再加上國際羊毛價格大跌，澳洲主要外銷收入大減，各界過去幾十年因為礦業投入建設的鐵路網也大致上在這個時期停止擴張，國內經濟一片停滯。一八八〇年至一九〇三年，人口聚集的東岸各殖民地，連年遭逢大旱，也被認為是經濟衰退的另一項內生因素。[21]

倒楣的還在後頭。

一八九〇年由阿根廷引爆的金融危機，成為了壓垮澳洲的最後一根稻草。

當時的布宜諾斯艾利斯，自我標榜為「拉美的巴黎」，大興土木、資金洶湧。英國的霸菱銀行（Barings Bank）大量放款給正推行首都現代化的阿根廷政府。事實上阿國政府根本無力償還外債，最後以違約四千八百萬英鎊收場，占了當年全球政府違約總額的六成，可見規模之大。澳洲的銀行信貸本來碰到房市疲軟已經是焦頭爛額，現在主要融資來源倫敦面臨資金流動性困難，更是雪上加霜。[22]接下來的資金恐慌造成國際熱錢大規模撤離南半球，金融聚集地墨爾本首當其衝。

一八九三年四月，當時總部設在墨爾本、全澳最大銀行之一的澳洲商業銀行（Commercial Bank of Australia）宣布暫停所有交易，[23]其他十二家銀行馬上跟進，造成民眾擠兌、恐慌蔓延，最後當地政府不得不宣布全城銀行關閉一週。

就這樣，十九世紀末澳洲經濟以走入低谷收場，小老百姓日子難過，上街抗議的人潮讓工運達到鼎盛，勞資雙方關係進入緊繃時期。

等到一九〇一年各殖民地政府合起來建立聯邦的時候，保守派菁英又再一次把「華人問題」這個萬靈丹擺了出來，而這一次，因為澳洲終於有了自己的中央聯邦機構，索性用全國統一的技術性法規來限制，打算「一勞永逸」。

---

[20] Marco, K.D., Pirie, M. & Yeung, W.A. 2017, pp.6-7, also see McDermott, A. 2011, Chapter 11.

[21] Australian Bureau of Statistics, 2012, “Major Droughts in Australia,” viewed 15 May 2019, http://www.abs.gov.au/AUSSTATS/abs@.nsf/lookup/1301.0Feature%20Article151988

[22] Fisher, C. & Kent, C. 1999, pp.27-28, also see Mitchener, K.J. & Weidenmier, M.D. 2008, pp.467-469.

[23] 澳洲商業銀行於一九八二年與新南威爾斯銀行（Bank of New South Wales）合併，成為今天澳洲三大銀行之一的西太平洋銀行（Westpac），見McDermott, A., 2011, Chapter 11。

建立在白澳政策之上的新國家

沒有種族平等這件事，本來就不平等。這些人種跟白人比起來——我覺得沒有人會懷疑——就是不平等也比不上。

——澳州聯邦第一任總理，巴頓（Edmund Barton）[24]

一九〇一年聯邦建立以前，紀錄上合法獲澳洲居留權的華人，加起來不過區區五千位，而且如前所述，各殖民地政府都有自己的「限華法令」例如，昆士蘭雖然允許攜帶家眷，不過妻子與孩子所申請的旅行證明文件，必須和丈夫的不同，並搭配船隻噸位限制人數。新南威爾斯政府則規定，無論是由海路還是陸路進入，都必須繳交一百英鎊的人頭稅。聯邦成立後，各地的法案匯整成了全澳適用的移民法。

一九〇一年十二月二十三日，白澳政策具體問世，全名為《一九〇一年移民限制法案》（The Immigration Restriction Act 1901），並於隔年一月一日生效。該法案規定，凡是移入澳洲的新移民，都必須要通過一項「聽寫測驗」（Dictation Test），聽寫出五十個字彙。詭異的是，這些字彙只要是任何歐洲語文即可，後來則改成給定的幾種歐洲語言其中之一，移民甚至不需要會英文。一九〇二年十月二十一日，這套為歐洲人量身訂做的聽寫測驗，全面取代了各州法律。[25]

就這樣，澳洲在建國初期，透過種種類似的歧視性移民法規，阻絕有色人種移入，並大肆鼓勵歐裔、英裔來澳，目的就是要確保英國文化在澳洲的絕對主導地位，不受任何亞洲文化挑戰。

這時候的社會氛圍與理念，有點類似明朝被滅後，曾於李氏朝鮮盛行的「小中華思想」。澳洲希望以原宗主國為榜樣，在南太平洋打造一個以英國文化為主的歐洲社會，而這個社會中的主體自然是白皮膚的歐洲人。

當時的澳洲菁英階級對於多元社會的恐懼，來自於兩個假設：

第一、亞洲人會帶來社會退化，東南亞盛行的廉價苦力華工，將成為澳洲的常態，人

---

[24] 原文是「There is no racial equality. There is that basic inequality. These races are, in comparison with white races – I think no-one wants convincing of this fact – unequal and inferior...」見Parliament of Australia, 2012, The immigration debate in Australia: from Federation to World War One, viewed 15 May 2019, https://www.aph.gov.au/About_Parliament/Parliamentary_Departments/Parliamentary_Library/pubs/BN/2012-2013/ImmigrationDebate#_ftnref20。

[25] 不過新南威爾斯州依然要求經由海上入關，而且除了聯邦政府要求的一百英鎊，還必須額外付給新南威爾斯一百英鎊，一直到一九〇三年年中，澳洲聯邦高等法院開張，並且要求移民法規統一為止，見Jones，二〇〇五，頁十七。

們害怕澳洲社會經濟全面變質。

第二、民主議會制無法適用於種族多元的社會。[26]

一九二五年，時任澳洲總理布魯斯（Stanley Bruce）向全國憂心忡忡的民眾保證，澳洲公民的組成九十八％都是大英後裔，甚至還在報紙上公布了移民統計數據以茲證明。[27]

站在澳洲領導階層的角度，當時正值一戰前的醞釀期，歐洲各國的合縱連橫當時已有蔓延到亞太的徵兆，再加上英國的潛在敵國德意志於一八八四年起，陸續占領澳洲周遭的新幾內亞、馬里亞納群島、加羅林群島（Caroline Islands）、薩摩亞等島嶼，基於澳洲距離母國實在太遙遠，必須在戰略安全上多費心思。聯邦政府擔心華人比例過高會有被捲入東亞戰爭的風險，或是華人第五縱隊通敵歐洲敵國的可能性。

不過如果由內政的角度來看，一八八〇年代經濟榮景泡沫化、工會運動崛起，對原有保守政黨生態產生衝擊，如果能夠適時將焦點從貧富差距轉移到移民議題上，將有助於緩解內部對立。綜合了以上內外因素的考量，對於境內最具有指標性的少數人口開刀，似乎是治理成本最低的選項，

於是，醞釀超過半世紀的白澳政策，就此登場。

昔日的他者

每一波新移民抵達都帶來機會與挑戰，先來後到的順序成了一面面鏡子，澳洲人藉著與「他者」逐漸劃清界線的過程中，映照出自己的輪廓，內外環境的變化也迫使澳洲社會一次次地蛻變，最終邁向多元。

對於白澳政策，澳洲一戰歷史學家查理斯賓（Charles Bean）下的注解是：「不遺餘力維持自身作為白人西方國家，其社經文化之最高水準……然而，在這段冠冕堂皇下被掩蓋的，是當時嚴格摒除亞裔參與的手段。」[28]

澳洲國族想像中的「他者」，後來隨著年代議題不同，投射主體也曾轉變為「越南難民」、「中東難民」或「南太移民」等，不過華人群體數量大，晚近第一波移民潮又正好因為滿清末年，落在澳洲聯邦建立前半個世紀。

在那個清英關係剪不斷理還亂的時期，上述這些自然成為標誌性的存在。只能說，華

[26] Griffths, P. 2006, p.23.

[27] Daily Telegraph, 1925, Foreign Migration to Australia, National Library of Australia, 26 February, viewed 15 May 2019, https://trove.nla.gov.au/newspaper/article/153840401?searchTerm=98%20white%20British%20population%20department%20of%20information&searchLimits=

[28] Bean, C.E.W. 2014, p.5.

人在關鍵的年代成為了關鍵的少數，陰錯陽差地成為造就澳洲歷史的反面因素。

白澳政策就這樣持續了約七十年之久，期間澳洲強制遣返難民的作法時常引來國際批評。

一九四〇年代，澳洲高等法院對難民接收的判決結果逐漸往人權靠攏，直到具有現代化意義的《一九五八年移民法案》（Migration Act 1958）出現，這種歧視性聽力測驗才正式廢除。不到十年，澳洲總理荷特（Harold Holt）領導的自由黨政府獲兩黨共識，通過《一九六六年移民法》（Migration Act 1966），明定所有移民無論出生地皆按照同一套制度，在抵澳五年後只要依法定程序，即可取得澳洲國籍。

不可否認，國內法制風向的改變，與澳洲在二十世紀下半葉所面對的國際環境息息相關。一九五〇年，澳洲為了因應冷戰格局、積極參與亞太事務而倡議的「可倫坡計畫」（Colombo Plan），開始允許南亞、東南亞與東亞地區的大學生赴澳留學，成為了澳洲社會跨文化相互諒解的催化劑。韓戰、越戰期間，當時短暫實施徵兵制的澳軍與亞洲盟軍並肩作戰，澳洲以美國盟友的身分被動接收大量越南難民等國際實踐，從各種階層全方位改變著澳洲社會。

一九七三年，工黨總理惠特蘭（Edward Gough Whitlam）政府正式宣布廢止白澳政策。兩年後更通過《禁止種族歧視法》（Racial Discrimination Act 1975），標示澳洲正式揮別了白澳政策，進入一個以多元文化為主流價值的嶄新時代。[29]

㉙ National Museum Australia, "Defining Moments: End of the White Australia policy," https://www.nma.gov.au/defining-moments/resources/end-of-the-white-australia-policy

傳統價值的崩壞與重建

日本、伊斯蘭與俄國走向戰爭的道路

10 時代動盪鋪展出的軍國主義之路
——日本如何走向戰爭？

蔡曉林　美國布朗大學歷史系博士生

一位名為石原莞爾的日本陸軍將領曾在軍校的課堂上發表他對未來的預言：在不久的將來，作為亞洲代表的日本將與西方勢力的代表美國對戰，這場最關鍵的戰役會決定誰能成為世界的領導者。由於這場全面性戰爭的破壞力前所未見，日本只能投注所有的資源並動員國家的人力，孤注一擲。

石原莞爾對自己所提出的「世界最終戰理論」並非只是紙上談兵，他認為日本要戰勝西方國家，最重要的是必須要先有強大的工業基礎，而中國東北的滿洲自然資源豐富、土壤肥沃，若日本要在大戰中取得勝利，取得滿洲國將是這場對決中獲勝的關鍵。為了達成他的目的，石原進入了進駐在滿洲的日本關東軍，並且說服許多軍官相信他的理論。

很快地，戰爭揭開序幕：關東軍再也藏不住他們的意圖。一九三一年他們發動了九一八事變：關東軍自導自演了一齣戲，先是炸毀了瀋陽柳條湖附近的一段南滿鐵路，並將責任推卸給中國軍方，爆發了中日戰爭。關東軍利用了這個事件在東北地區建立了「滿洲國」，並以清朝末代皇帝溥儀為傀儡皇帝，名義上視其為一個被日軍解放的獨立政體，實際上則是繼臺灣與朝鮮之後成為日本的第三個殖民地。

關東軍的這些侵略行為在國際引起撻伐，以美國為首的西方國家批評日本厲行軍國主義，並且同情中國人民的遭遇。事實上，關東軍在滿洲的行徑也沒有得到日本政府同意。當時的首相若槻禮次郎努力想控制關東軍的行動，但隨著國內軍人的勢力高漲，政府最終無力控制滿洲國的狀況，日本國內的民族主義情緒高昂，整個國家逐漸走向了軍國主義的不歸路。繼滿洲國之後，一九三七年七七事變演變為中日全面性的戰爭，除此之外，日軍還將勢力延伸至東南亞，接著又因偷襲珍珠港爆發了太平洋戰爭，最終在一九四五年八月，美軍分別在廣島與長崎投下了兩顆原子彈，昭和天皇宣布投降，才結束了這惡夢。

究竟是什麼讓日本走向這個局面？是石原莞爾、東條英機，或者昭和天皇少數人等做的決定，還是背後有更深的因果關係？

日本走向戰爭絕非偶然，而是由許多事件與前因後果堆疊而成，如同日本史學者詹姆斯・麥克萊（James McClain）所說：「日本政府深思熟慮、有意地、心照不宣地選擇了帝國主義的道路。」❶當今許多人討論到戰爭罪行時，往往想到的是昭和天皇、東條英機等「大人物」，認為他們是將日本推向軍國主義的幕後主謀。不過，導致日本走向戰爭的絕非只有政治舞臺上的人物，當時的日本社會氛圍也十分關鍵。許多戰爭電影的再現場景已經告訴我們，即使有人是被迫，或者如電影《東京小屋的回憶》（小さいおうち）中所說的「連自己是被迫的都不知道」，在當時的社會脈絡下，不可否認的是許多日本人真心相信這是一場為了高遠目標的大戰，不但是為了防衛日本變成西方殖民地，也是在解放亞洲諸國。

一九三〇年代本身時局即充滿衝突，日本這個國家之所以走向軍國主義之路，一方面是在動盪不安的時代裡，面對政治、軍事、經濟的難題，在有限的選擇下採取了一些行為，並為此付出了代價。另一方面，早在三〇年代以前，日本在走向現代化過程中產生的日本民族主義，也是將日本推向戰爭的遠因之一。

暗黑年代：日本法西斯主義的興起

日本在大戰中的第一步始於關東軍在滿洲所發動的九一八事變，強化原本已經與日本關係緊張的中國之間的矛盾。即使當時的首相田中義一拒絕批准關東軍的行動，關東軍也並未聽從命令，預示了軍隊已經不受日本政府的控制。田中義一為此事件下臺以示負

❶ 詹姆斯・麥克萊（James L. McClain），《日本史：一六〇〇～二〇〇〇從德川幕府到平成時代》（*Japan: A Modern History*），頁四二一。

責，而他的後繼者濱口雄對右翼勢力的強硬態度，也導致他在一九三〇年遭右翼人士暗殺受傷，並因此不幸於同年因細菌感染過世。在這樣的騷亂當中，軍部勢力逐漸抬頭，尤其在滿洲國成立不久之後，軍隊的行為更加不受控制；溫和派首相犬養毅遭到激進的海軍暗殺，事件並沒有被審慎處理，反而由海軍出身的齋藤實接任首相的位置，暗示了軍隊之權有凌駕於政權之嫌。

在民間，右翼勢力也日益猖獗：許多民眾熱烈響應關東軍在中國東北的「義行」，部分極端右派的激進分子更認為政府無能帶領日本度過這個難關。一位名為北一輝的日本青年主張應復興已經喪失的明治維新精神，以進行一場「昭和維新」：以天皇之名帶領日本走出這場泥淖。他激進的民族主義思想可視為日本法西斯主義的源頭。北一輝受到了社會上多數人的支持，法西斯主義也開始在日本萌芽。

為什麼當時的知識分子並沒有站出來反抗侵略戰爭？原因之一是多數社會運動團體與知識分子最後仍然「看風向」地見風轉舵，選擇支持天皇與戰爭。思想家鶴見俊輔稱這個概念為「轉向」：從一九三一到一九四五這些年間，這些知識菁英在壓力與權力的威嚇之餘，民眾熱烈支持滿洲事變等造成的社會氛圍，也讓他們意識到由於自己與想為其奉獻的人民抱有相反立場，間接導致了思想上的集體轉向，不但無法將日本從戰爭之路拉回，反而成為推力之一。❷

至於那些堅守己念並未「轉向」的知識分子，則遭到無盡的打壓。例如被譽為「日本糖業之父」的新渡戶稻造曾經公開表明，他擔憂共產主義與軍國主義兩種力量正在強烈地威脅世界，結果遭到許多軍人以及其擁護者批評與攻擊，最後逼得他只能為自己的言論道歉。另一位知識分子美濃部達吉也慘遭右翼人士圍剿：他所提出的「天皇機關說」主張只能視天皇為國家的一個授權的「機構」，引來愛國人士強烈批評，認為他的學說褻瀆了天皇的神聖性。最後，才剛進入貴族院議會的美濃部達吉被迫辭職，而他的著作也遭到全面性地封殺。

激進的右翼軍方人士以改變日本之名，於一九三六年二月二十六日策劃了一場於東京市內展開的政變。他們的暗殺月標除了那些被認為不適任領導日本的前任以及現任首相們之外，還包括許多元老內閣成員。過程中，時任首相的岡田啟介透過男扮女裝方式狼狽逃出宅邸，逃過一劫，前首相齋藤實與高橋世清則不幸喪命於叛軍的槍下。叛軍一度占領了市中心，但他們並沒有成功占領皇居，更沒有得到昭和天皇的支持，最後整場行動以失敗告終，相關人士及並未實際參與行動的精神領袖北一輝遭處刑。這場震驚社會的「二二六事件」一方面讓暗殺政治人物的行動姑且告一個段落，一方面也讓日本社會明白挑戰國家至高權力的後果，間接地助長了國家的角色繼續擴張。

在日本國內一片紛亂之際，一九三七年七月七日的夜晚，躁動不安的日軍終於在北

❷鶴見俊輔，《戦時期日本の精神史——一九三一—一九四五年》，（東京：岩波書店，一九八二）。

京附近的盧溝橋進行軍事演習時，以一名士兵失蹤為藉口進攻，導致了與中國的全面性戰爭。由於中國內部因國民黨與共產黨的對立紛爭導致局勢不穩，起先日本勢如破竹，勝券在握，但國民政府頑強抵抗，也讓日本政府也深知這會是一場長期的苦戰。時任日本首相近衛文麿頒布了《國家總動員法》，提出了「舉國一致」、「盡忠報國」、「堅忍持久」等口號，並且鼓勵民眾節約、儲蓄，並且為國家貢獻。除此之外，近衛文麿還宣告了「大東亞共榮圈」的理念與口號，打著將亞洲各國從西方殖民主義者手中解放出來的旗幟，實際上卻成為日本向外侵略的藉口。

日本出身的美國外交史專家入江昭從國際關係史的角度指出，原先日本也屬於國際政治中重要的一員，日本與中國的地域衝突轉為第二次世界大戰一環的關鍵在於日本在中國的行動備受英美法等列強的關注，而此時中國也正打著靠國際支持的如意算盤。不料日本向中國發動侵略的時間點，剛好適逢德國與義大利法西斯主義興起以及華爾街的金融大恐慌比起遙遠的遠東，歐美列強更關注如何平息歐洲的紛亂和國內的經濟危機。於是，在中國準備依靠國際的支持解決中日衝突之際，由歐美建立的國際主義（internationalism）卻開始崩解，日本趁著這個時機，進而讓這場戰爭的規模不受控制地擴大。[3]

這場大戰一路打下來，戰線不只沒有縮減，遠在歐洲的德國納粹還入侵波蘭，開啟了第二次大戰的序幕，而德軍在歐洲的勝利也讓日本尋求其同盟的協助。早在一九三六年，日本就已經與德國簽署了《反共產國際協定》，到了一九四〇年更是與德國納粹以及義大利墨索里尼政權簽訂了《德義日三國軍事同盟條約》（Tripartite Pact），以柏林、東京與羅馬三個城市為基點擴大版圖，成為了信奉法西斯主義的軸心國成員，這項決策即便並未得到所有日本領導人的認同，卻正式宣告了日本走向了世界大戰的不歸路。

從戰後復甦到黑色星期五：推向戰爭的經濟壓力

日本國內政治在三〇年代紛亂不安、軍隊掌權的背景可謂來源於國內龐大的經濟壓力。在第一次世界大戰之後，日本即使因經營殖民地、日俄戰爭消耗了大量的資金，但隨著歐洲各國因戰爭退出了亞洲市場且奔命於戰後重建，日本在紡織業、造船業與製鐵工業占了上風。透過對歐美國家的輸出，對外貿易終於在一九一五年從逆差轉為順差。一九一四年至一九一八年間，日本的國民生產總值增加了四十%。

不過，經濟好轉也帶來了通貨膨脹，民間的物價也開始上漲。其中，高昂的米價讓許多農村居民生活苦不堪言，終於在一九一八年爆發了大規模的「米騷動」：日本民眾本已為米價高漲苦不堪言，又懷疑政府與米商勾結導致價格失控，便憤而起身抗議。幾名富山縣的漁婦發起了抗議運動：她們在大街上大喊著要求要降低米價，又衝進店家裡試圖搶

❸ Akira Iriye, *The Origins of The Second World War in Asia and the Pacific* (Abingdon and New York: Routledge, 2013), pp.2-20.

米，這看似脫序的行動最後竟然在日本各地都得到響應，衍伸為全國性的暴動，粗估有一千三百萬人參與，逼得日本政府在六十多個市町村動用軍隊鎮壓，內閣總理寺內正毅也因此下臺請辭。

同時，在第一次世界大戰後的景氣復甦現象很快隨著金融恐慌而衰退，日本仰賴美國市場的絲綢業大幅跌落，對經濟是一大重傷。國內的失業率飆高，整體的經濟難以支撐龐大的人口負擔。幾個重要的日本銀行與公司相繼破產，導致許多中小企業急速倒閉，資金全部流入幾個大財團，讓不少民眾反感：當許多民眾面臨經濟危機時，財團與政府似乎在聯手搜刮資金。在都市，許多中產階級與中小企業業主聯合起來抗議政府；在鄉村，佃農與地主的衝突此起彼落，社會充斥著焦慮與不信任感。

除了社會的不安，自然災害也為局勢火上加油。一九二三年，日本迎來二十世紀以來最嚴重的夢魘：關東大地震。這一年的九月一日中午時分，家家戶戶都在炊飯時爆發的這場東京大地震，造成的傷亡不可勝數，約莫有十四萬人喪生。除了地震本身造成的傷亡外，由於地震所引發的火災蔓延，原本繁華的帝都東京化為一片灰燼，許多西式建築也不敵地震的威力，一夕之間倒塌。災後更有人謠傳朝鮮人趁火打劫，謠言的散播進而引起了針對在日朝鮮人、中國人、琉球人等的衝突，預估至少有三千人受害。

俗話說，危機就是轉機，為了復甦關東大地震所帶來的破壞，日本政府向銀行大量貸款，進行了大規模的重建，東京都則是由曾任臺灣民政長官的後藤新平改造了帝國首都，煥然一新。然而到了一九二七年，民間盛傳各家銀行要倒閉的傳言，好不容易復甦的經濟又再度受到衝擊。

緊接著，日本又與全球同步迎接一九二九年的經濟大危機，以美國華爾街股市崩盤為首，全球陷入了經濟大蕭條，同時也埋下了「黑暗時期」（一九三一至一九四一年）的種子。儘管日本遭受到的打擊不比美國與德國等嚴重，但失業人口升至一百萬人，最主要的米以及絲綢業更是跌至谷底，尤其絲綢產業占日本出口額將近三成，對國內經濟無疑是一大打擊：眾多農民破產，不得已之下，甚至將自己的女兒賣去妓院，鼓勵兒子離家，移居至滿洲國或者朝鮮等殖民地以減緩人口壓力。本身就缺乏自然資源的日本陷入了危機，而此時想解決問題的日本政府又面臨了國內興起的激進右翼勢力壯大之威脅，這一切慢慢地將日本推向了戰爭的深淵。

「開拓」亞洲：脫亞入歐以來的日本民族主義

戰爭的種子並非一夕之間養成，日本之所以會走向戰爭的命運，不少學者指出原因深植更久遠以前的歷史。美國歷史學者諾曼（E.H. Norman）便認為，明治維新是一場「不完整的革命」（incomplete revolution）：明治時期的領導者由上而下帶領社會改革，許多江戶時期政商間封建式的連帶關係延續至現代日本，並未給予農民階級更自主的空間。在這些社會條件下，明治維新產生的「民主」也是日後日本走向戰爭的遠因。[4]

這場被稱作「明治維新」的「不完整的革命」又是在什麼脈絡下誕生的呢？十九世紀末期，當日本已經享有百年來的和平，美國的培里將軍黑船來襲撼動了日本的根本。日本面臨了史上以來最大的危機：眼見鄰國中國作為亞洲之首遭到西方列強瓜分，向來向中國稱臣的日本也開始擔憂自己的命運。許多日本人開始檢討自身的世界觀並且重新形塑了對西方文明的認識，認為若日本不進行西化，就有可能淪落到和敗給英法等列強的中國同一個結局。[5]著名思想家福澤諭吉以優勝劣汰的角度來看，認為日本應該要放棄長久以來受中國思想影響的包袱，中國在各方面已經跟不上世界潮流，理應被淘汰。[6]日本若要在這場生存遊戲中獲勝，就勢必得放棄傳統的封建制度，向西方學習。除了福澤諭吉等思想家提出論說之外，一些如大久保利通、西鄉隆盛、坂本龍馬等主張改革的志士最終付諸了行動，開啟了與德川幕府與保守派的對立，雙方的對決最終由倒幕派取得勝利：一八六八年江戶無血開城，結束了德川幕府維持了數百年的安穩與和平。

不過，此時的日本即使建立了一個新的國家，許多日本人仍然充滿著焦慮：日本真的趕上西方的腳步了嗎？是否仍然有被列強侵略的可能？雖然在明治政府成立之初，因為鄰國朝鮮半島為維持與中國的關係，並不承認日本的新政府，使得明治政府以西鄉隆盛為首的一些內部人士一度產生了「征韓論」的想法，希望能給朝鮮一個教訓。但此時更多的官員認為日本整體還有許多進步的空間，因此將征討韓國的野心暫且放下，而專注於讓日本成為一個能與西方列強平起平坐的現代國家。

然而即使因明治維新的現代化而有了一定的民族自信心，日本最大的恐懼仍然尚未消解：日本將與中國面臨一樣的命運，被西方列強占領與瓜分。許多學者主張，明治時期的官員對於日本未來的想像趨近於二元對立：非西方國家不是會成為支配帝國的人，就是會成為被支配的人。他們首先最擔憂假想敵之一的俄羅斯會藉由併吞朝鮮半島進而併吞日本。為了掌握朝鮮半島，日本先是涉入了朝鮮半島的政治，試圖讓朝鮮半島「獨立」出中國的朝貢體制，再藉由「東學黨之亂」進而引發了一八九四年的甲午戰爭（第一次中日戰爭）。出乎眾人所意料，日本打敗了一直是亞洲中心的中國，逼迫中國簽下了不平等的《馬關條約》：清朝必須承認朝鮮獨立、開放七處港口通商、賠款三萬萬兩白銀，永久割讓臺灣、澎湖以及遼東半島給日本。

只是，儘管日本在甲午戰爭中取得壓倒性的勝利，在簽完《馬關條約》之後，由於日本的野心也讓一些列強擔心會影響自身利益，在俄羅斯、德國以及法國的強烈干涉下，

---

❹ John W. Dower, E. H. Norman, eds., "Japan, and the Use of History," *Origins of the Modern Japanese State: Selected Writings of E. H. Norman* (New York: Pantheon Books, 1975), pp.20-23.

❺ 雖然黑船來襲之前的江戶時期日本並非與西方世界毫無往來，不過這樣的影響力只僅限於與海外接觸較多的九州地區。位於九州的長崎港口早在黑船來襲之前，就已經是日本與海外世界的窗口，尤其是荷蘭人的貿易更是興盛，此外也興起了「蘭學」，因而有了接觸西方科學的機會。

❻ 福澤諭吉，〈脫亞論〉（一八八五）。

日本被迫將到手的遼東半島還給中國。這個舉動對日本是沉重的打擊，這時候的日本人發現，打敗中國這個過去的強國，不代表在國際上能夠免於欺凌。日本還不夠強盛，必須要再更上一層樓。

在這樣的背景下，日本尤其對北方的俄羅斯深感敵意，政府喊出了「臥薪嘗膽」的口號，要還「還遼」的恥辱，加上本來兩國已經存在的利益衝突，最終間接導致了一九〇五年所爆發的日俄戰爭。繼甲午戰爭之後，小小的日本列島又戰勝另一個大國：俄羅斯。儘管這次戰況激烈，作為戰勝國的日本實為慘勝，但一個曾經的小國接連戰勝了兩個大國，顯示了其不容小覷的實力，日本也因此正式成為「列強」之一。

但彷彿命運捉弄似地，日本再度以戰勝國之姿受到「屈辱」。在美國總統羅斯福的調停下，日本與俄羅斯簽署了《樸茨茅斯條約》（Treaty of Portsmouth），日本也獲得了庫頁島等領土，受到國際上的肯定。但在戰爭的摧殘下，這樣的條約結果並不符合眾多人民的期待：這次的戰爭傷亡比甲午戰爭嚴重，日本所獲得的好處卻比《馬關條約》來得少。不滿條約結果的日本民眾聚集在東京的日比谷公園，以「拒絕屈辱和約」為名進行抗議活動。有些激進分子激動地焚燒公共建築，爆發了警民衝突，逼得政府下令戒嚴。三天暴動中約有十七人死亡、五百人受傷，還有三百多棟建築以及多輛電車遭到破壞。

日本民眾的反應顯示了戰爭除了是由國家所發動之外，許多日本人民在明治維新以來對自己逐漸強盛的國家更有信心的同時，也逐漸輕視那些尚未「進步」的國家，尤其是遭到西方列強入侵的中國，更是備受日本人的歧視。在中日甲午戰爭日本戰勝時，許多日本人民興高采烈地上街慶祝日本的勝利；在日俄戰爭後，許多日本人民上街抗議政府沒有為自己的國家爭取更多利益，這些行為預示了日本走向戰爭的道路並不是少數人的決定，逐漸高漲的民族主義也是鋪在前往戰爭的道路上的基石。

結語：無法歸咎的戰爭責任？

日本走向戰爭的原因之多，導致戰後初期東京大審判時對於「誰是讓日本發動戰爭的元凶」這個責任難以歸咎。除了時任日本首相東條英機以及當時的重要官員被判為戰犯，日本天皇曖昧的角色也讓戰勝國陷入苦思，最終負責占領日本的美國麥克阿瑟將軍選擇特赦天皇，讓昭和天皇以精神的象徵繼續留在日本皇室並得以善終。[7]這個決定呼應了政治思想學者丸山真男的批評：日本在明治維新後日本以天皇作為「國體」的最高指導原則，無論是組織的權力結構或者社會上的心理都建立在一個由上對下的發號施令之上，導致社會漸漸失去批判力，而當要釐清責任時，底層的人再將責任往上推，造就了所謂的「無責任體系」。[8]這樣的狀態令日本在面對戰爭責任的態度上，始終沒有建立一個完整的體系

❼ 前文提及的石原莞爾因與頭號戰犯東條英機對立而並沒有被判為戰犯。

❽ 丸山真男，〈超国家主の論理と心理〉（一九四六）。

與論述。

相比過去的好戰，今天的日本以和平主義自豪。戰敗後的日本被美國占領長達七年，在美軍嚴格的監督下徹底將日本的軍國主義思想消除，並且建立了「憲法九條」，宣布日本永久放棄對外發動武力的權利。戰爭結束甫不久，一九六〇年代的日本便曾經發生過大規模的社會運動，抗議美日安保條約，目的就是不希望日本再度插手戰事。直到二〇一五年安倍內閣宣布解除集體自衛權，也引起了不少日本人民的反抗，希望能維護和平憲法，不要讓日本再度踏入戰爭。

不過即使高舉和平之旗，日本主流社會中的和平主義主要還是建立在日本作為戰爭受害者的角度上。日本歷史學者坂野潤治與政治學者山口二郎在一場對談集中提到，日本戰後的政治在許多階段上明顯與戰前的政治結構、歷史發展有高度的相似性，而在這個日本社會被右派勢力掌握的節骨眼上，當前最重要的一課是修復與中國為首的關係，並且在認清歷史責任的前提下，重新反省歷史當年為何發起戰爭的原因。[9]歷史學者加藤陽子也認為，面對新一代日本年輕人逐漸淡忘歷史的事實，除了要追究高層的戰爭責任之外，更是應該試圖將自己置身在歷史的脈絡，體驗當時位於結構中間的人物之處境。[10]

在每年「終戰紀念日」八月十五日，關於當年為何日本會選擇發起戰爭的話題仍然曖昧不明。回顧歷史，日本的戰爭之路可謂時代下的結構使然，更可以說是日本在現代化過程中付出的代價。即使發動戰爭的原因難以歸咎於單一人物或者單一原因，但若如坂野潤治與山口二郎所分析的，日本正在重複戰前歷史的道路，那麼在那個關鍵時刻到來之時，歷史的借鏡能否讓日本政府及人民做出不一樣的選擇呢？

❾ 坂野潤治、山口二郎合著，《歴史を繰り返すな》，（東京：岩波書店，二〇一四）。
❿ 加藤陽子，《それでも、日本人は「戦争」を選んだ》，（東京：朝日出版社，二〇〇九）。

11 中東的戰爭與和平——民族主義與伊斯蘭社會無法共存嗎？

孫超群　香港國際問題研究所研究員

隨著敘利亞政府軍在二〇一六年十二月二十二日成功收復阿勒頗，伊拉克的阿巴迪政府重振旗鼓反攻摩蘇爾，世俗政權反撲之勢與日俱增，中東亂局看似突破了僵局；另一方面，伊斯蘭國節節敗退、領土相比起二〇一四年建國初期亦大不如前，中東極端伊斯蘭壽終正寢，看似是早晚的事情。但是，停火之後，中東真的會走向和平嗎？世俗民族主義獨裁政權的佼佼者，如阿薩德政府，是否注定勝利——猶如拿破崙戰爭後歐洲恢復舊秩序的情況？

答案大概是否定的。自從十九世紀初期，拿破崙率領法國大軍攻入埃及之後，激起「民族主義」與「伊斯蘭主義」這兩大思潮的互動以至矛盾，對理解近代中東的衝突至關重要。在這兩個世紀以降，中東阿拉伯或伊斯蘭世界正處於不斷被帝國主義入侵的狀態，無能的鄂圖曼帝國統治者無力回天，使知識分子不斷尋求救贖之道：由提倡伊斯蘭改良主義、民族主義、到近三十年鼓吹極端伊斯蘭主義，目的只有一個：希望從舊有帝國的積弱之中，再次強大起來。

然而，經過二百年來的思潮醞釀到反覆實驗，中東似乎沒有比從前更美好，卻相反地墮入了這無底深淵，彷彿各國正在和自己的國民泥漿摔角。

究竟身分認同政治對中東有多大影響呢？這篇文章希望分階段追溯「泛阿拉伯民族主義」與「泛伊斯蘭主義」這兩大思潮，其起承轉合如何決定了中東的政治命運，並分析這種日漸對立的思潮，如何為敘利亞等中東國家的和平進程，布下了荊棘之路。

第一階段：民族主義與伊斯蘭改良主義的萌芽

這個時期相等於整個十九世紀，正是伊斯蘭世界遭西方列強勢力入侵之際，而在一七九八年埃及面對拿破崙大軍壓境，無法抵抗其船堅炮利伊始，整片中東大地就陷入了不安徬徨的情緒。此前，經歷了鄂圖曼帝國數世紀的統治，中東各地如埃及只知自己屬於伊斯蘭世界的一分子，而遺忘了其阿拉伯的民族本源。然而，當西方進入了鄂圖曼治下的中東世界後，民族主義的概念開始在他們之中產生。

十九世紀著名的英籍猶太人東方學者戴維斯（Arthur Lumley Davids），撰寫了《土耳其語法》[1]一書，首先區分了「突厥人」（Turks）及「阿拉伯人」（Arabs）。在整個十九世紀，隨著德國及義大利統一運動，民族主義達到了高潮，免不了對中東有著滲透效應。當時鄂圖曼在埃及的赫迪夫（Khedive，即總督）——穆罕默德·阿里（Muhammad ʿAli），率先在依賴英法等列強下，推行現代化改革，令埃及在鄂圖曼境內一枝獨秀，繼而建構了與突厥民族的分野，民族主義在此時遂漸萌生。

當時在民族主義之外，亦產生了另一種思潮及回應的方法。曾被經濟學人評為「薩爾德的繼承者」的印度作家米什拉（Pankaj Mishra），在其著作《從帝國廢墟中崛起》（*From the Ruins of Empire*）中，肯定了泛伊斯蘭主義思想家——賈邁勒丁·阿富汗尼（Jamal ad-Din al-Afghani）在這階段中舉足輕重的角色。阿富汗尼是近代政治伊斯蘭的創建者，是印度之伊克巴勒（Muhammad Iqbal）、埃及之賽義德·庫特布（Sayyid Qubt）等人的前輩；他以靈活變通的方式重新詮釋古蘭經，強調伊斯蘭教與西方的理性、科學等概念互相兼容，提倡穆斯林不應再以消極的方式面對外力入侵，並且積極向當時的土耳其蘇丹阿卜杜勒·哈米德二世（Abdul Hamid II）出謀獻策。

這情況有如中國的康有為一般——在時空中的另一邊，透過孔子學說來「托古改制」，以儒家孔子學說的舊瓶，裝上民主自由的新酒，在當時中國文化的語境中，為改革運動增添了說服力。阿富汗尼的主張方式其實也是大同小異。他在伊斯蘭教的概念中，尋找了「伊斯蘭式民主」的基礎，說服大家民主化並不是西方獨有的概念，而早在穆罕默德時代已經存在。

第一個被阿富汗尼引用的概念便是「舒拉」（Shura），這有如「諮詢委員會」的機制般，為早期穆斯林領導人尋求社群意見與共識的一種機關。在早期的穆斯林社會，舒拉的成員們在選出哈里發繼任者的候選人時，必須面對群眾，獲得他們的同意。這種「舒拉民主」，被阿富汗尼視為民主的一種表達方式；第二個概念則是「伊吉碼」（ijma），用日常的語言來說，就是「共識」。對正確的事達成共識，就是為法律裁定原則。當大家一致同意時，這種教義、精神或法律才會對大家有著認受性與合法性。

阿富汗尼巧妙地運用了以上來自伊斯蘭教的概念，成為在穆斯林社群裡推行議會民主政治的理由。更重要的是，阿富汗尼教導當時的民眾可擁有自己詮釋古蘭經的自由，這彷彿十六世紀馬丁路德的宗教改革——打破教會壟斷聖經的解釋權。由此可見，他的進步思想，與當代人們所認知伊斯蘭的極端專橫、獨裁與不平等，有著極大的落差。但同時間，阿富汗尼對民主的看法，無疑是驚動了伊斯蘭世界的獨裁統治者，令他被不少國家拒諸於門外，例如在一八七九年，他被當時統治者逐出埃及。

---

❶ 該書全名為：*A grammar of the Turkish language : with a preliminary discourse on the language and literature of the Turkish nations, a copious vocabulary, dialogues, a collection of extracts in prose and verse, and lithographed specimens of various ancient and modern manuscripts*。

他是把「伊斯蘭」和「西方」視為涇渭分明兩種概念的第一人；作為以伊斯蘭宗教為本位開啟伊斯蘭政治行動主義的先河，阿富汗尼成為了日後伊斯蘭革命分子的楷模。事實上，他的泛伊斯蘭改良主義的論述，離不開阿拉伯民族主義，而阿富汗尼透過了此密不可分的意識形態來宣揚反帝國主義。

以研究伊斯蘭宗教聞名的美國學者艾斯坡西托（John Esposito）認為阿富汗尼所提倡富有伊斯蘭色彩的民族主義，其興起背後的力量，是基於一戰後鄂圖曼帝國土崩瓦解及近代民族國家的出現，而中東諸國的民族獨立運動旨在擺脫西方對其在政治上及宗教上的操控。然而，阿富汗尼在此路線的弊處，就是只著重透過由上而下的手段，未能巧妙地利用民粹來進行由下而上的反帝國主義的工程。

於是，阿富汗尼在一八九七年逝世後，其追隨者們亦分成了兩個派別——淡化宗教色彩的民族主義，以及反對西方現代思想的的泛伊斯蘭主義——這兩種思潮，到了二十世紀初出現了分家之勢。

第二階段：民族主義的火紅年代

這段時期橫跨了整個二十世紀上半葉到一九六〇年代末。這時期，在中東地區，國族的身分意識開始大幅地凌駕了宗教的身分意識，使泛伊斯蘭主義對政治的影響力黯然失色了不少，被火紅的民族主義蓋過了風頭。

在阿富汗尼之後，其思想論述呈現了分道揚鑣的發展。在他的弟子當中，一部分人力主提倡撇離宗教色彩的民族主義；這類民族主義分子嚮往西方的民主自由精神，受西方的憲政思想影響，希望建立一個世俗且現代化的理想國。有別於以宗教為本位的泛伊斯蘭政治理想，這幫民族主義者希望以共同語言、歷史、文化為核心，建立國族的身分認同。這派別的代表主要是埃及前總理扎格盧勒（Saad Zaghlul Pasha），他成立的「瓦夫德黨」（Wafd Party），便是一個泛民族主義的政黨。

相反的，不少反對以民族主義為反帝國核心力量的泛伊斯蘭主義者，亦開始漸露頭角。他們希望建立以伊斯蘭身分為依歸的政治理想，實行伊斯蘭教法（Sharia Law），反對引入西方的現代主義思想。在阿富汗尼的弟子當中，於一九二八年在埃及成立穆斯林兄弟會（Muslim Brotherhood）的哈桑．班納（Hassan al-Banna）更是佼佼者。

除了以穆斯林兄弟會為首的薩拉菲主義（Salafism）之外，必須向大家介紹瓦哈比教派（Wahhabism），這是極端伊斯蘭原教旨主義的一場宗教改革運動，其淵源可以追溯至十八世紀的沙烏地阿拉伯。瓦哈比（Muhammed bin Abdul-wahhab）是該宗派的創始人。在當時各派別百家爭鳴，大家對古蘭經有不同詮釋的環境中，他感到這就是令伊斯蘭教墮落的原因。而且他受到老師伊本．泰米亞的薰陶，以十三世紀蒙古大屠殺的故事證明，真主已經放棄了世人，只有撥亂反正，返璞歸真，重回穆罕默德時期原純樸社群生活，方能得到救贖。

概括來說，瓦哈比教派的宗旨是反對創新，因此反對現代化與西化的浪潮。聖戰（Jihad）猶如行五功，付出努力對抗外來敵人，乃為教徒的義務。但是，隨著其家族的沒落，這教派在整個十九到二十世紀初期沉寂一時。

除了中東人民的覺醒之外，另一說法，是西方列強如英國及法國刻意在中東對阿拉伯民族主義推波助瀾，目的在於支解於一戰時期站在德國及奧匈等同盟國敵對陣營的鄂圖曼帝國。最矚目的例子是一戰期間，英國軍官──「阿拉伯的勞倫斯」（T. E. Lawrence）於一九一六到一九一八年間阿拉伯起義中，擔任英國聯絡官的角色而聞名。這一場起義背後的意義，除了讓英國成功地在一戰時讓鄂圖曼帝國腹背受敵，更促進了阿拉伯民族主義的風潮，使當地人勇於在「突厥人」的異族政權中，解放過來。順帶一提，沙烏地阿拉伯的立國，也令本屬於原教旨主義（Fundamentalism）的瓦哈比教派萌生，為之後的伊斯蘭思想史發展埋下了伏線。

勞倫斯的故事深入民心，一時間成為了民族英雄。雖然存在不少爭議，但無可否定的是，西方列強在中東推動其國族主義，有其利益之計算：在此段時期，西方的侵略性與日俱增，如《賽克斯・皮科條約》（Sykes-Picot Agreement）的確立、英法聯手瓜分阿拉伯諸國、西方人在巴黎和會上的傲慢、猶太人不斷遷往巴勒斯坦及二戰後的一系列中東戰爭，都成為了阿拉伯民族主義的催化劑。

經歷了二次世界大戰之後，民族主義情緒達到了最高潮。此時阿拉伯的民族國家都已經紛紛確立起來，進入了愈趨成熟的地步，終於可以在國家建設上大展一番拳腳。其中，以標榜著世俗民族主義的敘利亞及伊拉克復興黨（Ba’ath Party）都在國內取得了政權，於一九五〇年代上臺的埃及總統納瑟（Gamal Abdel Nasser）更是倡導民族主義的菁英，在此一範疇上的角色十分重要。其最為人認識的事件，就是一九五六年他把蘇伊士運河國有化，對抗擁有運河股權的英國及法國帝國主義入侵者，促成第二次中東戰爭。

整個二十世紀上半葉的歷史發展，都帶領中東進入了如火如荼的民族主義時代，亦使泛伊斯蘭主義的勢力變得黯然失色。但是，到了一九六〇年代以後，這種此消彼長之勢走向了相反的軌跡。民族主義似乎到了窮途末路，取而代之，就是被日益旺盛的極端伊斯蘭主義新思潮挑戰起來。

第三階段：民族主義的實驗失敗，重燃伊斯蘭之火

十九世紀至二十世紀的六〇年代，泛阿拉伯民族主義及泛伊斯蘭主義的對撞，主宰著中東諸國的政治命運。面對帝國主義的入侵，雖然當時鄂圖曼蘇丹推行了現代化的「坦志麥特」改革運動，但仍然修補不了千瘡百孔的帝國驅殼，而徐徐步向滅亡之路。縱使在那之後阿拉伯民族從帝國中解放出來，卻只是換了主人，為帝國主義國家勞役，命運仍不能自決。

整個中東殖民反抗史，正如著名歷史學家湯恩比（Arnold Joseph Toynbee）提出的「挑

戰與回應」理論一樣——有人選擇故步自封，有人卻救亡心切，在危機中掙扎求存。阿富汗尼等人乃屬後者，知識分子們開啟了百家爭鳴的局面。其實，中國、印度等國家所面對的困境亦然，這種在亞洲人眼中的浩劫，迫使思想家們擺脫傳統框架，找出經世治國之道。從實踐伊斯蘭改良主義到民族主義，從捍衛傳統到採用西方模式，均為一場救亡實驗。然而，這實驗真的成功嗎？到了一九六〇年代末期，這場實驗似乎遇到嚴重挫敗，民族主義缺點盡露，讓時人逐漸返樸伊斯蘭宗教，作為撥亂反正之意識形態。

二戰後阿拉伯世界諸國獨立建國，但民眾卻感到世俗民族主義的菁英分子，與西方帝國主義狼狽為奸。西化且世俗的後殖民時代菁英，因為視伊斯蘭為現代化的阻礙，透過殘暴手段鎮壓伊斯蘭團體，這種情況令民眾對民族主義感到失望；以泛伊斯蘭為主的群眾，最終與泛民族主義的政權菁英站在對立面。

埃及總統納瑟和穆巴拉克（Muhammed Hosni Mubarak）、敘利亞總統阿薩德家族、以及伊拉克前總統海珊（Saddam Hussein），均為世俗民族主義的佼佼者。民族主義滋生了獨裁、腐敗、媚外以及脫離群眾，變成了只為獨裁者服務的意識形態，使之慢慢失去民眾的認同。此後，伊斯蘭主義正式與民族主義分道揚鑣。

一九六〇年代為中東思想發展史的分水嶺，尤其以一九六七年第三次中東戰爭（即六日戰爭）為界。以色列軍隊快刀斬亂麻，只需六天，就令以敘利亞、伊拉克及埃及為首的阿拉伯陣營潰不成軍。這場戰敗，證明了鼓吹世俗現化代的「納瑟主義」失敗，讓這些世俗民族國家得到嚴厲的教訓，更重要的是讓他們的現代化努力付諸東流，不少阿拉伯國家更在六日戰爭後，向西方靠攏。

在這冷戰角力場上，埃及、敘利亞及伊拉克本來是親蘇聯陣營，隨後卻漸漸倒向美國陣營。例如，在一九七三年贖罪日戰爭（又稱第四次中東戰爭）後，以色列與敘利亞達成了協議，劃定了包括戈蘭高地的雙方國界；加上，在美國的斡旋下，一九七九年埃及與以色列達成了大衛營協定（Camp David Accords），簽訂和平條約——這種妥協，頓時讓一向與猶太民族為敵的阿拉伯民族主義，失去了道德高地。

這一切在泛伊斯蘭主義者眼中，是難以忍受的。阿拉伯民族國家弊病叢生，令泛伊斯蘭主義之火重燃，人們逐漸認為宗教才是富國強兵的靈丹妙藥。伊斯蘭主義在過去雖然看似沉寂一時，但卻默默耕耘，並演變成極端保守的原教旨主義，與大半個世紀前阿富汗尼所鼓吹的伊斯蘭改良主義，不可同日而語。

改良主義認為伊斯蘭宗教與現代化互相兼容，在師法於英美列強之餘，仍能保存傳統特色。但是，伊斯蘭原教旨主義卻不以為然：這派認為伊斯蘭世界（dar al-Islam）以外的地方為「戰爭地區」（dar al-harb），缺乏政治正統性（Legitimacy），因此他們的最終目標是透過發動「全球聖戰」（Global Jihad），對抗西方所建構出來的西伐利亞體系（Westphalian System），把伊斯蘭宗教擴展至世界每個角落，建立全球的伊斯蘭國度。此外，他們主張以「伊斯蘭教法」（Sharia Law）管治，以其宗教生活為依歸，因此也反對世俗化，並與現代化水火不容。

原教旨主義派的代表人物有：薩拉菲教派的埃及穆斯林兄弟會創立人哈桑・班納及埃及伊斯蘭思想家賽義德・庫特布（Sayyid Qutb）。庫特布為此階段的靈魂人物。早年他受埃及民族主義政黨瓦夫德黨的激勵，且受世俗教育及導師的薰陶。但是，後來因不滿瓦夫德黨在對抗親英國王上毫無作為，庫特布開始改變立場，愈趨激進，並繼承了班納，成為薩拉菲教派的代言人。

之後，庫特布撰寫了當代伊斯蘭重要著作——《里程碑》（*Milestones*），並鼓吹發動全球聖戰，因而成為了伊斯蘭恐怖主義的思想嚮導。最後在一九六六年，他被指控參與暗殺時任埃及總統納瑟的陰謀，被處以絞刑。他的「殉教」對近代伊斯蘭恐怖主義有啟蒙效果，例如此前提及在以色列與埃及修補關係後，當時的埃及總統沙達特（Mohamed Anwar el-Sadat）於一九八一年便遭伊斯蘭激進分子刺殺身亡，原因就是因為他與以色列妥協。

縱觀第三階段，由二十世紀的六〇年代到八〇年代，在中東阿拉伯世界，在思潮上出現了一股逆轉的狀態。輸掉六日戰爭為一個重要的分水嶺，再加上冷戰時期的國際格局，讓人重新思考西化現代化所帶來的道德腐敗與墮落的問題。對抗這種邪惡，訴諸宗教似乎是一種有效而正統的方法。

第四階段：極端伊斯蘭主義無分國界

自從一八七一年德意志帝國統一後，民族主義基本上成為了組成國家的最大要素，亦是凝聚國民向心力的主要條件，這一切促使民族國家之崛起，如第一次世界大戰以後，巴黎和會都在討論民族自決這一命題。直到現在，我們經常都會聽到一些國家經常用到「血濃於水」、「同胞」、「此領土為該民族自古以來不可分裂的一部分」等等與民族概念相關的詞彙，為其政權提供合法依據。

然而，自庫特布之後，在中東大地醞釀著一種無分國界的大同想像——姑且勿論你是阿拉伯人、突厥人、維吾爾人、阿富汗人抑或是車臣人，只要你是信奉真主阿拉，遵守五功的「遜尼派」教徒，你就可以與他們一起建國度。全球伊斯蘭主義迅速崛起，穆斯林身分淩駕國家身分，無疑成為了在中東伊斯蘭思潮的一種突破。但對中東民族國家的領袖們，卻是一頭洪水猛獸。

回顧此前提及的瓦哈比教派，究竟這與第四階段的中東伊斯蘭思潮發展有何關係呢？第一，其實瓦哈比的思想與當時薩拉菲派的思想不謀而合，而庫特布有一定程度上受此啟發。第二，沙烏地阿拉伯不僅以瓦哈比主義為政權的思想驅殼，更成為了此一思想的輸出國，就像蘇聯式輸出共產革命般的做法，以意識形態建立全球的勢力範圍。第三，恐怖組織阿爾蓋達的前首領賓拉登（Osama bin Laden）正是出身於沙烏地阿拉伯的富商家庭，是瓦哈比教派的忠實信徒，更是「輸出革命」的代表之一。

此一階段始於蘇聯－阿富汗戰爭。在八〇年代，蘇聯入侵阿富汗，使阿富汗成為了來自五湖四海的聖戰者的溫床。不少受庫特布啟發的泛伊斯蘭主義者如賓拉登及扎瓦希里（Ayman Al-Zawahiri）等等，從不同的中東國家遠赴阿富汗參加聖戰，並且建立了蓋達組織（Al-Qaeda）。美國與沙烏地阿拉伯等國家，是當時聖戰者的主要贊助人，除了提供新式武器和軍事訓練之外，亦提供了大量資金，例如美國中情局透過在盧森堡註冊的國際商業信貸銀行（BCCI，巴基斯坦的離岸銀行）為這聖戰的贊助作資金調配。他們合作無間的背後，除了是以石油生意起家的布殊家族與賓拉登家族有千絲萬縷的商業往來之外，抗衡蘇聯也是冷戰當時的主要策略。

然而，這都是在九一一，甚至是冷戰結束前的事了。這段期間除了使他們產生一種超脫國家層面的身分認同，加劇了其宗教身分外，成功擊退蘇聯亦增加他們的氣焰，並把這種戰勝者的自信轉向對付西方，演變成伊斯蘭恐怖主義並延續至今。伊斯蘭的極端化與政治化，便在這時開始產生的。

另一時代背景，就是全球化的因素。全球化打破了地域、時間、空間上等等的限制。從前散布在全球各地的穆斯林移民，在第一代時明顯較第二、第三代更加容易融入當地社會，例如德法諸國。因為現代的通訊比過往更為便利，驅使這些文化與當地人大相徑庭的伊斯蘭移民更容易透過互聯網去維持與自己文化相近的文化群，並與他們本身所屬的國家不能產生國族身分認同，加上在全球化的經濟世代，貧富差距擴大，首當其衝就是本身低技術低學歷的穆斯林移民。這種「我們」與「他們」身分認同政治的困境，令極端化與政治化的伊斯蘭思想亦「全球化」，吸引各地的聖戰者赴中東尋根。

在九一一之後，這種伊斯蘭全球帝國的行動逐漸成真，伊斯蘭國的出現更把這浪潮推至頂峰。伊斯蘭國是二〇〇四年由扎卡維（Abu Musab al-Zarqawi）成立的「統一聖戰組織」演變出來的。這是在阿富汗戰爭後，扎卡維由阿富汗經伊朗逃往伊拉克時在當地所建立的阿爾蓋達伊拉克支部。儘管在二〇〇六年扎卡維被美軍炸死，得益於當時美軍在伊戰後在當地所扶植的什葉派政府與遜尼派的教派衝突，該組織在伊拉克茁壯成長。其後在二〇一一年阿拉伯之春後，該組織看準了鄰國敘利亞的亂象，便深入發展，到了二〇一四年六月，伊斯蘭國首領巴格達迪（Abu Bakr al-Baghdadi）更宣布成立橫跨敘伊的伊斯蘭國。

值得留意的是，伊斯蘭國與阿爾蓋達在目標上不一樣，更顯出主張本土立國的前者在國家建設（Nation Building）抑或是在全球目標上，比起提倡以襲擊海外敵人為主要策略的後者更雄心壯志。在本土立國的基礎上，伊斯蘭國比起後者更踴躍於利用新世代的傳播媒介宣傳與擴張（例如在Deep Web散播極端宗教訊息，製作如電影般的招募影片及以推特發布官方動態等等）。根據美國全國經濟研究所在二〇一六年調查的數據，遠赴伊斯蘭國的海外聖戰士已經來自超過六十個國家。

若大家有留意伊斯蘭國的宣傳影片，便會注意到他們的初衷是撕毀《賽克斯・皮科條約》，挑戰西方國家在一戰後為中東所劃分與定義的國家邊界，並且把勢力範圍擴至全球每個角落。達到最終目標——創立一個全球的伊斯蘭國度。伊斯蘭國的出現，無疑是挑戰現存所有中東民族國家，以及世界上所有穆斯林國家的政權合法性。在第四階段中，已經極端化與政治化的伊斯蘭主義是中東傳統民族國家的一種威脅，更是一種對抗「戰爭地區」（dar al-harb）的最後掙扎。

教派對立：敘利亞啟示錄

到最後，這種大勢對中東和平進程有何啟示呢？到了近代，民族主義與伊斯蘭主義的對立繼續阻礙中東和平進程。這盪手山芋，在敘利亞更為禍尤甚。

自一九七〇年代阿薩德家族取得政權開始，就不斷建構敘利亞的民族主義：官方在民族主義的論述上，不斷強調大馬士革於地理上為阿拉伯帝國倭馬亞王朝（Umayyad Dynasty）的中心，更稱其第一任哈里發穆阿維亞一世（Muawiyah I）為「敘利亞的始祖」；而且更不斷歌頌以抵抗十字軍東征聞名的埃及阿尤布王朝（Ayyubid Dynasty）第一任蘇丹薩拉丁（Salah al-Din’），他除了把一生大部分光陰留在敘利亞之外，其遺體更安葬於大馬士革。

於二〇〇一年，時任教宗若望保祿二世出訪大馬士革，總統巴沙爾·阿薩德贈送了公元三世紀羅馬帝國君主阿拉伯人菲利普（Philip the Arab）的雕像，作為紀念品。這紀念品極具象徵意義，因為菲利普出生於敘利亞，這大大彰顯了敘利亞在當時的歷史意義。由此可見，阿薩德家族在建立敘利亞民族主義上不遺餘力。

和其他中東國家（如：埃及、伊拉克）一樣，阿薩德家族以世俗民族主義為基礎，在過去四十年推行現代化的國家建設。家族在位至今，無疑形成了一個牢不可破的威權政體，扼殺了國內民主自由的發展。更甚者，在現代化的過程上，漸漸引入西方的資本主義市場經濟，但國家大部分經濟成果，卻只落在少數利益集團手中，導致貧富懸殊及社會兩極化日益嚴峻，終促成二〇一一年阿拉伯之春的反政府示威，衝突一發不可收拾。

不要忘記阿拉伯之春的導火線，是突尼西亞一名小販自焚抗議警方騷擾，激起民憤，最後迫使總統班·阿里（Zine al-Abidine Ben Ali）的政權垮臺。敘利亞的處境亦然，在示威聲浪中，民眾高呼反對阿薩德的表弟拉米·馬赫盧夫（Rami Makhlouf）——當時《金融時報》指出，馬赫盧夫掌控了敘利亞六成的國家經濟，版圖橫跨電訊、基建與能源行業。

在這現代化過程中，群眾對世俗民族主義的政府失望，助長了泛伊斯蘭主義的勢力。民眾要求民主化改革的同時，而民主化亦會令極端伊斯蘭勢力有機可乘，終促成伊斯蘭國的崛起。即使敘利亞內戰停火以後，這種民主化與現代化的兩難局面，政府在日後仍需面對。

最後就是總統阿薩德，以國內少數宗教（如：什葉派阿拉維教徒、德魯茲教徒及基督徒等）的守護者自居，強調會從伊斯蘭國威脅中保護他們。這得到了不少小眾的青睞，讓他們認為讓世俗民族主義的政府來管治，會更加安全。此一論述，卻也更加助長了教派對立，亦成為了日後和平進程的絆腳石。

對中東和平的啟示

在這兩個世紀以來，面對著外力的不斷入侵，帝國主義的幽靈依舊在中東徘徊。過去英法託管中東地區，到現在美俄列強代理人戰爭，都讓中東的政治命運不能掌握在其民眾手中。面對這種挑戰，民族主義與伊斯蘭主義由聚合到分離，由融合到排斥，都對中東的政局發展影響極其深遠。在了解今時今日的中東困局，大家需要在其近代思想發展史上抽絲剝繭，才能明白問題的癥結所在。

在這兩種思潮的框架與歷史發展底下，我們都會有相同的疑問：究竟在伊斯蘭文明的國度，最終是否與西方文明所提倡的民主自由理念水火不容？近代伊斯蘭恐怖主義策劃者的行動是否主要針對民主與自由？答案大概是否定的。

以伊斯蘭視角看世界史的《中斷的天命：伊斯蘭觀點的世界史》（*Destiny Disrupted : A History of the World Through Islamic Eye*）的作者塔米・安薩里（Tamim Ansary）在其著作中一針見血，認為極端伊斯蘭主義分子與西方對世界的觀點，並不是完全相對的悖論：前者所關注的不是自由亦不是民主，而是以自律對抗墮落，以純潔對抗腐化；後者則認為前者是獨裁殘暴、威脅民主自由的象徵。

由此可見，極端分子無論身在民主自由的國度（例如德法英之西歐諸國），抑或是處於獨裁極權的國度（例如敘利亞和埃及），所攻擊的是社會價值的腐化，而非關心能否一人一票選總統。與其說這是一種文明衝突，倒不如說這是兩種不同步的世界史在互動過程中所產生的衝突。

若根據以上的觀點來看中東和平的進程，一切便變得更加灰暗了。如敘利亞的例子，以民族主義為本位的阿薩德家族引入了資本主義和現代化，加上獨裁政權下的統治，衍生了前述問題。中東伊斯蘭主義在現今的發展，便是對以上弊病的回應。

儘管阿薩德有機會妥協願意下臺，但真的會為中東得到和平嗎？一切實在言之尚早。

12 俄國革命——傳統意識形態如何塑造俄羅斯成為戰鬥民族？

蔡榮峰　國防安全研究院政策分析員

俄羅斯，二十一世紀地表上領土最廣袤的國家。

隨著象徵「兩岸統一」的刻赤海峽大橋（Kerch Strait Bridge）二〇一八年完工落成，俄羅斯總統普丁（Vladimir Putin）在位的克里姆林宮彷彿承接了帝俄以來的「天命」，以重新控制克里米亞的姿態，昭告世人大國迎來復興。

挾帶著不安全感的俄羅斯，又一次踏上了擴張的道路，無論統治者或是人民，整個國家的集體意識似乎重返傳統保守主義的歷史道標。宣揚沙皇時期帝國輝煌的各種影集與電影蔚為風尚，彷彿百年前的那場革命只是過眼雲煙。

在最後一個封建朝代「羅曼諾夫王朝」（Romanov Dynasty）之後，俄羅斯踏上了一段社會金字塔結構倒轉的過程。在國族主義形成的漫漫長路中，統治者與被統治者漸漸成了帝國的一體兩面，有如硬幣騰空，不斷翻轉，直到大局已定、上下易位。

誕生於俄羅斯帝國覆滅灰燼的蘇聯，就像個「逢舊必反」的叛逆後代，企圖抹滅、竄改每顆腦袋的記憶。共產聖殿的轟然崩殂，就像一檔激情四射的磅礴大戲突然落幕，留下滿地屍骨。

普丁曾說：「誰不為蘇聯解體而惋惜，誰就沒有良心；誰想恢復過去的蘇聯，誰就沒有頭腦。」[1]

與其說俄羅斯曾在上個世紀感染了共產主義，倒不如說是逆境與理念的共振，喚醒了潛伏在俄國歷史中的備戰基因。從亡國記憶、農奴制度、矛盾的意識形態，獨一無二的境遇才能造就紅色朝代。

也許，俄羅斯成為席捲全球的革命誕生地，並沒有這麼意料之外。

備戰主義：不斷戰鬥的安全觀

俄羅斯無法用腦袋理解

---

[1] President of Russia, 2005, "Interview with German television channels ARD and ZDF," 5 May, http://en.special.kremlin.ru/events/president/transcripts/22948

世間尺度也無法衡量
她獨一無二
俄羅斯只能信仰

——俄羅斯十九世紀三大詩人之一，秋切夫（Fyodor Tyutchev）

二〇一六年十一月二十四日，在俄羅斯地理學會（Russian Geographic Society）舉辦的電視頒獎活動現場，普丁當著全國觀眾的面，問九歲的得獎者米洛斯拉夫（Miroslav Askirko）：「俄羅斯的邊界到哪裡為止？」這位地理神童回答：「俄羅斯和美國的邊界到白令海峽為止。」

普丁接著說：「俄羅斯的邊界沒有止境。」

現場響起一片笑聲和歡呼聲，連身兼地理學會董事的國防部長紹伊古（Sergei Shoigu）也忍俊不住。[2] 開玩笑似的一問一答之間，透露出俄國歷代統治者念茲在茲的核心議題——究竟要擴張到什麼程度，才能保證俄羅斯的安全？

如今的俄羅斯聯邦，面積超過一千七百萬平方公里，人口約一億四千六百萬。從千年前位於烏克蘭平原的一個封建小國，發展成二十一世紀疆域最大的國家，靠的就是不斷經歷「向外擴張」與「存亡危機」的交替循環。

每一次毀滅性的歷史教訓，都助長俄羅斯統治者的不安全感，並帶來復興後的擴張階段。

八百年後，這個循環依然持續——最近一次的擴張，也不過是二〇一四年的事情。

俄羅斯心臟地帶無天險守護，西面與南面的草原地帶，成為外來入侵者的天然通道，易攻難守；只要俄羅斯在關鍵戰役失敗一次，莫斯科就覆滅一次。歷史上，無論是來自南面的克里米亞汗國、土耳其，還是來自西面的拿破崙與納粹德國，都是借道於此。

這兩條圍住俄羅斯的草原帶，不僅是文明衝突的遺跡，也是俄羅斯文化滅亡與否的關鍵。一旦強敵進入這兩條天然通道，首都淪陷機率便大大增加，俄羅斯人因而將「控制周邊附庸國」看作生死存亡的關鍵。國家的安全程度，取決於敵人遠離心臟地帶有多遠，追求防禦縱深成了俄國戰略文化的偏執。

特殊的地緣條件使俄羅斯意識到，必須以人為要素來彌補地理環境的缺陷，發展出「禦敵境外」、「擴大緩衝區」的防守策略。對於坐在皇宮裡的俄國統治者來說，最好的防禦，就是主動攻擊。

為了具備這種能力，俄羅斯歷代政權，都維持數量倍於鄰國的常備軍隊。這也導致鄰國惶惶終日，老陷入軍備競賽的惡性循環。俄羅斯文明與歐洲文明就像一對廣為人知的

❷ Euro News, 2016, 'The borders of Russia do not end' says Putin at awards ceremony, 25 November, viewed 15 May 2019, https://www.youtube.com/watch?v=ou8mI_ce80s

怨偶，誰也從來沒真正離開過誰。然而，真正塑造了俄羅斯人對「威脅」的認知、為「崛起」提供想像的，則是人類史上疆域最遼闊的蒙古帝國。

與強調權力平衡的歐洲秩序不同，蒙古鐵騎的到來差點導致整個俄羅斯文明的滅亡。一二四〇年左右，俄羅斯民族最早的政治體——基輔羅斯（Kievan-Rus），遭蒙古入侵滅亡，成為金帳汗國的一部分，從此開啟兩百多年的殖民史。一三八〇年，在莫斯科大公國（Grand Principality of Moscow）的帶領下，俄羅斯各城邦在庫里科沃戰役（Battle of Kulikovo）聯合擊敗了蒙古人，打破了鐵騎無敵的傳說。❸

莫斯科大公國成了俄羅斯民族的普魯士，填補了蒙古人留下的權力真空，於一四八〇年大致統一了當時俄羅斯文明的全境。為了追擊殘餘的游牧勢力，俄羅斯人自此走上擴張的道路。

十五世紀以降，歐亞邊界各汗國陸續突厥化，改宗信奉伊斯蘭教。庫里科沃戰役在往後很長一段時間裡，被視為是「東正教對抗伊斯蘭」的逆轉聖戰。俄羅斯為了一絕後患，全力向金帳汗國的臣屬地區擴張。喀山汗國、阿斯特拉罕汗國先後覆滅。然而，蒙古的侵襲並未從此結束。

金帳汗國瓦解，莫斯科南方的黑海之畔留下了克里米亞汗國，國境涵蓋今日的克里米亞島與亞速海四周。克里米亞汗國繼承了游牧民族的經濟特徵，常常侵入俄國南方，抓捕俄羅斯人、烏克蘭哥薩克人作為奴隸，賣往更南方的鄂圖曼土耳其帝國。❹十五世紀時，克里米亞汗國成為鄂圖曼土耳其的藩屬國，實質上成為伊斯蘭世界進軍基督教歐洲的最前緣。俄羅斯統治者因此又多了一個「基督教守門者」的天命。來自南方的異教徒勢力，遂取代蒙古，成為往後五百年俄羅斯人憂患意識的投射對象。

一五七一年，在鄂圖曼土耳其的支持下，克里米亞汗國長驅直入「中原」，莫斯科遭焚毀。所幸在隔年的摩洛迪戰役（Battle of Molodi）俄軍反敗為勝，才保住了俄羅斯文明的心臟地帶。[5]

到了凱薩琳大帝（Catherine the Great）的時代，[6]情勢逆轉，俄羅斯帝國國力鼎盛。面對南方土耳其的威脅，以及西面普魯士的崛起，凱薩琳大帝為避免遭到兩面夾擊，急於取得南方不凍港，企圖重建彼得大帝的黑海艦隊，將土耳其遏止於南方。克里米亞汗國自然首當其衝。

在第五次俄土戰爭，俄羅斯迫使鄂圖曼土耳其於一七七四年簽訂《庫楚克開納吉和

---

❸ Halperin, C.J. 1998, pp.325-338.

❹ Stanziani, A. 2014, pp.84-87.

❺ Menning, B. 2014, pp.528-530, also see Russia Beyond, 2018, Who else pillaged, burned and occupied Moscow besides Napoleon?, 20 November, viewed 15 May 2019, https://www.rbth.com/history/329543-who-pillaged-burned-moscow https://www.rbth.com/history/329543-who-pillaged-burned-moscow

❻ 即凱薩琳二世，在俄語世界，她被稱為「葉卡捷琳娜二世」（Yekaterina II Alekseyevna）。

約》（The Treaty of Kuchuk-Kainarji），承認克里米亞汗國脫離鄂圖曼帝國藩屬、擁有獨立地位。❼

一七八三年，克里米亞汗國遭俄羅斯併吞。從此以後，再也沒有任何伊斯蘭國家能夠威脅俄國存亡。

此後經歷帝俄、蘇聯兩百多年刻意的人口稀釋，克里米亞韃靼人在自己的土地上成了少數民族。俄羅斯徹底消滅了長年以來盤據南方的心頭大患，將昔日的宿敵永遠變成一方地名。❽

凱薩琳大帝時期，俄羅斯出兵北高加索地區和波斯也是基於同樣的認知：南方的草原通道若無法作為保護俄羅斯的緩衝區，就會成為南方伊斯蘭文明北上進攻的根據地。能否攫取高加索山脈，作為南方國界的天然屏障，因此成為俄羅斯人定義國家強盛程度的指標。信奉伊斯蘭的車臣，就此取代了克里米亞，成為了新的威脅想像。

一八一七年，俄國剛打贏拿破崙戰爭，士氣銳不可擋。戰功赫赫的葉爾莫洛夫將軍（Aleksey Petrovich Yermolov）揮軍南下，在高加索地區建立堡壘城市格羅茲尼（Grozny），進行殘酷鎮壓，屠殺居民、焚毀大片森林，企圖以恐怖統治摧毀各族意志。❾

在俄土進入第八次戰爭後，雙方於一八二九年簽訂了《亞德里恩堡條約》（Treaty of Adrianople），鄂圖曼帝國被迫割讓黑海沿岸領土，高加索地區從此進入俄國獨霸的時代。❿

從蒙古入侵、鄂圖曼土耳其崛起，一直到車臣戰爭，儘管俄羅斯已經從分散的弱小王國發展成當今全球版圖最大的主權國家，但是蒙古鐵騎與南方穆斯林武力侵擾的過去，已經在俄羅斯民族的世界觀裡刻下了印記。

金帳汗國、克里米亞汗國與高加索的歷史殷鑑，讓此後的俄羅斯統治者確信，在政經中心幾乎沒有天險守護的情況下，惟有完全制霸才能確保長治久安。這種地緣安全觀在歷代存亡危機當中，在在獲得強化。

---

❼ Goldstein L.J. & Zhukov, Y.M. 2004, pp.30-31, also see Empire in Asia, 2014, http://www.fas.nus.edu.sg/hist/eia/documents_archive/kucuk-kaynarca.php.

❽ 克里米亞韃靼人即為突厥化後的蒙古後裔，實際上已是多民族混血，不過文化上最早能夠回溯到克里米亞汗國，並融合了鄂圖曼土耳其風俗。

❾ 發生於十九世紀上半葉的高加索戰爭，可說是俄羅斯帝國的「越南戰爭」，進行的慘烈游擊戰持續了五十年之久，雙方人馬耗損甚鉅。二十世紀的車臣是「山區蘇維埃社會主義自治共和國」（Mountain Autonomous Soviet Socialist Republic, Mountain ASSR）的一部分，一九九〇年代曾經使用恐怖攻擊訴求獨立，造成大量傷亡，成為克林姆林宮的心頭大患。今天俄羅斯聯邦境內的車臣共和國，相較之下雖和緩許多，大抵仍延續了肅殺的統治氛圍。

❿ Presidential Library of Russia, 2018, Adrianople Treaty Signed-14 September 1829, viewed 15 May 2019, https://www.prlib.ru/en/history/619539

雙面沙皇：歐亞混成文明的化學反應

我們的法律或許看似寫於英格蘭，我們的政府體制卻來自土耳其。

——俄羅斯自由主義之父，斯佩蘭斯基[11]

位於聖彼得堡以南約兩百公里處，有一座城市叫諾夫哥羅德（Veliky Novgorod），它曾是俄羅斯第一個朝代「留里克王朝」（Rurik Dynasty）所統治的第一個部落型態國家「羅斯汗國」（Rus' Khaganate）首都所在地，由斯堪地那維亞前來的維京人統治，當地受統治的羅斯臣民把他們的王族稱作「瓦良格人」（Varyag）。直至西元八八二年遷都基輔、開啟了「基輔羅斯」（Kievan Rus'）時代，諾夫哥羅德才退居第二大城，但是其早發的文化底蘊並未因此消散，有時甚至自外於基輔君主的掌控，呈現半自治的城邦狀態。

到了十二世紀初，繁榮的諾夫哥羅德城邦發展出俄羅斯文明最早的民主制度。市長與官員由民選產生，並有任期限制，城邦事務的管理也由稱為「維切」（Veche）的階級議會決定，初步具備了準共和國的特徵。[12]當然，在這個俄羅斯人基督化的時期，諾夫哥羅德城邦的主教也擁有一定的主導地位。[13]蓬勃的公民生命力，使得基輔王權的影響力受到牽制。[14]在九到十一世紀的「基輔羅斯」時代，諾夫哥羅德在各城邦之間的地位，有如雅典之於古希臘，是俄羅斯人的民主之都。

一二四〇年金帳汗國滅基輔羅斯時，諾夫哥羅德以朝貢附庸國的狀態倖存了下來。諷刺的是，蒙古桎梏的降臨，竟以一種意想不到的方式扼殺了這株民主嫩芽。

在對抗金帳汗國統治的兩百多年當中，強調集體主義、國家至上的「亞洲性格」逐漸深植人心，內化成俄羅斯其他城邦文化的一部分。俄羅斯人深信，對抗敵人的集體意志，為其文明得以存續的關鍵所在。

劫後餘生的俄羅斯文明，自十五世紀開始走上了類似後來德意志民族統一的道路，而帶領諸城邦擊敗蒙古的莫斯科大公國，就是他們的普魯士。[15]

一四七一年，莫斯科在「一統天下」的征途上吞併了諾夫哥羅德。一五四七年莫斯科統治者伊凡四世自命「全俄羅斯人的沙皇」，[16]猶如秦滅六國，從此，天下人只知有莫斯

---

⑪ Mikhail Speransky，亞歷山大一世在位期間，西元一八〇九至一八一二的實質首相。
⑫ 「維切」在古俄語的原意是「說出來」。
⑬ 西元九八八年，東正教成為羅斯人的宗教。
⑭ 西克史密斯（Sixsmith），二〇一六，頁四八－五三。
⑮ Kivelson, V. 1997, pp.642-643.
⑯ 又被稱作伊凡雷帝，或是恐怖伊凡（Ivan the Terrible），不過俄文原意比較接近「令人畏懼的伊凡」，這個稱謂得名於他專制極權的統治手腕。

科。俄羅斯文明的統治典範，自此由專制高壓的王權政體取而代之。[17]然而，就像古代東方的天子，俄羅斯世界的統治者權威不僅僅建立在武力的展現，更進一步構築於神聖性之上。

當土耳其人一四五三年摧毀了東羅馬，對基督教世界產生巨大的精神衝擊，俄國民間就開始流傳俄羅斯已「奉天承運」繼承天命，成為守護基督教文明的「第三羅馬」。[18]接下來近千年的時間裡，君權神授進一步得到鞏固。

俄羅斯還未成為一種國族代稱，神聖的沙皇已先成了人們的共同信仰。

歷史上的沙皇彷彿「諾夫哥羅德」與「莫斯科」兩種俄羅斯文化原型的化身，在子民的面前交替扮演著慈母與嚴父，一下子開明，一下子專制。當沙皇不得人心又背離了原有的神話形象，身上俄羅斯的代表性就會受到質疑，這點與古代中華帝國倒有異曲同工之處。

在帝國的實質控制權上，沙皇與世襲貴族階級「波亞爾」（Boyars），呈現競合關係。歷代沙皇推行政令繞不開「農奴」這個帝國基礎，既要考量維持帝國常備兵力，又要擔心貴族勢力坐大。在長期的權力鬥爭下，十七世紀的羅曼諾夫王朝，發展出了類似法國三級會議的緩衝機制——「土地會議」（zemsky sobor），由各地波亞爾貴族、教士與商業鄉紳組成，爾後轉為以貴族為主的諮詢議會「杜馬」（Duma）。

「杜馬」雖為沙皇提供了統治正當性，卻是把不折不扣的雙面刃。當皇權積弱令不出宮，「杜馬」反而會產生權力替代效果。當皇權穩固定於一尊，這個地方權貴集結的會議不是失去作用，就是可能與沙皇來個權力碰撞。

當兩者利益有所衝突時，帝國境內沒有話語權、人口卻最多的農奴與百姓，往往就成了鬥爭利器。

十八世紀初，彼得大帝（Peter the Great）遷都「歐洲門戶」聖彼得堡、[19]大力推行西化；從城市建築、軍隊、官僚、教會到服儀全面以當時的歐洲強權法蘭西為師。他刻意建立十四職等官階表（Tabel' o rangakh）與考試制度，將官僚體系制度化、打通部分平民菁英向上流動的通道，藉此壓制保守派貴族，實則達成「強幹弱枝」的效果。

由於皇權穩固，彼得大帝得以貫徹西化，帶領俄羅斯帝國從地方封建時代邁入中央集權時代，崛起成為歐洲一方之霸。後來的沙皇就沒這麼幸運了，另一位同樣以廣開疆土獲得大帝封號的凱薩琳二世就是典型的案例。

凱薩琳二世出身德意志小邦，一場跨國政治聯姻，讓她有機會藉著一場宮廷政變登上俄羅斯帝位，得以一展雄心壯志。她一心想與彼得大帝齊名，標榜「開明專制」，欲「師

---

⑰ 西克史密斯，二〇一六，頁六三－六七。

⑱ Neumann, I.B. 2011, p.482.

⑲ 聖彼得堡的名稱由來並非彼得大帝本人，而是守護教堂的基督教十二使徒之一的聖彼得。

夷之長以治夷」，搶先諸國將法國啟蒙運動理想付諸實現，從思想層次趕超英法。

一七六七年凱薩琳二世請來各階層，召開「全俄羅斯法典起草委員會」（All-Russian Legislative Commission），宣布俄羅斯將「一步到位」轉型公民社會，以法律保障人民權益、還權於民。只可惜即便文治武功再顯赫，登基的正當性不足，終究牴觸沙皇的神話基礎。

一七七四到一七七五年間，南方掀起普加喬夫之亂（Pugachev's Rebellion），帶頭的普加喬夫（Yemelyan Ivanovich Pugachev）宣稱自己是彼得三世（Peter III）的化身，要拿回被妻子凱薩琳二世奪走的皇位。[20]他散播謠言，指控凱薩琳二世這位「外族皇帝」想藉思想西化來消滅俄羅斯的斯拉夫民族認同，將俄羅斯交給敵國普魯士，否則原本信仰路德教派、出身德意志的凱薩琳又怎麼可能改宗東正教。[21]

為了有效對抗底層人民的叛變，凱薩琳二世只好攏絡貴族換取忠誠，於一七八五年頒布憲章，改以保障貴族人身與財產自由，本來研擬權力下放到平民百姓的「法典起草委員會」卻不了了之。

她所面臨的矛盾，正是歷任沙皇改革困境的寫照。此類底層農奴的叛變層出不窮，本質上是奪權，卻反映了人民心中的想法，有時背後甚至有守舊派貴族刻意煽動，目的就是要讓人民打著「民間作主」的旗號，鎖死俄羅斯溫和民主改革的道路。

一七八九年法國大革命爆發，最終把法王路易十六送上斷頭臺，鄰國革命思想的激進發展，最終還是讓凱薩琳二世走回了專制。

對俄羅斯人來說，接下來最悲哀的演變，莫過於被迫否認普世價值的存在。很大一部分原因在於拿破崙的入侵，讓啟蒙思想變成了敵方的宣傳。強調君權神授、領導神聖同盟擊敗拿破崙的沙皇亞歷山大一世（Alexander I），再度成為了俄羅斯的象徵。

其弟尼古拉一世（Nicholas I）於一八二五年繼位後，更為帝俄最後百年，錨定了保守主義的基本方針。

為了跟法國大革命的「自由、平等、博愛」三元論對抗，尼古拉一世起用的教育部副部長烏瓦洛夫（Sergey Uvarov），於一八三三年提出了「俄羅斯三原則」，也就是「東正教」、「專制主義」、「民族性」（pravoslavie, samoderzhavie, narodnost）；意即遵守東正教義、君權神聖不可侵犯、順從沙皇。在此基礎之上，後來亞歷山大三世時期，東正教最高領導機構「神聖宗教會議」（Holy Synod）的主席波倍多諾斯舍夫（Konstantin Petrovich Pobedonostsev）更直指民主自由是西方遺毒，大一統是必要的，且信仰不可或缺。

俄國人需要一位沙皇、一個信仰、一種語言。

俄羅斯國族的統御理論與保守主義臻至完備，就此盤據統治者寶座。[22]

---

[20] Perrie, M., 2014, pp.53-68.

[21] 凱薩琳早於一七四四年改信了東正教。

[22] 西克史密斯，二〇一六，頁一九七；MacKenzie, D. & Curran, M.W. 2002, p.471。

民粹興起：俄式起義的獨特配方

被革命摧毀的政權，制度總比它之前的政府有所改善。經驗證明，對於一個壞政府來說，最危險的時刻，通常是它開始改革的時候……人民起初忍受一些邪惡，認為這是不可避免的。而一旦他們認為有可能消除這些邪惡，邪惡就會變得不可容忍。

——法國政治社會學家，托克維爾，《舊制度與大革命》[23]

在沒有天險守護的俄羅斯，外敵入侵每每關乎生死存亡。為了自保，平民階層自願以勞役換取保護的情況相當普遍。對統治者來說，擁有兵農兩用的勞役人口，往往比封地更為關鍵。十三到十五世紀之間，農民與貴族之間的關係較類似於契約，甚至在閒暇之餘賺外快。[24]

到了十六世紀末沙皇戈都諾夫（Boris Fyodorovich Godunov）時代，農民實際上成為了貴族地主的私人財產，權利受到嚴重剝奪，處境類似美國的黑奴，失去遷徙自由，被牢牢綑綁在土地上，世世代代以繳納金錢或勞役方式，向地主償還債務。一六四九年起，這種剝削成了法律，帝俄崛起的基礎——「農奴制」儼然成形。

對於發展落後於西方鄰國的俄羅斯來說，奠基於「奴性」的農奴制，其衍生的集體心理當然有利大國崛起。弔詭的是，層出不窮的農村騷亂同時也是這個朝代的特徵。在階級流動完全靜止的封建社會，暴動，成了農奴表達不滿的出口。㉕

此外，在兵農合一的專制帝國，動員大量人力的戰爭，往往為鬆動社會體制打開一道破口。對外征戰的士兵返鄉後，多半帶回異國的新衝擊。而戰爭時期的物資徵用和經濟影響，則對民心向背產生推波阻攔的效果。

拿破崙戰爭、克里米亞戰爭、日俄戰爭與一次世界大戰，每一次都為俄國民粹添加柴火，直至革命爆發。

㉓ Alexis de Tocqueville, *The Old Regime and the Revolution*.

㉔ 每年東正教儒略曆（Julian calendar）十一月二十六日聖喬治節前後，債務還清的農民暫時離鄉工作，在那個年代並不罕見，見胡臺屏，一九八〇，頁十三。

㉕ 俄羅斯民間文學最常見的題材「斯堅卡之亂」，就是「打倒帝國主義」最早的版本。一六七〇年，小名斯堅卡（Stenka）的史蒂潘・拉辛（Stepan Razin），打著廢除階級暴政的口號，號召了一批不堪剝削的農奴、邊疆民族、受宗教迫害者，崛起於頓河（Don River）流域南方，鼎盛時期足足有二十萬人！相當於當時全國百分之一的人口，在那個沒有網路的年代，光靠口耳相傳來招兵買馬，就這樣一路北上攻往帝都莫斯科，沿途占領的城市都「廣開皇糧」把資源分給平民，引起百姓熱烈回響。雖然斯堅卡在隔年六月就被處死，不過從後世流傳的各種版本的浪漫傳說，不難看出底層民眾多半對「斯堅卡之亂」抱以同情。自此，不堪奴役的俄羅斯百姓，都尋找著自己時代的斯堅卡。這類「民亂傳統」一直延續到二十世紀初。就連俄國革命，實質上可被看作是這類暴亂的變體延伸，見西克史密斯，二〇一六，頁一二五－一二八；Maier, I. 2017, pp.120-126。

在拿破崙戰爭末期，俄羅斯士兵曾短暫進軍法國，踏上這個俄國過去師法的「文明國度」。他們親身體會到，一個人的價值在法國大革命所造就的公民社會，與自己階級森嚴的祖國到底有多麼天壤之別。這種相對剝奪感，使得這批參戰老兵回國後，把啟蒙運動的精神傳入了過去鐵板一塊的軍官階層；自由派思想迅速蔓延後，沙皇的宮殿看來也就不若過去那般巍峨了。

西元一八二五年十二月二十六，[26]聖彼得堡的樞密院廣場上，爆發了「十二月黨人起義」（Decembrists Revolt）。這個以征法老兵為核心、約三千人組成的祕密網絡，趁著沙皇亞歷山大一世駕崩的權力轉換期，化暗為明，希望推動君主立憲，並廢除農奴制。

雖然「十二月黨人起義」最終失敗，卻成了後世自由派的象徵，留下深遠影響。這代表軍隊不再只是沙皇控制人民的工具，而是成為反抗沙皇的標誌性，日後將成為俄國改朝換代的重要關鍵。

一八五三年克里米亞戰爭開打後，俄國統治階級親眼見證了法國自由公民所組成的軍隊，與自家農奴軍隊的士氣究竟有多大差別。打了敗仗的沙皇亞歷山大二世（Alexander II）簽下了《巴黎和約》（Treaty of Paris 1856），為「俄國維新」拉開了序幕。

亞歷山大二世開始積極推動俄羅斯版的工業革命：大興鐵路、改革財政、改採徵兵制。戰敗既是轉機也是危機，雖然一方面能減少保守貴族阻力、增加改革的正當性，但另一方面，改革卻也得步步為營，否則容易爆發大規模的社會動盪。[27]一八五八年，俄國六千萬總人口裡，農奴就高達四千八百萬。[28]

一八六一年三月三日，[29]亞歷山大二世發表《解放農奴宣言》（Emancipation Manifesto），農奴身分廢止，成為在國家具有法律地位的農民，享有人身自由，希望藉此複製英法經驗，將農村人口轉化為都市工人，並建立現代化的軍隊。

矛盾的是，為了安撫貴族，農奴解放法令規定地主應與農民協議，給予部分土地所有權，農民也必須按政府公告的價格向貴族買地，國家提供八成貸款，年息六％並可分期四十九年償還。[30]

結果事與願違；乍看之下農民似乎獲得了自由與土地，但實際上政府公告地價遠高

---

[26] 當時俄國紀年主要以東正教儒略曆為準，當天為儒略曆十二月十四日。

[27] 亞歷山大二世將農奴視為天真叛逆的子民，易受西方思想蠱惑。他自認為推動改革，是不想辜負子民的期望。由此可見連沙皇本身都對沙皇神話深信不疑。亞歷山大二世看似開明，卻終身抗拒君主立憲。一八六一到一八六八年曾任內政部長的瓦魯耶夫（Peter Alexandrovich Valuyev）認為，亞歷山大二世終其一生拒絕君主立憲，是真心相信君權神授。由於受到父親尼古拉一世領導神聖同盟的影響，亞歷山大二世打從心底相信沙皇神話，認為君主立憲將導致俄羅斯帝國瓦解。所以他的政策才這麼矛盾，希望改革跟下放權力，卻往往略過皇權這個最重要的核心議題。見MacKenzie, D. & Curran, M.W. 2002, pp.366-368。

[28] Blum, J. 1961, p.278.

[29] 儒略曆二月十九日。

[30] Riasanovsky, N.V. & Steinberg, M.D. 2005, p.346.

於市價，差額卻變相由農民負擔，而實際上精華的林地、水源地、牧地反倒被地主拿走。農民可耕作的土地不但變少，還無權像過去一樣使用公共區域，積欠的債務也比以前更沉重，只是他們的債主從貴族變成國家。更糟的是，政府還找了村社的鄰居相互監視，讓他們連偷跑的機會都沒有。[31]

無怪乎在「解放」後，農村暴動不減反增。

自詡開明的亞歷山大二世還醉心於啟迪民智、准許女性受教育、推動小學教育，增設大學，培養出了一大群知識分子。一八七二年，俄國成為了世界上第一個翻譯馬克思《資本論》的國家。社會主義思潮約莫從這個時期，開始影響俄國知識階層。矛盾的是，多年後這批接受歐洲思潮的知識分子，反倒成為了顛覆皇權的主要力量。[32]

亞歷山大二世的改革，實則親手為帝國埋下了定時炸彈。

一八六〇到一八七〇年代，俄國興起浪漫的「民粹派運動」（Narodniks）。新興中產知識階層深刻同情農奴，認為他們只是從封建奴隸變成資本主義時代的生產工具，唯有發展社會主義才能避開無產階級宿命，廣大的農奴階級也再次被視為推翻沙皇的潛在力量，一批又一批知識青年則積極下鄉宣傳理念。

這時的「民粹」與今日意涵大不相同，指的是「菁英走向人民」之意。不過最終可說是失敗了。

「民粹派運動」的失敗經驗在知識圈裡播下了反思種子，形成半世紀後群眾運動與革命的根基，一種以無政府主義者巴枯寧（Mikhail Bakunin）為代表的想法逐漸滋長：「人民革命」不會自然產生，必須由一小部分的革命分子領導廣大的農民起義。深深影響爾後崛起的列寧。[33]

一八八一年三月十三日，[34]亞歷山大二世在聖彼得堡被激進左派的地下組織「人民意志黨」（Narodnaya Volya）以炸彈攻擊身亡。

他的死變成「保皇立憲派」與「革命派」兩股改革勢力易位的轉捩點。目睹父親死去，繼位的亞歷山大三世，趕走了朝中所有自由派，政策重返高壓統治的路線，俄羅斯社會宛若重新蓋上了鍋蓋的一只壓力鍋，新沙皇回應民意的方式就是不斷鎮壓，而各地下革命組織因此迅速壯大。

---

[31] 事實上，土地所有權並不是一下子就從地主手中轉交給農民。因為怕農民跑債，在債務尚未還清之前，實際上土地由村社所有，用集體擔保作為過渡期的管理方式。俄羅斯傳統的村社制度，可以理解成村莊的委員會，由各個農家的戶長組成，舉凡收稅、治安、分配土地等公共事務，都是由村社決定。號稱獲得自由的農民，卻被禁止任意離開村社。

[32] 亞歷山大二世曾在一八六一年十月寫信給嫁到符騰堡王國（Kingdom of Württemberg）的妹妹奧爾嘉（Olga Nikolaevna）大吐苦水，沙皇把老百姓當作正值叛逆期的子民來抱怨：「基本上，他們想消除一切權威」，見Rieber, A.J. 1971, p.43。

[33] 西克史密斯，二〇一六，頁二五三－二五七。

[34] 儒略曆三月一日。

到了最後一任沙皇尼古拉二世（Nicholas II）的時代，歐洲工業化程度與俄羅斯拉開了距離，沙皇急於推動現代化的資本主義，藉此作為工業化基礎。而專制政權的高壓方式，自然是溝通成本最小的途徑。尼古拉二世對政治改革則視而不見，讓俄羅斯帝國錯失了最後的一線生機。

一九〇四年二月，日俄戰爭開打，剛好碰上當年作物歉收、物價飆漲，工人的工資變相大縮水。到了年底，俄國帝都最重要的軍工廠「普特洛夫工廠」（Putilovsky Zavod）爆發罷工，引發連鎖大規模罷工潮。[35]

一九〇五年一月二十二日星期日，[36]上萬名工會組織的工人們，在加彭神父（Georgii Gapon）的帶領下違反示威禁令前往冬宮遞交請願書，希望沙皇主持公道，維護工人權益、結束戰爭並召開立憲會議。沒想到現場士兵因場面太緊張擦槍走火，高唱愛國歌曲的遊行頓時演變成一場屠殺，上百人當場死亡，這天就是俄國史上惡名昭彰的「血腥星期日」。[37]「血腥星期日」意外承接了「十二月黨人起義」與「民粹派運動」，這下子從農民、軍官到工人，各個階層都注入了反沙皇的能量，簡直就是幫革命搭建好了柴火。如同歷代背離了保護者神聖形象的沙皇，尼古拉二世的統治正當性開始受到質疑，接下來幾個月城市與農村暴動開始擴散到全國。

一九〇五年九月五日，日俄戰爭大局底定，俄方戰敗的消息在國內引發巨大震盪，再加上幾個月前才發生過「血腥星期日」，這一切都讓人朝著「沙皇不顧人民死活」的方向聯想。

尼古拉二世迫於壓力，起用了自由派的維特（Sergei Yulyevich Witte）擔任首相，在十月三十日頒布了《十月宣言》（October Manifesto），[38]宣告俄羅斯準備實行君主立憲，保障人民的宗教、集會結社自由。

然而，一九〇六年頒布的憲法最終證實了尼古拉二世只是虛晃一招，因為憲法保留了沙皇解散杜馬、任免政府首長與否決國會議案的權力。不久連維特都遭撤換，轉而啟用保守派的斯托里賓（Pyotr Arkadyevich Stolypin）。

斯托里賓一面強調「維穩」，大力打壓革命派與自由派，一面企圖透過土地改革與移民政策稀釋邊疆異族，一面拆解農村暴亂這顆最大的革命未爆彈。[39]他以土地整併來提高

---

[35] 為今日「基洛夫工廠」（Kirovsky Zavod）的前身，於一八六八－一九二二年使用的舊名，見Kirovsky Zavod, Historica Note, viewed 15 May 2019, http://kzgroup.ru/eng/s/12/historical_note.html。

[36] 儒略曆一月九日。

[37] Bushkovitch, P. 2012, pp.282-284.

[38] 正式名稱其實是《改善國家秩序宣言》（*The Manifesto on the Improvement of the State Order*），宣布當天為儒略曆十月十七日，因此又被稱作《十月宣言》。

[39] 光是一八九一年到一九〇〇年就發生過五百一十五次農村暴動，其中約四百次都與土地分配爭議有關。一九〇一年至一九〇四年更上升到一千零八十八次，一九〇五年暴增到三千二百二十八次。參見付世明，二〇〇五，頁三六；陳思涵，二〇一四，頁五四；呂雨雯，一九九六，頁五七。

農業生產、帶動經濟成長，藉著糧食出口賺取的外匯來促進工業發展，為沙皇統治取得正當性，同時追趕西方各國，希望挽救成長大幅落後的俄羅斯帝國國力。[40]

在執政菁英的認知當中，造成俄國農業生產力低落的主因，不外乎在一八六一年「解放農奴」時，沒有真正一步到位，粗放式的傳統村社制度被保留了下來，阻礙了規模經濟與農業技術進步。[41]

斯托里賓推動的「土地私有化」，就是要將繳稅義務，從村社的集體擔保制，改為現代化的個人稅制，希望透過鼓勵土地整併，提高產能。同時創造一批與國家站在一起的農業中產階級。而對於那些失去土地的人，斯托里賓允許農民脫離村社前往開始工業化的城市打工，甚至給予兩年的寬限期，儼然帝俄版「打工度假」，若不適應新生活，只要屆滿前回到原有村社仍可保有原來的可耕地，或是給予優惠條件，鼓勵移民到西伯利亞、高加索等邊疆地區開墾。然而，這個過程終究是以國家利益為考量，伴隨著鎮壓與脅迫。

當時的俄國農民的財富觀是零和的、民粹式的，相信天下的好東西是有限的，餅的大小是固定的，不會增加，這種概念被稱之為「有限的好」（limited good）。[42]大部分的俄國農民對於土地價值的認定來自於勞動耕作。對他們來說，當土地開始集中在「不事生產」的少數富有人家手中，那就代表更多人會因為這些好吃懶做的「寄生蟲」而被迫離鄉背井討生活。

結果兩年寬限期大限一到，對於城市生活不適應、無法適應艱困移民環境的農民潮大量回流原鄉，各種衝突一次爆發，造成一九一〇年與一九一一年期間，斯托里賓原本想緩解的農村暴動反而到達頂峰，俄國社會對立加劇。

一九一一年九月十四日，斯托里賓陪同皇家成員出席活動，在基輔歌劇院遭槍殺，四天後傷重不治。

這場刺殺發生的時間點正好在一戰前夕。斯托里賓退出歷史舞臺後，保皇派已是朝中無人。一九一四年第一次世界大戰爆發，在沙皇與人民之間的矛盾隨著戰況惡化之際，革命派躍升為推動歷史巨輪的關鍵，支持度迅速攀升。

一九一五年俄軍在西線幾乎全面潰敗，國內怨聲載道、經濟惡化的情況宛如一九〇五年對馬海峽吞下戰敗的翻版。

原本國會杜馬建議，以保障農工階級權利與撤換內閣，來平息節節敗退引起的民怨，沒想到尼古拉二世大概是沒察覺到世局變化，不但拒絕還直接解散國會，一九〇六年

㊵「俄羅斯第一頻道」（Channel One Russia）在二〇〇八年所做的「對俄羅斯歷史影響最深的人物」調查裡，斯托里賓名列第二，甚至高於第三名的史達林。有趣的是，斯托里賓對經濟的建樹與打壓自由派的力度，讓人不難聯想到，長期受到俄國民眾肯定的普丁。見BBC, 2008, Stalin voted third-best Russian, 28 December, viewed 15 May 2019, http://news.bbc.co.uk/2/hi/europe/7802485.stm。

㊶ Moon, D. 2006, pp.126-33, also see George Yaney, L.G. 1982, pp.161-77.

㊷ Foster, G.M. 1965, pp.297-98, 301 & 307.

又不顧國內搖晃的政局宣布御駕親征，將朝中大小事都交給皇后亞歷山德拉（Alexandra Feodorovna）。[43]

一九一七年三月八日，[44]國際婦女節當天，首都彼得格勒的婦女們上街遊行，高喊「麵包」、「和平」、「自由」等口號，呼籲政府停止戰爭、重視民生，工人們也一塊加入遊行。名稱與「血腥星期日」被綁在一塊的普特洛夫機械廠的成員，也出現在隊伍之中。

首都示威迅速演變成全城暴動，人們沿路洗劫麵包店並砸毀商店，短短兩三天內參與暴動人數就超過二十萬。人在軍事大本營莫及廖夫（Mogilev）的尼古拉二世收到電報後並未重視，治安單位也一如既往強力鎮壓，「血腥星期日」憾事重演，鎮壓當場上千人殆命，然而到事件平息前，真正死亡的黑數恐怕不下二十萬，已經到了大屠殺的規模。[45]

許多前線歸來的士兵不願對同胞開槍，反而陣前倒戈，加入農民、工人、少數民族「造反」的行列。皇城大亂、王公大臣紛紛遭到逮捕，燉煮帝國專制的壓力鍋，這次真的徹底炸開了，史稱「二月革命」。

最後在國會杜馬的勸說之下，尼古拉二世於三月十五日深夜昭告退位，恆亙三個世紀的羅曼諾夫王朝，就此畫下句點。[46]

顛倒帝國：由階級鬥爭打造的新世界

讓一切權力歸於蘇維埃。

——列寧

一九一七年三月十六日這天，俄羅斯帝國一夕之間成了準共和國，國會杜馬所在地，塔夫立達宮（Tauride Palace）出現了「兩個議會」。由「立憲民主黨」（Constitutional

43 亞歷山德拉皇后長年求神問卜，因為皇室唯一的皇太子阿列克謝（Alexei Nikolaevich）患有遺傳性血友病的關係，使她沉迷於神棍拉斯普金（Grigori Rasputin）的神祕主義。在沙皇離京一年多的時間裡，拉斯普金透過裝神弄鬼的方式，經由皇后操弄政局，最後竟連重要官員的任免都受「神諭」左右。在那個提到德意志就能讓人咬牙切齒的年代，任何怪事都能以民族大義合理解釋。坊間開始盛傳，這位德裔皇后與「妖僧」拉斯普金想聯合德意志帝國搞垮俄羅斯。

44 儒略曆二月二十三日。

45 西克史密斯，二〇一六，頁三〇〇－三〇五。

46 這天是儒略曆三月二日，當時尼古拉二世原本是打算讓位給弟弟米哈伊爾・亞歷山大維奇大公（Mikhail Alexandrovich），但是遭到米哈伊爾婉拒，推託說希望等國會召開立憲會議之後再決定，沒想到這一天永遠不會到來。

Democratic Party）掌握的臨時政府，以及「社會民主工黨」（Russian Social Democratic Labour Party）領導的「彼得格勒蘇維埃」（Petrograd Soviet）。[47]

前者大多屬於中產階級與地方貴族，後者則是首都士兵與工人的組合。兩個權力中心大致以階級區分，有如俄羅斯舊有社會結構的縮小版。金字塔頂端的皇權退散後，剩下兩個利益大相逕庭的社會集團爭奪著國家權力真空。農民暴動傳統與馬克思主義無縫接軌，俄羅斯歷史長久以來的內部矛盾，搖身一變成了資本階級與無產階級的鬥爭。

不過，當時社會民主工黨的主流派系為孟什維克（Mensheviks），他們遵守馬克思主義最初的理想，認為階級革命應該是一種群眾自發性的改變，剛發生的二月革命就是最好的例子。推倒封建後，應該靜待下一場革命的產生，而非揠苗助長地跳過資本主義階段、直接進入社會主義。

甫自瑞士歸國的列寧（Vladimir Lenin），[48]於一九一七年四月十七日代表社會民主工黨的激進派系布爾什維克（Bolsheviks），[49]在彼得格勒蘇維埃的會議上，發表著名的《四月提綱》（April Theses）。主張反對與充斥資本家的臨時政府合作、反對繼續對德作戰、要求沒收所有私人土地分配給農民、迅速建立無產階級政府。[50]

最後，列寧喊出了經典名句：「讓一切權力歸於蘇維埃。」

從列寧提出的《四月提綱》就能夠發現，他已經察覺一旦階級被打破之後，無論是民主還是革命勝利都是屬於多數人，而這樣子的「多數」，在帝制瓦解的俄羅斯，指的就是原屬帝國金字塔底層的農民、工人以及基層軍警。[51]無論列寧口中未來的藍圖有多麼潦草，只要站在多數方，其他領導集團失去民心就意味著更多人與布爾什維克站在一起。紅色統戰的雛形乍現，權力將以人心向背的方式，一點一滴地轉換。

列寧的《四月提綱》喊得響亮，不過在「孟什維克」占多數的情況下，「彼得格勒蘇維埃」議會仍拍板定案，決議與臨時政府合作。

一開始，實權的確掌握在臨時政府的手中，畢竟閣員差不多就是勸退沙皇的同一批人。自認繼承帝國遺緒的他們，畢竟還是那同一批講求道德秩序的知識菁英，打算繼續履行對協約國的同盟義務。

結果俄國民眾一聽到還得繼續打仗，五月馬上爆發大規模反戰暴動，[52]七月初對德作

[47] 這裡的「蘇維埃」（Soviet）俄語指的是「議會」，內涵是「人們相互建議的場所」，後來的蘇聯（Soviet Union）也就是這種議會的組合之意。此時「彼得格勒蘇維埃」的組成大概是「社會革命黨」（Socialist Revolutionary Party）與「社會民主工黨」的孟什維克派各占三百席左右，「社會民主工黨」的布爾什維克派占約一百席，見Bushkovitch, P. 2012, p.301。

[48] 列寧其實是革命化名，他的本名為弗拉迪米爾・伊里奇・烏里揚諾夫（Vladimir Ilyich Ulyanov）。

[49] 儒略曆四月四日。

[50] Presidential Library of Russia, 2018, All-Russian Congress of the Councils and the return of V. I. Lenin to Russia, viewed 15 May 2019, https://www.prlib.ru/en/section/683297

戰失敗後，布爾什維克一派於七月十六日煽動發起「七月事件」（July Day），[53]性質同樣是反戰，卻有奪權的企圖。臨時政府大肆抓捕布爾什維克成員，逼得連列寧都得暫時逃往芬蘭避風頭。沒想到這次的滅黨危機反倒成了轉機。

「七月事件」的鎮壓景象削弱了民眾對臨時政府的信任，並刺激了臨時政府，使其內部的保守派快速右傾極端化。手握重兵的陸軍總司令克爾尼洛夫（Lavr Georgievich Kornilov），於九月十日發動政變，[54]欲消滅整個彼得格勒蘇維埃，建立軍事獨裁政權。[55]

他麾下六個師團向首都迅速逼近，臨時政府總理克倫斯基（Alexander Kerensky）只好向彼得格勒蘇維埃求援，還把臨時政府的軍火交給他們，最後雖然順利在幾天內弭平政變，槍枝卻收不回來。布爾什維克的勢力，早就廣泛滲透彼得格勒蘇維埃。

「七月事件」對彼得格勒蘇維埃議會的影響正好相反，使其快速往極左靠攏，不少人紛紛轉向激進左派的布爾什維克。於是，布爾什維克不知不覺成了多數。[56]

彼得格勒蘇維埃新任主席托洛斯基（Leon Trotsky），本來是孟什維克一派，不過他在「七月事件」受到波及被捕，出獄後便悄悄加入了布爾什維克，並掌理「軍事委員會」（Military Revolutionary Committee），暗中將昔日有軍警背景的成員，編成赤衛隊（Red Guards）。

當托洛斯基於十月八日當選彼得格勒蘇維埃議會主席時，[57]這個曾經是各派社會主義者高談理想的全國性議會，實質上已淪為布爾什維克一黨獨大的外殼。

一八六〇年「民粹派運動」的失敗經驗、農村暴動的長期傳統，讓部分知識分子相信社會主義烏托邦不會自動降臨，否則皇朝不會這麼久才被推翻。列寧提出，在資本主義與社會主義中間有一個人為的過渡期，那就是作為催化劑的「無產階級專政」。以少數知識菁英領導多數無產階級，執行「民主集中制」；雖然以現代的眼光看來，無異是專制政權。

然而，列寧認為唯有暴力奪權，才能從資本主義進入這個過渡期。而剛剛當選彼得格勒蘇維埃議會主席的托洛斯基，就是這個思路的實際執行者。

等到臨時政府發現引狼入室，已經為時已晚。

一個月後的十一月七日晚間，停靠在彼得格勒港灣中的軍艦「阿芙蘿拉號」（Avrora）突然傳出砲響。已經準備好暴力奪權的布爾什維克，在緊繃的局勢之下自然認為是起義信

51 當時俄國軍人當中有很多人，都是出身寒門、沒門路避開兵役的窮苦人家。
52 儒略曆四月二十一日。
53 儒略曆七月三日。
54 儒略曆八月二十七日到三十日。
55 Presidential Library of Russia, 2018, Kornilov's March-off, viewed 15 May 2019, https://www.prlib.ru/en/section/688535
56 也有一說是布爾什維克一派暗中動手腳，改變成員資格才能成為彼得格勒蘇維埃的多數。
57 儒略曆九月二十五日。

號，攻入了七月臨時政府才入主的冬宮，並在零星衝突後推翻了臨時政府，總理克倫斯基則倉皇出逃。

共產預言神話中的「十月革命」於焉誕生。[58]

或許是托洛斯基計畫縝密，也可能是個誤觸的巧合；「十月革命」沒有「二月革命」驚心動魄，在首都之外的人甚至一無所悉。

然而，當革命成功後，「讓一切權力歸於蘇維埃」終究淪為話術。

俄羅斯史上第一次真正民選的「蘇維埃立憲大會」（Russian Constituent Assembly），只存在了不到一天的時間。布爾什維克選輸翻臉不認帳，俄羅斯隨即陷入內戰，反對布爾什維克的各派勢力在全國各地掀起戰事。

俄羅斯人這才發現，原來列寧的話並沒說盡：唯有布爾什維克選贏的蘇維埃才算數。

一九二二年十二月布爾什維克宣告勝利，建立「蘇維埃社會主義共和國聯盟」（Union of Soviet Socialist Republics, USSR），定都莫斯科，舊皇都隨後被改名為「列寧格勒」（Leningrad）。

一切彷彿文明時光倒轉，又回到那個與游牧帝國對抗的莫斯科。

蒙古鐵騎早已走遠，俄羅斯卻為自己建造了鐵幕。

俄羅斯方程式

以靈魂為基座的帝國，終究會被靈魂吞噬。

俄羅斯地緣的先天缺陷，造就了禦敵境外的防衛觀，追求壓倒性的強大武力幾乎成了歷代統治者的執念；「征戰」在俄羅斯的另一個名字，就是「安全」。只不過，參戰軍事人口愈龐大，意味著發生大規模社會波動的機率也愈大，再加上俄國農奴制的暴動特性，遲早會發生革命的想法必定曾在每位統治者心中閃過。

然而，俄羅斯並未經歷中國那種因農民、流民起義頻頻改朝換代的情況。這個外族入侵無數的悲情國度，發展出了一套獨特的君權神授沙皇神話，早在民族主義盛行之前，他們就用膜拜創造了自己的救星。

蒙古侵略為他們找到了俄羅斯的天下共主；神聖羅馬帝國的毀滅讓他們接過了天主的權柄；與西方衝撞的文化價值，則深藏在他們的語言中。

一位沙皇、一個信仰、一種語言。

58 「十月革命」爆發的日期為儒略曆一九一七年十月二十五日，西元為十一月七日。

當人民轉移了信仰的對象，沙皇也就走下了神壇。

「十月革命」的本質，就是這個俄羅斯統治方程式的置換過程。

當列寧、共產主義、共黨俄語各就定位，標榜社會民主的蘇維埃終究還是成了帝國，並以似曾相似的方式轟然倒下。

當俄羅斯的邊界沒有止境，新的信仰儼然成形。

我們能免於戰爭的恐懼嗎？

13 自由多元主義如何讓人性有意義？——二次戰後哲人的反思

尤智威　政大政治系博士生

二〇一三年十月，任職於東京大學的王前教授發現了以撒・柏林（Isaiah Belrin）寫給丸山真男的四封信件。❶柏林與丸山真男的相識可以追溯到一九六〇年代丸山真男前往牛津大學擔任訪問學人時，參與了柏林主持的研討課。一九七〇年代，柏林訪問日本時，丸山真男親自接待柏林的所有參訪行程。柏林返回英國之後，還寫了一封長信給丸山真男，

❶王前，〈伯林批判啟蒙批錯了？——牛津伯林研討會雜記〉，收錄於思想編輯委員會，《香港：本土與左右・思想》（臺北：聯經出版公司），第二十六期，二〇一四。〈伯林批判啟蒙批錯了？——牛津伯林研討會雜記〉一文中提到的牛津伯林研討會，會議中的論文後來整理出版為*Isaiah Berlin and the Enlightenment*一書。見Edited by Laurence Brockliss and Ritchie Robertson, *Isaiah Berlin and the Enlightenment* (Oxford, Oxford University Press, 2016).

感謝在丸山真男的接待之下讓他的日本之旅有了美好的回憶。❷

丸山真男與柏林的相遇與互動具有重要的意義。因為兩人是二十世紀歐亞大陸兩端的島國上最具代表性的自由主義者。而他們的自由主義都產生於他們對於自己親身經歷過二十世紀前半葉人類歷史的觀察與省思。那是個名符其實的黑暗時代。曾經出現貝多芬、歌德、康德、席勒、韋伯、普朗克、愛因斯坦……等高度文明成就的德意志文化竟孕育出運用現代國家官僚管理系統與科學技術進行集中營屠殺的瘋狂野蠻；明治時期的日本追求「文明開化」，之後還自我期許日本必須要以亞洲（或東亞）作為一個整體，對外對抗歐美帝國主義，在亞洲內部以實現文明化來落實人道主義（若人道主義是文明化的一個重要目標的話），結果居然走上了軍國主義擴張，以暴力與血腥的方式對東亞與南亞的國家實行武力征服。在這個時代中，最高級的文化與最野蠻的行動竟能共存，最崇高的理想與最泯滅人性的殘暴竟能相伴而行。第二次世界大戰的經歷為丸山真男與柏林兩人的生活塗抹上了陰鬱與黑暗的色彩。丸山真男與柏林於二戰戰後書寫的諸多文字，幾乎都是他們兩人嘗試要為那個幾乎令人類「失語」的悲慘世界中留下些許經過批判性反思的隻字片語。他們兩人發現了音符也沉默不語的世界，並且認知到要捉住無法捉住之物的艱難。然而，無論如何他們還是要嘗試迎向前去。

以撒・柏林的〈自由的兩種概念〉與價值多元論

一九五七年，以撒・柏林發表著名的演講〈自由的兩種概念〉（Two Concepts of Liberty）。〈自由的兩種概念〉作為牛津大學社會與政治理論研究最高教席（也是全英語世界社會與政治理論研究的最高教席之一）的萬靈學院「齊切利社會與政治理論教授」（Chichele Professor of Social and Political Theory）的就職演說（Inaugural Lecture），就是柏林面對全場上百位學者與學生，闡述當時自己最重要的研究成果，以及展現政治理論研究與現實世界的關係。

在〈自由的兩種概念〉這篇講稿中，柏林指出「政治的」（political）意指價值多元（value pluralism）的世界。換言之，「政治的」就是存在有多元分歧的集體目標。柏林認為，若是關於集體目標的問題已經解決了，那麼「政治的」領域就消失了；「政治的」問題就轉變為「技術的」（technical）問題。而能夠解決這些「技術的」問題的人，就是專家與工程師。[3]因此，「政治的」問題淪為「技術的」問題，就意味著這些問題的解決無關

---

❷王前，〈施密特為什麼這麼「熱」？——日本政治思想學會年會紀實〉。文章：http://www.thepaper.cn/newsDetail_forward_1251127。

❸Isaiah Berlin, "Two Concepts of Liberty," *Liberty*, p.166.

於非專家、非工程師的人們。非專家、非工程師的人們不需要關注這些「技術的」問題，也不必為這些「技術的」問題之解決與否負起責任。對於專家與工程師而言，這些「技術的」問題就不會是從多元分歧的集體目標之中，尋求各方都可以暫時接受的妥協；而是在某個給定的集體目標壓制其他集體目標的情況之下，讓「技術的」問題不會妨礙這個已經給定的集體目標之實現。

然而，政治層面至少有一個永恆的「政治的」問題不屬於「技術的」問題：關於服從（obedience）與強制（coercion）的問題。[4]而對這個問題的回答，與自由（liberty or freedom）密切相關。在〈自由的兩種概念〉中，柏林認為雖然自由的意思多達上百種，但是與「服從與強制的問題」密切相關的自由至少是以下兩種自由概念：「消極自由」（negative liberty）與「積極自由」（positive liberty）。[5]在柏林看來，第二次世界大戰與美蘇兩大陣營冷戰的對抗，都是關於「消極自由」與各種「積極自由」的價值衝突與對抗。

「消極自由」的意思是指個人擁有一塊不受干涉的領域（area）或空間（space）。這塊不受干涉的領域或空間愈小，則個人所擁有的「消極自由」就愈小；不受干涉的領域或空間愈大，則個人所擁有的「消極自由」就愈大。「消極自由」的價值是經驗性的，其邊界要如何界定是由歷史發展所偶然性地產生。在現代性文明之中，「消極自由」是重要的諸多價值之一，但是若「消極自由」喪失，則現代性文明就會面臨崩解。[6]

「積極自由」的意義則是來自於個人想要成為他自己的主人，例如：我的人生與選擇都僅僅依賴於我自己；我希望成為主體；我是我自己的工具，而不會是其他任何人的工具；我是理性的存在，我希望能僅僅依理性來行動；我希望能僅僅依靠我自己來決定自己要追求的目標，並且實現這個目標……等。在人類歷史之中，「積極自由」有許多不同的種類，而這些不同的「積極自由」內容，會與某種「更大的」（bigger）、「更高的」（higher）、「超驗的」（transcendent）、「先驗的」（transcendental）、「本真的」（authentic）……概念相聯繫，並且以這些概念作為支持各種不同的「積極自由」的基礎。就此而言，這些支持各種「積極自由」的概念提供了各種關於「更真實的東西」（a more real subject）的內容，也是各種非經驗性的內容。這些非經驗性內容能夠指出「自己當自己主人」的自我。然而，這些「自己當自己主人」的自我不一定是一個經驗式自我（empirical self），並且具有支持其內容的形上學基礎。

柏林認為，這些「積極自由」對於信仰其內容的人們而言，是支持這些人們的人生之所以具有意義的核心價值。但是，這些「積極自由」彼此之間卻無法融合為一個更高的價值，彼此之間也無法相互比較、無法共量、並且存在著無法化解的相互衝突。而這些積極

❹ Isaiah Berlin, "Two Concepts of Liberty," *Liberty*, p.168.
❺ Isaiah Berlin, "Two Concepts of Liberty," *Liberty*, p.169.
❻ Isaiah Berlin, "Two Concepts of Liberty," *Liberty*, pp.175-176.

自由都具有以下三種特徵：第一，所有人都只有一個，而且只有一個真正的目的；第二，所有理性存在者的真實目的必然能組合成單一的、普遍的、和諧的體系，而且有些人會比另一些人更能認識、接受這個單一的、普遍的、和諧的體系；所有的不和諧、歧異、衝突都來自於人們無法認識並接受這個單一的、普遍的、和諧的體系。[7]

這些追求自主（self-mastery）自我的「積極自由」為了能夠「自我實現」（self-realisation），會產生各種的變形。這些變形可以分成三種：自我棄絕（self-abnegation）、自我認同化（self-identification）與自我轉化（self-transformation）。自我棄絕的變形是指人們自己的自由因為面對外在的自然規律、物質索求與偶然性而面臨威脅，在這樣的情況下人們自己退回到內在的城堡：人的內在「理性」、內在「靈魂」、內在的「心」……等。藉由將個人內在的「理性」、「靈魂」、「心」……等視為是高級的或真正的，並將外在世界與追求外在世界的欲望、激情或心理狀態視為是低級的或虛假的，進而正當化個人固守在自己內在的孤島之中，藉由棄絕對外在世界的接觸與索求來成為自己的主人，實現自己的真實自由。自我認同化是指將自己的價值與目的與一個「更大的」或「更高的」整體合為一體，而這個「更大的」或「更高的」整體可能是階級、民族、國家、世界精神、歷史進程、文明……等。自我轉化則是認為聖賢哲人都比人們自己還要更了解他們自己，所以為了使人們能更了解自己進而實現自己，可以強迫人們接受教育。而教育的目的則是要強迫一群「無知、被各種情緒與欲望所支配、野蠻的、過著他律的生活」的人們接受「能認識真理的人、受過良好教育的人、知曉聖賢之道的人、對其時代及時代中的人們深具洞見的人、文明的人」施加於他們的教育。[8]柏林指出以上這些積極自由的各種變形，時常可以在維多利亞時期的教師、殖民地官員、民族主義者、共產主義者、重視威權者、極權主義者……等人身上發現到。[9]而這些正是柏林引述康德文字的用意：「父權制（Paternalism）是可以想像到最嚴重的專制主義。」[10]柏林認為「父權制是可以想像到最嚴重的專制主義」以及在多元價值彼此衝突又無法相互化約、無法共量是現代性特徵，也是丸山真男與威廉斯（Bernard Williams）的自由主義理論核心。

丸山真男的意識形態批判與自由多元主義

作為「國體」的天皇制

丸山真男反思日本走上軍國主義的歷史與第二次世界大戰的經歷，將批判的矛頭指向了作為日本「國體」的天皇制，並且稱日本天皇制是「無責任的體系」。在丸山真男的理

---

❼ Isaiah Berlin, "Two Concepts of Liberty," *Liberty*, p.199-200.
❽ Isaiah Berlin, "Two Concepts of Liberty," *Liberty*, pp.178-200.
❾ Isaiah Berlin, "Two Concepts of Liberty," *Liberty*, p.191 and p.198.
❿ Isaiah Berlin, "Two Concepts of Liberty," *Liberty*, p.183.

解中，天皇的存在是作為日本「國體」的核心。一八八九年（明治二十二年），伊藤博文制定的大日本帝國憲法很明確地將作為「國體」的天皇定為所有價值的基礎。

為什麼明治日本的憲法需要將天皇作為日本「國體」的核心呢？在一九六一年出版的書籍《日本的思想》中，丸山真男指出，是因為明治日本制憲的幾個要員認為，當時歐美國家的憲政是以基督教的信仰作為核心。在基督教的信仰之中，上帝是人之所以擁有各種自然權利的源頭。憲法之所以具有正當性，也是因為憲法保障了上帝賦予每個人都擁有的自然權利。這是歐美基督教世界有淵遠流長歷史的自然法傳統。一整套有關權利的語言都來自歐美的基督教世界，而且與基督教神學息息相關。但是東亞世界並非以基督教信仰為主。甚至這些語言以及這些語言所指涉的價值，都很難在十九世紀之前的東亞世界找到對應的語言與價值。

因為日本沒有普遍的基督教信仰傳統，而制定明治日本憲法的要員認為明治時期儒家思想只以日常德目與格言的方式殘留在日本文化之中，又不願意將憲法的正當性完全地奠基在人民主權之上。因此，他們為了尋找可以代替基督教作為憲法正當性的來源，又想反對人民主權，所以就以天皇作為「國體」，將天皇視為憲法正當性的基礎與最高權威。[11]

明治憲法要以什麼作為最高權威與正當性的基礎牽涉到一系列很複雜的問題。而在這樣的憲政安排之中，誰擁有最高權威來進行決斷（decision）則是最核心的問題。在制定明治憲法時，伊藤博文與森有禮曾就這個問題展開辯論。

森有禮的主張傾向自然法理論，認為憲法將人民作為天皇臣民（subject）的權利與義務寫入法律文字之中是不恰當的事。因為個人權利是每位個人生而具有的自然權利，但憲法的規範對象則是政府內部的權力關係與義務。任何成文法（人造法〔artificial law〕）與世俗的權力關係都無法證成每位個人生而具有的自然權利。但是，森有禮的主張無法判斷在緊急狀態之下行使最高決斷權的權威是天皇還是代表人民主權的議會。[12]

而伊藤博文站在實證法的立場，主張將所有的權利都歸於憲法的明文規定。經由將天皇作為「國體」的安排，將天皇視為擁有最高決斷權的權威，得以在緊急狀態時行使最高決斷權。至於什麼狀況是緊急狀態就有許多的解釋空間了。但在法理上，緊急狀態就是指既有政治秩序面臨崩解而成為霍布斯式自然狀態的狀況。非緊急狀態時，作為「國體」的天皇就是賦予憲政具有正當性的最高權威來源，也是作為天皇臣民的日本人擁有憲法所賦予的權利之正當性來源。[13]

---

⑪ 丸山真男，《日本の思想》，（東京：岩波書店，二〇一六），頁二一－三四。

⑫ 丸山真男，《日本の思想》，頁四三－四五。

⑬ 丸山真男，《日本の思想》，頁四五－四六。

「無責任體系」與戰後日本自由主義的困境

一九四六年，丸山真男在〈超國家主義的邏輯與心理〉一文中，直指在作為「國體」的天皇制之下，日本國家的各種權力結構所形成的社會文化與集體心理狀態是一個「無責任體系」。在這個「無責任體系」之中，被憲法賦予政府職權的政治權力擁有者並沒有依據自己主體性的判斷來進行決斷，而是只是因應時勢來進行決斷。當實施權力對他者進行干涉與強制時，實施權力者與作為「國體」的天皇的親疏遠近關係，就成為實施權力者對他者進行干涉與強制的辯護理由。丸山真男認為，這樣的現象展現在二戰時期日本軍人嚴厲對下屬與戰俘的虐待與殘暴行為上。一九四四年在東京大學法學部擔任助教授的丸山真男因為徵召令而進入在朝鮮半島的日本陸軍服役，當時在軍中擔任最低階二等兵的他就飽受其他一等兵與下級士官的嚴厲對待。因為有了朝鮮服役的親身經驗，結合對戰時日本軍人言詞與行為的經驗觀察，丸山真男認為二戰時期的日本軍人嚴厲對待下屬與虐待戰俘，是依據他們身為「天皇的軍隊」、「皇軍的精神與目的是要宣揚皇道」而與日本國家權力結合成為一體的想像。日本國家權力的最高權威來源則是天皇。在軍隊體系中職權愈高者與天皇的關係就愈靠近，因此可以以「天皇」之名對下屬與戰俘實施權力的干涉與強制。[14]

在這個「無責任體系」之中，衍生出日本社會中充斥著「首領式權威的支配」、「追求和諧」與「討論淪為演戲」的情況。即使在一九四五年日本宣布戰敗之後，這三種文化現象仍然充斥在日本的政治與社會活動之中。「首領式權威的支配」是指在上位者對下位者、領導者與被領導者的關係之中，上位者與領導者所擁有的是「權威」。只是，這個權威的來源從「天皇」轉變成了「上司」。要求下位者與被領導者服從權威的理由，從「不畏天皇大不敬」轉變成了「不服從上司大不敬」。[15]因此，雖然戰後日本在各個層級與各個領域有許多的會議，但是這些會議時常與會議參與者相互之間的說服無關，僅是上位者或領導者施予「首領式權威的支配」的場域。在這類型會議之中，自由主義強調彼此平等的主體之間的「自由討論」只是演戲。若這類型會議之中「自由討論」的戲碼被破壞，就會被指責是破壞和諧。而破壞和諧的原因是因為下位者或被領導者被有心人士煽動，或是下位者與被領導者缺乏「教育」。因此，上位者、領導者、上司必須要以父母之心來教育下位者或被領導者。在下位者與被領導者因為接受「教育」而服從於「首領式權威」所支持的價值與文化之後，再實現法規制度賦予他們的權利。[16]丸山認為，從「無責任體系」衍生出的這三種情況是阻礙戰後日本追求自由主義與民主的三大障礙。

[14] 丸山真男，〈日本ファシズムの思想と運動〉，收錄於《現代政治の思想と行動（新裝版）》，（東京：未來社，二〇一五），頁一九－二六。

[15] 丸山真男，〈ある自由主義者への手紙〉，收錄於《現代政治の思想と行動（新裝版）》，（東京：未來社，二〇一五），頁一三九－一四一。

[16] 丸山真男，〈ある自由主義者への手紙〉，《現代政治の思想と行動（新裝版）》，頁一四〇－一四三。

「首領式權威的支配」、「追求和諧」與「討論淪為演戲」這三種情況所促成的一元性思維也與知識分子的意識形態教條化有關。在一九五〇年的日本，不論是美國民主主義的支持者、蘇聯共產主義的支持者，還是英國社會民主主義的支持者，都被丸山認為具有高度意識形態教條化的傾向。而丸山真男對於任何意識形態的教條化都表達了強烈的反對。⑰

一九五〇年在〈給一個自由主義者的信〉之中，丸山認為擁抱各種政治意識形態的日本知識分子都高度傾向於用抽象的意識形態或理論作為對現實政治、社會問題進行認識、批判與判斷的依據。但是，不論這個意識形態或理論是美國式民主、共產主義還是英國式社會民主，都不是從對日本人實際生活的經驗性詮釋之中抽象化、理論化而成的理論，而是將一套來自其他歷史與文化的國家經驗抽象化、理論化而成的理論，套用到對日本人實際生活的認識與判斷。這種「套用」理論的方式就已經蘊含了對豐富多元的現實經驗進行化約性詮釋與簡單化診斷。丸山指出，當時明顯具有各種意識形態教條化傾向的日本知識分子，正是藉由這種「理論套用」的模式來使自己對日本現實政治、社會問題的認識與判斷具有道德上的優越性，並且賦予自己的判斷具有道德上的強制力。

若這些意識形態教條化的知識分子掌握了政治權力，就很容易淪為「首領式權威的支配」。不管這些知識分子所懷抱的價值是美國式民主、共產主義還是英國式社會民主的教條化，在他們的意識之中都認為自己的立場具有道德優越性。所以，對這些知識分子而言，任何質疑與反對的立場都只來自於兩種原因：第一，這些質疑與反對的人沒有真正認識到他們所懷抱的價值，所以必須要以「父母之心」來教育這些人，在這些人成功地被教育之前，就先禁止他們發出質疑與反對的聲音；第二，這些質疑與反對的人是被有心人士惡意煽動，所以除了要教育這些人之外，還要標示出哪些人是進行惡意煽動的有心人士，再予以逮捕、清除。結果就是意識形態教條化的美國式民主阻礙了美國式民主在日本的實行，意識形態教條化的英國式社會民主阻礙了英國式社會民主在日本的實行。這些信奉意識形態教條的知識分子十分確定地認為他們自己知道可以達致「完美」以及如何可以達致「完美」，因此他們可以帶著良心的寂靜做出傷害他人權利的事情，甚至殺害、重傷他人。就此而言，丸山真男對於「首領式權威的支配」的批判與以撒．柏林認為「父權制是可以想像到最嚴重的專制主義」[18]相互呼應。

丸山真男還指出，意識形態教條化的一元性思維還影響到日本人對於「現實」（reality）的想法。這種對「現實」的一元性想法呈現為兩種特徵。第一種「現實」觀的特徵是指「現實」是既定的事實，一旦既定事實形成之後，就無法改變。在這種「現實」觀的特徵之下，提議說「我們要面對現實」等於就是「我們要適應現實」。丸山認為，就

[17] 丸山真男，〈ある自由主義者への手紙〉，《現代政治の思想と行動（新装版）》，頁一三三—一三八。

[18] Isaiah Berlin, "Two Concepts of Liberty," *Liberty*, p.183.

是這種特徵的「現實」觀讓日本經歷了天皇作為「國體」的現實、軍部的現實、滿洲國的現實、退出國際聯盟的現實、七七事變的現實、日德義三國軍事同盟的現實、大政翼贊會的現實、太平洋戰爭的現實、兩顆原子彈的現實……等。在這些「現實」之中，日本政府的決策者都只是缺乏主體性地以適應「現實」為目標來進行決斷，因此使得整個日本國家體系淪為一個根本沒有人能夠負責的「無責任體系」。甚至，丸山真男指出，在這種「現實」觀之中，二戰戰後的日本民主化也只是在「日本戰敗」的既成現實之中被肯定，因此是一種「不得已的民主」。[19]第二種「現實」觀的特徵是只強調「現實」的單一原因與單一應對方式。但是，只要懷抱著「現實感」（sense of reality）來觀察人類世界實際的樣貌，就會發現「現實」是由各種錯綜複雜、相互矛盾與衝突的各種行動與活動所構成。而只強調「現實」的單一原因與單一應對方式，往往是已經預設了某一種價值判斷之後，才會將各種人事物錯綜複雜的「現實」化約為一種單一原因與單一應對方式的「現實」。[20]

丸山真男的處方

面對二戰戰後日本追求自由民主化的挫敗，丸山真男一方面主張自由主義者不能心懷「天下烏鴉一般黑」，因為這樣的想法是忽視歷史與現實世界之中各種存在的可能性，另一方面主張自由主義者要能夠有意識地主動保持能夠讓自己接收到各種多元歧異資訊的狀態。[21]因為丸山真男認為，我們無法製作一個理想理論使得我們能夠從一個超脫經驗現實的立足點來診斷世界，也無法在一個對所有人類而言都是共同的範圍之中完全不受妨礙地與所有人類互動與溝通。就此而言，他認為不論來自「外部」（outside）的理想理論如何地正確無誤，只要這個來自「外部」的理想理論孤立於「內部」（inside）人們的理解與情感，那麼這個來自「外部」的理想理論就無法改善「內部」人們的世界。[22]

因此，對於自由主義者而言，唯一一條向我們開放的道路就是去認識到：當我們無法離開、無法擺脫我們自己世界的限制時，我們可以在所處政治共同體的邊緣安置我們自己，而邊緣領域聯繫著所謂的「外部」。當分享著共同體內部人們的共同想像而生活在共同體邊緣領域時，一個人會試圖去與「外部」保持持續性的聯繫與互動，並且藉此時常破除共同體內部人們擁有的認知模式會凝固僵化的傾向。這種內部人們擁有的刻板認知模式是由外部人誘導，而由內部人們的自我聚積而形成的形象（images）。[23]丸山真男這樣的主張，與薩伊德（Edward Said）對於現代知識分子形象的宣言式描述非常相似。[24]

⑲ 丸山真男，〈「現実」主義の陥穽〉，收錄於《現代政治の思想と行動（新装版）》，（東京：未來社，二〇一五），頁一七二－一七三。

⑳ 丸山真男，〈「現実」主義の陥穽〉，《現代政治の思想と行動（新装版）》，頁一七三－一七四。

㉑ 丸山真男，〈「現実」主義の陥穽〉，《現代政治の思想と行動（新装版）》，頁一七六－一七七。

㉒ 丸山真男，〈現代における人間と政治〉，《現代政治の思想と行動（新装版）》頁四七八－四八〇。

㉓ 丸山真男，〈現代における人間と政治〉，《現代政治の思想と行動（新装版）》，頁四七九－四八一。

丸山真男不鼓吹人們要跳脫自己當下的實際存在而成為一個理想化的「自主性的能動者」（autonomous agency）。因為這樣的主張既是不可能，也是缺乏「現實感」。相對於個人要成為「自主性的能動者」，丸山主張「實際上的自我」（actual self）在保持居於共同體「內部」的同時，也要拓展視野到「外部」，並且持續地與「外部」保持聯繫與互動。對丸山真男而言，智識（intelligence）的作用就在於「在他者的他者性之中理解他者」（understanding others in their otherness）。[25]

「在他者的他者性之中理解他者」這段文字出自曼海姆（Karl Mannheim），丸山真男是從施密特（Carl Schmitt）的著作《從囹圄之中獲救》（*Ex Captivitate Salus*）引述了曼海姆的這句話。[26]丸山真男對「歷史」的重視以及處理「思想史」的丸山方法論，也與他強調「在他者的他者性之中理解他者」息息相關。

丸山認為，閱讀與研究歷史上的經典著作的其中一種意義，是讓讀者能夠暫時地從其所處的當代世界抽離。這種「抽離」不是讓讀者逃避自己所處的現實世界，而是在讀者的意識之中帶來一種與當代世界的「距離感」。這種由「抽離」而帶來的「距離感」能夠使讀者培養去注視當前現實生活全貌的能力。[27]當讀者帶著自我意識閱讀經典著作時，閱讀就是與經典中的他者對話，並且在與經典中的他者對話之中來思考自己。經典著作是作家精心鋪敘「生命」，經由文字凝煉而成的結晶世界，能將敘述、論證與讀者融合成一個的世界。經典著作全都是作者們在俗世中精心打造的高塔與輝煌的宮殿。它們也是人們安泊駐足的港灣，邀請潛在讀者們在享用它們的殷勤中揚起自己的船帆！或許，藉由閱讀經典著作，人們才可能在烏雲密布的天際望見些微天光。丸山真男也是如此理解他對日本思想的歷史研究所具有的意義。丸山認為他對日本思想歷史進行的研究將提供一個觀點，在這個觀點之中，人們在自由地探索日本思想的歷史的同時，也指向了這些日本思想的未來可能性。[28]

就此而言，丸山對日本思想進行歷史研究的目的，一來是藉由詮釋過去來理解當代，二來是藉由詮釋過去來理解當代的同時，也豐富了未來的可能性。換言之，丸山真男在進行日本思想的歷史研究時，不僅是在讀日本歷史上的經典、讀這些經典的作者、讀作者所處的時代，也同時是在閱讀自己以及自己所處的時代。這種循環理解的心智活動，除了要同情地理解作者，反覆思量經典中的意義，掌握書寫的歷史脈絡；也在於培養自己對於自

---

[24] 薩伊德著，單德興譯，《知識分子論》（*Representations of the intellectual:the 1993 Reith lectures*），（臺北：麥田，二〇一一）。

[25] 丸山真男，〈「政治なるもの」とその限界〉，《現代政治の思想と行動（新裝版）》，頁四九二。

[26] 苅部直，《丸山眞男—リベラリストの肖像》，（東京：岩波書店，二〇一四），頁一九九－二〇〇。Karube Tadashi, translated by David Noble, *Maruyama Masao and the Fate of Liberalism in Twentieth-Century Japan*, (Tokyo: I-House Press, 2008), p.160

[27] 苅部直，《丸山眞男—リベラリストの肖像》，頁二〇〇－二〇二。Karube Tadashi, p.161.

[28] 苅部直，《丸山眞男—リベラリストの肖像》，頁一九九。Karube Tadashi, p.160.

身存在與自身處境的理解、反思與判斷。

就如人的生命中有一些非常重大的事件和相遇，它們的意義很難一下子被理解。當今人們與某段歷史時空的歷史研究相遇也是如此。這個相遇的意義可能為今日世界帶來面對目前迫切需要面對問題的新想像、新意識與新可能，也為開端啟新的行動搭建起合適的演出臺。甚至，今日或未來的人們可能從遙遠的歷史背景下的某個特定現象中汲取力量，從而在當下恢復行動和生命力。就如一九七八年傅柯（Michel Foucault）受邀到日本演講，丸山真男與傅柯面談之後，對他及其研究作了以下的評論：「所有他在做的事都是反笛卡兒主義。換句話說，就是對現代理性主義的控訴。但是，來自歐洲笛卡兒主義傳統的巨大重量與力量卻橫亙於與他的對話之中。即使在激烈地對抗笛卡兒主義的同時，他仍然深深地被它所束縛。所以，對笛卡兒主義進行反叛的同時，也賦予了它新生。」[29]傅柯的創造力來自於傅柯對法國智識傳統中笛卡兒主義的繼承與創造性地運用。丸山真男對日本思想的歷史研究，就是希望能在對日本歷史上的日本思想進行再詮釋的研究之中，挖掘日本歷史與文化內部可能支持日本對自由主義與民主進行永恆追求的思想資源。而丸山真男心中的自由主義與民主主義則是超越任何特定體制的永恆運動，對自由主義與民主主義的追求是一場「永恆的革命」。[30]也因為這是一個「永恆的革命」，所以在任何特定時空中追求自由主義與民主主義的個殊人們，所追求的自由主義與民主主義至多都只會是一個暫時的、有限的解答。任何體制都不會是對自由主義與民主主義的完全實現，任何宣稱已經實現自由主義與民主主義理想的體制，都不會是真正地實現自由主義與民主主義。

就如東京大學學者苅部直則總結丸山真男與傅柯會面的意義：「一個遠東的政治理論研究者在現代性的旗幟下邁步前行，以及一個西方的哲學家宣揚現代主體性的消亡。但是，一方面他們兩人都在與他們自己的傳統鬥爭、掙扎，另一方面他們都經由再次詮釋他們自己的傳統來尋找、促進一種立基於歷史論述之中的政治介入形式。」[31]

伯納德．威廉斯的政治現實主義與自由多元主義

丸山真男的著述是對他走過的時代所進行的詮釋、診斷與批判，並且試圖尋求二戰後日本人進行「內在變革」的可能性。這個「內在變革」的目標是使日本成為一個自由主義、價值多元與民主的獨立國家（作為個人的公民具有個人層次上的主體性與作為政治共同體的國家具有集體層次上的主體性）。因此，丸山真男的著述不只是在詮釋（interpret）與批判（critique），還試圖提出處方（prescribe）：指出日本內部有什麼文化資源可能讓日本能朝自由主義、價值多元與民主的獨立國家前進，並且讓自由主義、價值多元與民主可

---

29 苅部直，《丸山眞男—リベラリストの肖像》，頁二〇三。Karube Tadashi, pp.162-163.

30 丸山真男，〈追記および補註〉，《現代政治の思想と行動（新装版）》，頁五七四－五七五。

31 苅部直，《丸山眞男—リベラリストの肖像》，頁二〇三－二〇四。Karube Tadashi, p.163.

能在日本內部的文化之中找到扎根的所在（place）而逐漸生根茁壯。

而威廉斯的自由多元主義理論，則是進行內部批判、尋求政治問題的內部解答（internal answer）的抽象政治理論。威廉斯之所以重視從內部進行批判，從內部尋求政治問題的內部解答，是因為他認為如此才能是對於所處不同環境的不同人群有意義的政治理論。這樣的政治理論讓處於不同環境的不同人群認識到「他是誰」以及「他身處在哪裡」，並且從「他是誰」與「他身處在哪裡」出發，讓他認識到在怎樣的觀念結構之中，他所選擇的「自由」觀念有哪些選項；以及在這樣的選項之中，所能與之相合的政治組織安排會是什麼。

威廉斯的「批判理論檢驗」

威廉斯進行內部批判與對政治問題的內部解答，與其政治現實主義（political realism）的理論立場相關。威廉斯的政治現實主義之目標，是要試圖劃下政治領域中最低限度的規範性原則。他認為，這個最低限度的規範性原則的內容，必須要能避免非正義與非理性的普世性典範：權力擁有者使用權力去強制他者違背自己的意志，並使被強制的他者去做僅僅符合權力擁有者之喜好與利益的事，而且這些權力擁有者還拒絕聆聽他者反對其做法的言論。[32]換言之，擁有權力者或權力本身並不意味著具有正當性。而不論是在哪一個歷史情境或文化之中，都會對於運用權力的正當性進行辯護與證成。然而，對於運用權力的正當性進行辯護與證成的實質內容，會隨著歷史情境與文化的不同而有所差異。

雖然威廉斯認為不同的文化會以不同的方式為運用權力的正當性進行辯護與證成，但是不同的文化仍然在一些「薄」意義上具有共同點。其中一個共同點就是人們都尋求避免「霍布斯式恐懼」（Hobbesian fear）：即避免飢餓、營養不良、匱乏、貧困、骯髒、謀殺、強迫遷徙。[33]在人們都會避免「霍布斯式恐懼」、追求自我保存與人類是群居性的生物的前提之下，威廉斯認為首要政治問題是霍布斯式的「維持安全、秩序、保護、信任與維持合作的條件」。而這個霍布斯式的政治問題之所以是「首要的」，是因為：

1. 對這個政治問題的解決是每時每刻都被要求要回應的問題。
2. 對這個政治問題的解決是解決或促進其他問題的條件。
3. 對這個政治問題的解決方式，受歷史情境影響。[34]

「合法性」（Legitimacy, LEG）則是解決首要政治問題的狀態。但是這並不表示具有

---

[32] Bernard Williams, *In the Beginning was the Deed* (Princeton: Princeton University Press, 2005), p.23.
[33] Bernard Williams, *In the Beginning was the Deed*, p145.
[34] Bernard Williams, *In the Beginning was the Deed*, pp.3-4.

「合法性」的狀態（即解決首要政治問題）就必然能使一群人成為一個國家。換言之，一個國家會關注於使其自身具有「合法性」（即解決首要政治問題），但是一個國家之所以能成為國家不只是要具有「合法性」。

雖然「合法性」是使臣民（subjects）免於「霍布斯式恐懼」的狀態，但「合法性」無法為一個國家運用權力的權威（authority）提供充足的辯護。具有強制性的權力本身所能提供的僅僅是具有強制性的權力，但權力本身無法證成它自己的使用具有正當性。當一個國家中的所有臣民都處在國家權力的影響中，若國家僅僅是赤裸裸地將權力施加於所有臣民，則臣民就無法完全確認自己能免於被「恐懼」（fear）所籠罩。因此，若一個國家運用權力的權威要具有「正當性」（legitimation），就必須在這個國家的內部存在有證成其權威具有正當性的來源。加上在國家內部，「合法性」要求國家必須要使其國民免於「霍布斯式恐懼」。因此，國家就有必要為自身運用權力的權威之所以具有「正當性」提供證成。若一個國家運用權力的權威具有「正當性」，就滿足「基本正當性需求」（Basic Legitimation Demand, BLD）。

換言之，當一個國家要將權力運用在一些人身上時，這些人就成為了臣民。這些成為臣民的人就能正當地要求國家提供關於證成其運用權力的權威具有「正當性」的論述。[35] 當這個論述能夠被臣民接受作為「政府具有正當地運用權力的權威」且是對首要政治問題的解決方案（即被臣民接受作為「避免飢餓、營養不良、匱乏、貧困、骯髒、謀殺、強迫遷徙」的方案），那麼這個論述就滿足了「基本正當性需求」。也因此，「基本正當性需求」意味著存在有一個對首要政治問題的「可被接受的」解決方案。「基本正當性需求」不是以先於政治的道德來作為政治領域的規範原則。「基本正當性需求」是內在於對首要政治問題的回應。[36]

然而，「基本正當性需求」無法確保臣民能夠避免「因為政府權力的強制而接受政府證成其運用權力的權威具有正當性的論述」。威廉斯認為：若臣民之所以接受一個滿足「基本正當性需求」的論述，是因為強制性權力本身，那麼這個正當性的證成對臣民而言就失去了意義。而為了解決這個問題，威廉斯提出「批判理論原則」（the critical theory principle）。「批判理論原則」認為接受一個證成正當性的論述要具有意義，就必須是取決於：

1. 這個論述能夠說明它證成正當性的論述內容不是以虛假意識（false consciousness）作為基礎。

---

[35] 若臣民要求國家提供關於證成其運用權力的權威具有「正當性」的論述是不正當的，則國家就僅是在滿足「合法性」（指國家僅使臣民免於「霍布斯式恐懼」）的情況下，赤裸裸地將權力施加於臣民。

[36] Bernard Williams, pp.4-6.

2. 這個論述能夠決定什麼與「被認為需要被證成具有正當性的強制性權力」有關聯性。[37]

根據「批判理論原則」，威廉斯提出「批判理論檢驗」（the critical theory test）作為檢視滿足「基本正當性需求」的論述或是一個群體所擁有的信念（belief）是否產生於具有強制性的權力或虛假意識。「批判理論檢驗」叩問的問題是：

如果某一些人恰當地理解到他們是如何開始持有那個信念，那麼他們會放棄它嗎？[38]

這個問題，就如同在叩問：在實行義務教育的學校之中，教師強迫學生在教室內聽課是否具有正當性；以及如果學生恰當地理解到他們是如何開始認為他們自己應該在教室內聽課，他們是否會放棄「他們自己應該在教室內聽課」的信念。

在「批判理論檢驗」中，涉及在某個系統內部的權力強勢者（即指導者）與權力劣勢者（被指導者），就如同在實行義務教育的學校系統內部，擁有權力的教師與權力劣勢者的學生。因此，威廉斯提供給權力劣勢者（被指導者）的「批判理論檢驗」分作四個步驟：

（1）在這個系統中，權力與優勢的分配基本上是公正的（basically just）。

（2）權力劣勢者（被指導者）相信（1），只是因為更有權力的那一方的成員（稱之為「指導者」）給予了他們適當的訓練。

（3）只有當（1）為真的時候，權力強勢者（指導者）才有了一個適當的立基點去聲稱（1）為真。因為，權力強勢者的權威基礎來自（1）的系統本身。

（4）關於權力強勢者（指導者）對於他們自己的權威的信念，存在著很好的說明。這意味著，在（3）得到接受的情況下，對於權力強勢者去教導（1）也有很好的說明。但是，權力強勢者對於自己去教導（1）能提供很好的說明並不意味著（1）為真。[39]

若僅僅存在有（1）與（2）的檢驗，並無法確保臣民能夠避免「因為政府權力的強制而接受政府證成其運用權力的權威具有正當性的論述」。因為政府實行的資訊控制、灌輸臣民虛假意識就能夠使臣民不去懷疑「（1）是否為真？」的問題。只有在通過（3）

[37] Bernard Williams, *Truth and Truthfulness: an Essay in Genealogy* (Princeton: Princeton University Press, 2002), pp.219-224.

[38] Bernard Williams, *Truth and Truthfulness: an Essay in Genealogy*, p.227.

[39] Bernard Williams, *Truth and Truthfulness: an Essay in Genealogy*, pp.227-229.

的檢驗之後，系統的公正性以及權力強勢者（指導者）與權力劣勢者接受這個系統具有公正性的理由才能夠結合在一起。在（3）的檢驗之下，權力劣勢者才能夠去比較「權力劣勢者接受這個系統具有公正性的理由」與「權力強勢者宣稱這個賦予他們自己擁有運用權力之權威的系統具有公正性的理由」是相合還是有所衝突。而且，在（3）的檢驗之下，即使權力強勢者自認為自己擁有的權威具有正當性且自認為自己去教導權力弱勢者具有正當性，也無法說明「這個賦予他們自己擁有運用權力之權威的系統具有正當性」；意即（4）的內容。

因此，威廉斯認為他提出的「批判理論檢驗」能夠讓權力劣勢者去檢視他們自己所持有的信念是否僅僅來自於權力強勢者的權力強制，還是權力強勢者所營造的虛假意識，進而思考自己是否要繼續持有這樣的信念，或是放棄這樣的信念。威廉斯的「批判理論檢驗」一來避免了對外部的「他者」進行「外部批判」，以及權力劣勢者從來自「外部」的標準作為立基點來批判內部權威時，容易淪為意識形態之間的爭論；二來提供了一種脈絡主義式的、內在的檢驗，來檢視經由未受肯認的權力所引起的信念是否有正當性。

但是，人們要如何判斷「批判理論檢驗」中的（1）「在這個系統中，權力與優勢的分配基本上是公正的」為真呢？威廉斯認為這就必須要牽涉到對於過往的歷史書寫（historiography），以及立基在歷史書寫之上的論證。以威廉斯對德沃金（Ronald Dworkin）政治哲學與羅爾斯（John Rawls）政治哲學的批評為例。雖然威廉斯反對德沃金的「最高法院式政治哲學」[40]，也不同意羅爾斯的「建國之父式政治哲學」。但威廉斯會同意將德沃金的政治哲學視為是：在《美國憲法》（Constitution of the United States）所規約的法律與政治制度之中，試圖指導最高法院大法官在憲法解釋的層次上為疑難案件（hard case）找到最佳判決。威廉斯也將羅爾斯的政治哲學視為是對《美國憲法》的再詮釋。換言之，德沃金與羅爾斯的政治哲學之所以對於美國人而言可能是「有意義、合情理」，是與《美國憲法》的歷史書寫、對《美國憲法》之詮釋的歷史書寫以及歷代美國最高法院大法官實行其職權的歷史書寫具有某種密切的關聯。這也是為什麼威廉斯評斷羅爾斯的政治哲學本身就已經以某種歷史書寫作為其理論的預設。[41]

對於威廉斯而言，各種政治價值之間關係的確立不能僅僅來自於一個憲政詮釋，即使在某些政治文化中（例如美國），憲政詮釋的活動具有重要性。因為，威廉斯認為，若將憲政詮釋視為具有普遍性，容易錯誤地使關於原則問題的政治思考等同於憲法詮釋。但

[40] 德沃金提出一組能夠和諧且不互相衝突地詮釋的價值群，而且認為作者、聽者們與觀眾們都能夠經由論證而被說服去接受一組能被和諧且不衝突地詮釋的價值群。但是，威廉斯認為德沃金的政治哲學必須要假定作者、聽者們與觀眾們都在制憲會議或最高法院之中才能「有意義、合情理」（make sense）。但是實際上，作者、許多聽者與觀眾都不是制憲會議或最高法院的成員。他們既沒有擁有制憲會議與最高法院成員擁有的權力，也不擔負制憲會議與最高法院成員因為擁有某些權力而來的政治約束與限制。

[41] Bernard Williams, *Essays and Reviews, 1959-2002* (Princeton: Princeton University Press, 2014), pp.326-332.

是，在政治層面進行對抗與競爭的各方不一定會只關注對於憲法文本的詮釋。[42]而且政治層面的分歧與對抗也都不僅僅是智識層面上的歧異與對抗。若將政治層面上的分歧與對抗化約為智識層面上對於某一文本詮釋的歧異與對抗，將是一種對於政治現實的嚴重忽略與化約性理解。因為，人們如何理解政治層面上的分歧與對抗，會影響到人們對於以下問題的理解：人們如何理解他們的對手？人們與他們的對手之間的「對抗」在多大的層面上是與利益有關？又在多大的層面上，人們與他們的對手之間的「對抗」是與原則有關？在這樣的「對抗」之中，又是有什麼樣的情感、情緒與心理傾向涉入其中？

而在政治層面進行對抗與競爭的各方之所以會重視以對憲法文本的詮釋作為解決政治對抗與競爭的方式，其實是建基在支持「憲法具有權威」以及「對憲法的詮釋權具有權威」的歷史書寫之上。這就是威廉斯所謂的：如何判斷「在這個系統中，權力與優勢的分配基本上是公正的」為真，就必須要牽涉到對於過往的歷史書寫，以及以歷史書寫為基礎的證成。

也正是因為判斷「在這個系統中，權力與優勢的分配基本上是公正的」是否為真的判準在於「立基於歷史書寫之上的證成」：這個證成是以該歷史書寫所乘載的歷史背景、社會背景與文化背景作為預設，所以這個證成「在這個系統中，權力與優勢的分配基本上是公正的」的論證就會與現實中的歷史、社會、文化產生聯繫，而不會成為與現實、實踐脫鉤的意識形態。

威廉斯的自由多元主義

歷史書寫作為一種敘事（narrative），是屬於一群人或一個社群的敘述所組成的故事。這些敘事的意義範圍有狹隘、有寬廣之別。人們需要這些敘事所帶來的意義與希望。敘事能闡明社群的邊界與歷史。社群中的個人能夠通過敘事認識到自我作為社群的一部分而與社群中的他者一起生活。「我們」（we）之所以能夠形成，正是有賴於人們從能夠帶來希望的相同敘事之中，與前人以及共同生活的他者形成無形的約定，並且獲取對人生與生活的意義。就如，美國人對《美國憲法》的承認與經由對《美國憲法》的詮釋來不斷使美國政府具有「正當性」的過程，正是形塑美國人作為「我們」的文化核心。

威廉斯認為：

> 「我們」不是指世上的每一個人，也不是指在西方世界之中的每一個人。我希望它不只是去指那些已經有跟我一樣思考的人們。我最多只能說，這裡的「我們」一詞並非是預先而僵固的指定，而是透過「邀請」來運作的（我相信這在哲學、特別是倫理學中的「我們」一詞也是如此）。這並不是一種我來告訴你「我跟其他人在想什麼」，而是我

42 Bernard Williams, *In the Beginning was the Deed*, pp.85-87.

請你來想想，你跟我要把某些事情想到什麼樣的程度，以及我們或許還有什麼其他事需要好好想想。[43]

不同敘事屬於不同的「我們」，會賦予不同的「我們」以意義與希望。這些不同的敘事可能可以彼此融合成一個更大的敘事而擴大了「我們」，賦予這個擴大了的「我們」具有意義與希望。但更常見的情況是這些敘事無法融合為一個更大的敘事，甚至會彼此矛盾、彼此相互衝突。這些歧異、甚至彼此矛盾衝突的敘事賦予某群「我們」以意義與希望的同時，卻可能也賦予了另一群「我們」以低落與失望。

雖然，人們無法完全自由地選擇哪一種敘事會對「我們」產生意義。「我們」的範圍會隨著能夠對那個敘事「有意義、合情理」的群體而變化。產生變化的諸多原因時常來自人們未所預期的後果（unintended consequence）與歷史偶然性（contingency）。就此而言，各種「我們」的形成，以及各種「我們」所需要的價值與觀念，都牽涉到一種複雜的歷史沉澱。以那種偶然的歷史沉澱作為基底，各種「我們」以及各種「我們」所需要的價值與觀念才成為今日的樣貌。而這些種種無法被包含在任何可以被稱作「定義」（definition）的內容之中。只有無歷史的事物可以被定義，具有歷史向度的事物無法被「定義」涵括在內。「我們」作為具有歷史向度的詞彙，「我們」是無法被「定義」涵括在內的對象，並且處於不斷變動的狀態。因此，「我們；我們的」（we, our）作為威廉斯政治理論中的重要規範性概念，是屬於歷史性理解的範疇，是每個時刻都待詮釋的範疇。

在現代世界的花園中縈繞著許多異質的回音，這些回音會縱橫交錯為各種敘事、編織成各種真實故事（truthful stories）。每一個歷史敘述都是一個真實故事。這些真實故事的意義範圍有狹隘、有寬廣之別。人們需要這些真實故事所帶來的意義與希望。人們也藉由各種能夠帶來希望的真實故事而形成「我們」。然而，人們無法完全自由地選擇哪一種真實故事會對「我們」產生意義。「我們」的範圍也會隨著能夠對那個真實故事「有意義、合情理」的群體而變化。產生變化的諸多原因時常來自人們未預期的後果與歷史偶然性。而且，對「我們」有意義、為「我們」帶來希望的故事，不一定會對不屬於「我們」的他者產生意義或希望，甚至可能會對不屬於「我們」的他者造成「他們」失去希望的風險。而在現代性中，個人時常同時屬於不同面向、不同領域的「我們」、甚至是同時屬於相互交疊或相互衝突的複數個「我們」。

就此而言，因為各種不同的故事（其中包含了各種不同的「證成合法化的故事」）所區分的各種「我們」與「他們」之分，使得政治層面的基本事實就是：「政治異議」（political disagreement）的存在。威廉斯認為「自由」（liberty）作為一種政治價值，就意味著具有正當性的政治權威（political authority）就內在地肯定「自由」，並且會聚焦於政

43 Bernard Williams, *Shame and Necessity* (Berkeley: University of California Press), p.171.

治的事實：「政治異議」的存在。[44]因為政治權威的存在是為了要解決首要政治問題。而一個通過「批判理論檢驗」且滿足「基本正當性需求」的政治權威不會再只促成了另一個敵對關係。[45]一個通過「批判理論檢驗」且滿足「基本正當性需求」的政治權威就是一個具有正當性的政府之存在。一旦有一個「具有正當性的政府」，就必須要有一個「證成正當性的故事」（legitimation story）。「證成正當性的故事」解釋了為什麼國家的權力能夠在某些方面強制一些人更甚於另一些人，並且允許在某些方面限制一些人的自由程度更甚於另一些人。

而且對所有公民而言，這個「證成正當性的故事」被視為是正當化政府權力結構安排的辯護來源。這意味著對於所有公民而言，存在有一個被同意的政治權威能夠進行具有正當性的同意與否決。只要政治對抗的各方共享一個政體，而且都不試圖摧毀這個政體，那麼政治對抗的各方就同意存在有一個政治權威能夠決斷懸而未決的紛爭。

在一個國家之中，存在有一個上述類型的「證成正當性的故事」並不意味著公民必須要被平等地對待，因為上述類型的「證成正當性的故事」可能使得一個階序性政治秩序具有正當性。然而，威廉斯認為，生活於二十世紀與二十一世紀之交的人們所身處的歷史時空特徵就是「現代性」（modernity）。威廉斯認為現代性文化的特徵有：除魅、理性化官僚統治；[46]現代性文化中的人們對於自身的歷史性具有自我意識，這樣的自我意識也叩問著人們去回應「自己要如何理解自己？」的需求。[47]這個需求經由能夠準確地符合事實的敘事來滿足。

在現代性之中，人們看待支持階序性政治秩序的「證成合法化的故事」為「僅僅是不真實的」（simply untrue）故事，因為在這些故事之中時常具有宗教性證成（religious justification）或其他超驗性證成（transcendental justification）。[48]所以在現代性的世界之中，人們不相信支持階序性政治秩序具有正當性的「證成正當性的故事」。這就是威廉斯所宣稱的：「滿足基本正當性需求＋現代性＝自由主義」。[49]就此而言，在現代性社會之中人們所需要的「自由」是內在地聯繫到現代性社會文化的特徵與核心社會活動，例如普

---

[44] 威廉斯認為「政治異議」與「道德異議」（moral disagreement）不同。「道德異議」的特徵是藉由帶進決斷（decision）之中的各種理由（reasons）所帶來的思量品質。「政治異議」則是經由國家權力的部屬而被界定是在應用的領域之中。而進入政治決斷與政治論證的理由有很多種類。因此，「政治異議」不僅僅是「道德異議」。談論「政治異議」不一定要牽涉到「道德異議」，雖然許多「政治異議」也許會牽涉到「道德異議」。然而，「政治異議」也不一定僅僅牽涉到利益上的異議，雖然許多「政治異議」也許只是僅僅牽涉到利益上的異議。見Bernard Williams, "From Freedom to Liberty: the Construction of a Political Value," *In the Beginning was the Deed*, pp.77。

[45] 但是，一個通過「批判理論檢驗」且滿足「基本合法化需求」的政治權威也無法為解決「政治異議」提供一個具有普遍性與永久性的解答。

[46] Bernard Williams, *In the Beginning was the Deed*, p.9.

[47] Bernard Williams, *In the Beginning was the Deed*, p90.

[48] Bernard Williams, *In the Beginning was the Deed*, p.95.

遍的商業貿易活動。只有能夠聯繫到具有現代性社會文化特徵之社會活動的「自由」，對於身處於現代性文化之中的人們才能夠「有意義，合情理」，並且成為現代性文化之中人們的「內在價值」。[50]

威廉斯認為，一個與現代性合搭的「自由」理論能讓人們認識到「他是誰」以及「他身處在哪裡」。進而讓人們從「自己是誰」與「自己身處在哪裡」出發，讓人們認識到：在怎樣的觀念結構之中，對於自己要宣稱哪一種「自由」觀念有哪些選項可以選擇；以及在這樣的選項之中，所能夠相合的政治權力安排會是如何。[51]而且，在現代性之中，與其他的政治價值觀相比較之下，自由主義「比較」能使時常處於相互衝突狀態的人們免於「霍布斯式恐懼」的籠罩與滿足人們的「基本正當性需求」，並儘量避免衝突造成的悲劇性。這就是威廉斯支持「免於恐懼的自由主義」（the liberalism of fear）的理由。對「免於恐懼的自由主義」而言，政治生活的基本單位是弱勢者（the weak）與強力者（the powerful）。而「免於恐懼的自由主義」所要維持的自由是「免於權力的濫用，以及使弱勢者者免於權力擁有者的恐嚇」。[52]威廉斯認為，非烏托邦式的、屬於「政治的」領域的「免於恐懼的自由主義」所要應對的對象是：那些造成恐懼，無可抹煞、無可否認的實際情況；並且關注因為權力與恐懼所造成的損害及其補償。[53]

比較起其他政治價值觀，一個強調寬容與自由的社會（藉由在制度上適當安排，讓各種敘事、解釋與說明的需要得到實現，並且能讓相異、甚至衝突的各種敘事、解釋與說明彼此相互面對）的「免於恐懼的自由主義」比較能夠提高人們的共同理解，比較能避免人們淪為相互將作為他者的群體視為敵人，比較能夠避免人們深陷於恐懼之中。若把目光面向未來。在未來，「我們」比較有可能去講述足夠多的真實故事，讓更多人更有機會彼此傾聽到彼此的真實故事。當更多人聽到這個內容涵蓋足夠廣泛的真實故事而不會產生絕

49 Bernard Williams, In the Beginning was the Deed,p.9.

50 威廉斯對「內在價值」（intrinsic value）的闡述，清楚地表現了他認為人類具有的思想與觀念的意思都是具有偶然性的歷史現象（Williams, 2002: 85-93）。將「價值」分為自我充足的「內在價值」與「工具性價值」的二分法至少可以追溯至柏拉圖，而威廉斯反對這種二分法。他認為，價值A若是一個「內在價值」，這就意味著人們只能從價值A的內部來理解價值A的價值。換句話說，就是人們能夠把價值A與人們重視的其它價值聯繫在一起，或是人們能夠把價值A與人們的倫理情感聯繫在一起。因此，威廉斯將檢驗一個價值是否是「內在價值」的檢驗步驟分作以下兩步：（1）人類將價值A視為具有一個內在的善（intrinsic good），是因為「將價值A視為具有一個內在的善」，對於人類的要滿足基本需要而言是必要的事或近乎必要的事。（2）人類能夠將價值A一致地視為一個內在的善。這也意味著在人類在生活中不停地對生活經驗進行反思時，「將價值A視為具有一個內在的善」是穩定的。而前一句中「穩定的」的意義是：某人能夠以其生活之中的其它多種價值作為背景來理解價值A。也就是某人能夠找到一個內在結構能夠使「價值A作為一個內在的善」與其它的價值相互聯繫在一起。見Bernard Williams, *Truth and Truthfulness: an Essay in Genealogy*, pp.92-93.

51 Bernard Williams, *In the Beginning was the Deed*, pp.95-96.

52 Bernard Williams, *In the Beginning was the Deed*, p.54.

53 Bernard Williams, *In the Beginning was the Deed*, p.55.

望、不會失去希望，那麼這就已經是「希望」[54]了。[55]

結語：讓人性具有意義的回答

柏林、丸山真男、威廉斯都同樣認為一個脫離了現實的抽象概念體系並不是以實際的人及其生活作為出發點而建構的理論；他們認為，理論建構的合宜出發點必須要將概念定錨在現實基礎之上。丸山真男的著述正是對他走過的現實歷史所進行的詮釋、診斷與批判，並且試圖尋求對丸山而言作為「我們」的日本人要進行「內在變革」的可能性。這個「內在變革」的目標則是使日本成為一個自由主義、價值多元與民主的獨立國家（作為個人的公民具有個人層次上的主體性與作為政治共同體的國家具有集體層次上的主體性）。因此，丸山真男的著述不只是在作詮釋與批判，還試圖提出處方：指出有什麼文化資源可能讓日本能朝自由主義、價值多元與民主的獨立國家前進，並且讓自由主義、價值多元與民主可能在日本內部的文化之中找到扎根的所在（place）而逐漸生根茁壯。

而威廉斯則從他的「政治現實主義」提出的「批判理論檢驗」，一來能夠確保臣民能夠避免「因為權力強勢者使用權力的強制，而接受權力強勢者證成其運用權力的權威具有正當性的論述」；二來能夠避免權力強勢者證成其運用權力的權威具有正當性的論述其實是一個脫離現實的意識形態。

正如羅蒂（Richard Rorty）對威廉斯哲學事業的評論：「威廉斯延續了許多以撒・柏

林的著作內容」[56]。在〈免於恐懼的自由〉（The Liberalism of Fear, 2005）一文中，威廉斯認為他與柏林有許多智識上的相似性。他們同樣對系統（system）與系統性理論充滿不信任。他們相信道德與實際的生活是無法分離的，並強調道德生活的複雜性與不可化約性；他們重視生活經驗具有豐富性的意義；他們重視「智識誠實」（intellectual honesty）；強調兼有「現實感」（sense of reality）與「過去感」（sense of the past）的重要，就如威廉斯引述尼采的文字：「缺乏歷史感是許多哲學家的缺陷……從現在開始需要的是『歷史的哲學

54 在威廉斯接受《哈佛大學哲學評論》訪談的最後，他說要好好思考：為什麼他要引述這段康拉德《黑暗之心》的文字作為這本書最後一段引述文字。而這段引文與威廉斯在《真理與真誠：一個系譜學式的著作》（*Truth and Truthfulness: an Essay in Genealogy*, 2002）一書的最後所提到的「希望」（hope）有關。這段文字是：This is the reason why I affirm that Kurtz was a remarkable man. He had something to say. He said it...... He had summed up｜he had judged.'The horror!' He was a remarkable man. After all, this was the expression of some sort of belief; it had candour, it had conviction, it had a vibrating note of revolt in its whisper, it had the appalling face of a glimpsed truth. Bernard Williams, *Truth and Truthfulness: an Essay in Genealogy*, (Princeton: Princeton University Press, 2002), p.268. 刊登於二〇〇四年《哈佛大學哲學評論》的訪談紀錄：https://manwithoutqualities.files.wordpress.com/2015/12/harvardreview_2004_0012_0001_0080_0091pdfnameharvardreview_2004_0012_0001_0080_0091.pdf。

55 Bernard Williams, *Truth and Truthfulness: an Essay in Genealogy* (Princeton: Princeton University Press, 2002), pp.267-268.

56 引自Richard Rorty, "To the Sunlit Uplands," from *London Review of Books*: https://www.lrb.co.uk/v24/n21/richard-rorty/to-the-sunlit-uplands。

性闡述』（historical philosophizing）。」他們相信價值多元論，相信世界上有著諸多無法做高低順序排序、無法做辭典式排序、彼此之間都很重要但又無法彼此化約彼此共量的諸多價值，在這些價值之間不得不進行的任何選擇都是具有悲劇性的選擇。[57]

丸山真男、威廉斯與柏林都具有狐狸的氣質。他們的思想與著作都試圖讓「人性」（humanity）這個單字自身就具有豐富的意義。他們認為，對於現代性中的「人性」而言，沒有任何作為唯一真理的超驗價值、沒有任何脫離個人經驗性而存在的先驗「理性」、也沒有可以以量化的方式計算出來的絕對的、客觀的集體利益與個人利益。要讓「人性」具有意義的回答，就存在於去理解：作為他者的人們實際上是如何在思考、如何在感覺、如何懷抱著抱負與希望；以及是什麼文化與歷史孕育、滋養這些作為他者的人們所抱持的認知、思考、感覺、抱負與希望。

---

57 Bernard Williams, *In the Beginning was the Deed*, p.52.

苅部直

——2014，《丸山眞男—リベラリストの肖像》，（東京：岩波書店）。

——2008, translated by David Noble. *Maruyama Masao and the Fate of Liberalism in Twentieth-Century Japan*. Tokyo: I-House Press.

王前，2014，〈伯林批判啟蒙批錯了？——牛津伯林研討會雜記〉，《香港：本土與左右・思想》，（臺北：聯經出版公司），第26期。

〈施密特為什麼這麼「熱」？——日本政治思想學會年會紀實〉。文章連結：http://www.thepaper.cn/newsDetail_forward_1251127。

薩伊德（Edward Said）／著，單德興／譯，2004，《知識分子論》，（臺北：麥田出版）。

——.2017, Enzo Rossi and Janosch Prinz, "Political Realism as Ideology Critique," *Critical Review of International Social and Political Philosophy* 20(3) : 334-348.

Enzo Rossi and Matt Sleat,2014, "Realism in Normative Political Theory," *Philosophy Compass*: 689-701.

Fumiko Sasaki, 2012, *Nationalism, Political Realism and Democracy in Japan: The Thought of Masao Maruyama*. London: Routledge.

Isaiah Berlin, 2002, "Two Concepts of Liberty". in edited by Henry Hardy. *Liberty*. Oxford: Oxford University Press.

Martha Nussbaum, 2002, "Tragedy and Justice: Bernard Williams Remembered," 2003, from: http://bostonreview.net/archives/BR28.5/nussbaum.html

Richard Rorty, 2002, "To the Sunlit Uplands," October 31, 2002, from: https://www.lrb.co.uk/v24/n21/richard-rorty/to-the-sunlit-uplands

Rikki Kersten, 1996, *Democracy in Postwar Japan: Maruyama Masao and the Search for Autonomy*. London: Routledge.

丸山真男

——2003，《丸山眞男集・第五卷》，（東京：岩波書店）。

——2003，《丸山眞男集・第五卷》，（東京：岩波書店）。

——2003，《丸山眞男集・第五卷》，（東京：岩波書店）。

——2003，《丸山眞男集・第五卷》，（東京：岩波書店）。

——2006，《現代政治の思想と行動》，（東京：未來社）。

——2014，松本礼二／編，《政治の世界・他十篇》，（東京：岩波書店）。

——2015，古矢旬編，《超国家主義の論理と心理・他八篇》，（東京：岩波書店）。

——2016，《日本の思想》，（東京：岩波書店）。

——1984，林明德／譯，《現代政治的思想與行動》，（臺北：聯經出版公司）。

——2009，區建英與劉岳兵／譯，《日本的思想》，（上海：生活・讀書・新知三聯書店）。

——1997，區建英／譯，《日本近代思想家福澤諭吉》，（北京：世界知識出版社）。

——2000，王中江／譯，《日本政治思想史研究》，（上海：生活・讀書・新知三聯書店）。

——1969, edited by Ivan Morris. *Thought and Behavior in Modern Japanese Politics*. Oxford: Oxford University Press.

Steinberg, M. D. (ed.) 2001, *Voices of Revolution*, 1917, trans. by M. Schwartz, Yale University Pres, New Havens.

Verner, A. 1995, "Discursive Strategies in the 1905 Revolution: Peasant Petitions from Vladimir Province," *Russian Review*, vol.54, no.1, pp. 65-90.

Yaney, L.G. 1982, *The Urge to Mobilize: Agrarian Reform in Russia*, 1861-1930, University of Illinois Press, Urbana.

付世明，2005，《20世紀初期俄國村莊》，（廣西：廣西師範大學出版社）。

西克史密斯（Martin Sixsmith）／著，周全／譯，2016，《俄羅斯一千年》，（臺北：左岸文化）。

呂雨雯，1996，《史托里賓改革的背景探討（1861-1905）——以農民問題為中心》，輔仁大學碩士學位論文。

何萍，2011，〈帝俄晚期農民對土地財產權論述之探討〉，《東吳歷史學報》，第26卷，12月，頁121-182。

胡臺屏，1980，〈俄國農奴制度〉，《蘇俄問題研究》，第21期，頁13-15。

陳思涵，2014，《俄羅斯帝國晚期史托里賓的土地改革：背景、內容、結果（1906～1914）》，淡江大學碩士學位論文。

13 自由多元主義如何讓人性有意義

Bernard Williams, 1973, *Utilitarianism: For and Against*. Cambridge: Cambridge University Press.

——.1985, *Ethics and the Limits of Philosophy*. Massachusetts, Cambridge: Harvard University Press.

——.1994, *Shame and Necessity*. Berkeley: University of California Press.

——.2002, *Truth and Truthfulness: an Essay in Genealogy*. Princeton: Princeton University Press.

——.2005, *In the Beginning was the Deed*. Princeton: Princeton University Press.

——.2006, *Philosophy as a Humanistic Discipline*. Princeton: Princeton University Press.

——.2014, *Essays and Reviews, 1959-2002*. Princeton: Princeton University Press.

Colin Koopman

——.2013, *Genealogy as Critique: Foucault and the Problems of Modernity*. Bloomington: Indiana University Press.

——.2009, Edited by Daniel Callcut, *Reading Bernard Williams*. London: Routledge Press.

Halperin, C.J. 1998, "Russo-Tatar Relations in Mongol Context: Two Notes," *Acta Orientalia Academiae Scientiarum Hungaricae*, vol. 51, no. 3, pp. 321-339.

Kivelson, V. 1997, "Merciful Father, Impersonal State: Russian Autocracy in Comparative Perspective," *Modern Asian Studies*, vol. 31, no. 3, special issue, pp. 635-663.

MacKenzie, D. & Curran, M.W. 2002, *A History of Russia, the Soviet Union, and Beyond*, Wadsworth & Thomson Learning, Boston.

Maier, I. 2017, "How Was Western Europe Informed about Muscovy? The Razin Rebellion in Focus," in S. Franklin & K. Bowers (eds.), *Information and Empire-Mechanisms of Communication in Russia*, 1600-1854, Open Book Publishers, Cambridge.

Menning, B. 2014, in T.C. Dowling, (ed.), *Russia at War: From the Mongol Conquest to Afghanistan, Chechnya, and Beyond*, ABC-CLIO Santa, Barbara.

Moon, D. 2006, "Peasant and Agriculture," in D. Lieven (ed.) *The Cambridge History of Russia*, vol. 2, Cambridge University Press, Cambridge, pp. 369-393.

Neumann, I.B. 2011, "Entry into International Society Reconceptualised: the Case of Russia," *Review of International Studies*, vol. 37, issue 2, pp. 463-484.

O'Rourke, S. 2001, "Review: Nation and State in Late Imperial Russia: Nationalism and Russification on the Western Frontier," *Slavic Review*, vol. 60, no. 3, pp. 646-647.

Pavlovsky, G. 1968, *Agricultural Russia on the Eve of Revolution*, Howard Fertig, New York.

Perrie, M. 2014, "Trans-national Representations of Pretenders in 17th-Century Russian Revolts," in M. Griesse (ed.), From *Mutual Observation to Propaganda War-Premodern Revolts in Their Transnational Representations*, Transcript Verlag, London.

President of Russia, 2005, Interview with German television channels ARD and ZDF, 5 May, viewed 15 May 2019, http://en.special.kremlin.ru/events/president/transcripts/22948

Presidential Library of Russia, 2018, Adrianople Treaty Signed-14 September 1829, viewed 15 May 2019, https://www.prlib.ru/en/history/619539.

Riasanovsky, N.V. & Steinberg, M.D. 2005, *A History of Russia*, Oxford University Press, New York.

Rieber, A.J. 1971, "Alexander II: A Revisionist View," *The Journal of Modern History*, vol. 43, no. 1, pp. 42-58.

Stanziani, A. 2014, *Labor and Rights in Eurasia from the Sixteenth to the Early Twentieth Centuries*, Berghahn Books, New York.

LIU Zhongmin. 2007, "A Review on the Relations between Nationalism and Islam in the Middle East," *Arab World Studies*; 2007-03.

Zisser, Eyal. 2006, "Who's afraid of Syrian nationalism? National and state identity in Syria," *Middle Eastern Studies*, 01 March 2006, Vol.42(2), p.179-198 [Peer Reviewed Journal]. Routledge " Why Bashar al-Assad is still in power ? " 資料來源：半島電視臺（2016.10.04）

Naqvi, Ali Mohammed. 1985, *Islam and nationalism*. Tehran, Islamic Republic of Iran: Islamic Propagation Organization.

Kissinger, Henry. 2014, *World Order*. New York: Penguin Press.

Ansary, Mir Tamim. 2010, *Destiny disrupted: a history of the world through Islamic eyes*. New York: PublicAffairs.

12. 俄國革命——傳統意識形態如何塑造俄羅斯成為戰鬥民族？

Atkinson, D. 1983, *The End of the Russian Land Commune, 1905-1930*, Stanford University Press, California.

Blejwas S. A. 1998, "Review: Nation and State in Late Imperial Russia: Nationalism and Russification on the Western Frontier," *The American Historical Review*, vol. 103, no.5, pp. 1653-1654.

Blum, J. 1961, *Lord and Peasant in Russia: from the Ninth to the Nineteenth Century*, Princeton University Press, Princeton.

Burbank, J. 2004, Russian Peasants Go to Court: Legal Culture in the Countryside, 1905-1917, Bloomington: Indiana University Press,.

Bushkovitch, P. 2012, *A Concise History of Russia*, Cambridge University Press, New York.

Empire in Asia, 2014, Documents Archive-Treaty of Peace (Küçük Kaynarca), 1774, National University of Singapore, 20 November, viewed 15 May 2019, http://www.fas.nus.edu.sg/hist/eia/documents_archive/kucuk-kaynarca.php

Figes, O. 1996, *People's Tragedy: A History of the Russian Revolution*, Viking New Foster, G. M. 1965, "Peasant Society and the Image of the Limited Good," *American Anthropologist*, vol. 67, no. 2, pp. 293-315.

Goldstein L.J.& Zhukov, Y.M. 2004, "A Tale of Two Fleets: A Russian Perspective on the 1973 Naval Standoff in the Mediterranean," *Naval War College Review*, vol. 57, No. 2, pp. 27-63.

Price, C.A. 1974, *The great white walls are built: Restrictive immigration to North America and Australasia 1836-1888*, ANU Press, Canberra.

Saunders, K. 1975, "Uncertain bondage: An analysis of indentured labour in Queensland to 1907, with particular reference to the Melanesian servants," PhD thesis, University of Queensland.

State Library of Queensland. 2019, Convict Records of Australia-ships, viewed 15 May 2019, https://convictrecords.com.au/ships

Sydney Morning Herald. 1951, Discovery of an Extensive Gold, 15 May, viewed 15 May 2019, https://trove.nla.gov.au/newspaper/article/12927091

The University of Melbourne. 2008, e-Melbourne-the city past & present-Demography, July, viewed 15 May 2019, http://www.emelbourne.net.au/biogs/EM00455b.htm

Trobe, C.L. 1852, "Gold despatches : copies of despatches from His Excellency the Lieutenant Governor to the Secretary of State for the Colonies return to address, Mr. O' Shanassy," viewed 15 May 2019, https://www.parliament.vic.gov.au/papers/govpub/VPARL1852-53Vol2p249-299.pdf

Victorian Parliament Legislative Council. 1855, *Evidence Presented to the Commission on the Chinese, including those of J. A. Panton and the Chinese Howqua*, pp. 72–73, 237 & 337.

——. 1857, *Report of the Select Committee of the Legislative Council on the subject of Chinese Immigration: together with the proceedings of the Committee and minutes of evidence*, John Ferres Government Printer, no.D.19, 17 November, viewed 15 May 2019, https://www.parliament.vic.gov.au/vufind/Record/76581

Weltch, I. H. 2003, "Alien Son: The life and times of Cheok Hong Cheong, (Zhang Zhuoxiong) 1851-1928," PhD Thesis, Australian National University.

郭美芬，2009，〈「白澳」時代下的華裔澳洲人〉，《中央研究院近代史研究所集刊》，第64期，頁137-143。

費晟，2013，〈澳洲淘金熱中華人移民的生產技藝及其影響〉，《南方華裔研究雜誌》，第6卷，頁145-154。

11.中東的戰爭與和平——民族主義與伊斯蘭社會無法共存嗎？

Mishra, Pankaj. 2012, *From the ruins of empire: the revolt against the West and the remaking of Asia*. London: Allen Lane.

Eastwood, J. 1967, "La Trobe, Charles Joseph (1801–1875)," *Australian Dictionary of Biography*, vol. 2, viewed 15 May 2019, http://adb.anu.edu.au/biography/la-trobe-charles-joseph-2334

Fisher, C. & Kent, C. 1999, "Two Depressions One Banking Collapse," Research Discussion Paper 1999-06, *Reserve Bank of Australia*, June.

Griffths, P. 2006, "The making of White Australia:Ruling class agendas, 1876-1888," PhD Thesis, Australian National University.

Haig, B.D. 2001, "New Estimates of Australian GDP: 1861-1948/49," *Australian Economic History Review*, vol.41, no. 1, pp. 1-34.

Hoban, B. Anti-Chinese riots and rorts, The Victorian Cultural Collaboration, viewed 15 May 2019, https://www.sbs.com.au/gold/story.php?storyid=56#

Jones, P. 2005, *Chinese–Australian Journeys: Records on travel, migration and settlement, 1860–1975*, Research Guides of National Archives of Australia.

Maxwell-Stewart, H. & Oxley, D. 2017, Convicts and the Colonisation of Australia, 1788-1868, Digital Panopticon, viewed 15 May 2019, https://www.digitalpanopticon.org/Convicts_and_the_Colonisation_of_Australia,_1788-1868

Marco, K.D. Pirie, M. & Yeung, W.A. 2017, *A history of public debt in Australia*, Australian Treasury.

McDermott, A. 2011, *Australian History for Dummies*, Wiley Publishing Australia, Queensland.

Mitchener, K.J. & Weidenmier, M.D. 2008, "The Baring Crisis and the Great Latin American Meltdown of the 1890s," *The Journal of Economic History*, vol. 68., issue 2, pp. 462-500.

National Museum Australia. Defining Moments: End of the White Australia policy, viewed 15 May 2019, https://www.nma.gov.au/defining-moments/resources/end-of-the-white-australia-policy

Nicholls, G. 2009, "Gone with hardly a trace: deportees in immigration policy," in K. Neumann & G. Tavan (eds.), *Does History Matter: Making and Debating Citizenship, Immigration and refugee policy in Australia and New Zealand*, ANU E Press, Canberra.

Parliament of Australia. 2012, The immigration debate in Australia: from Federation to World War One, viewed 15 May 2019, https://www.aph.gov.au/About_Parliament/Parliamentary_Departments/Parliamentary_Library/pubs/BN/2012-2013/ImmigrationDebate#_ ftnref20

BBC. 2017, "Merkel: Europe 'can no longer rely on allies' after Trump and Brexit." [cited 2017 Dec 01]; Available from: http://www.bbc.com/news/world-europe-40078183.

BBC. 2017, "European Union gives impetus to joint defence plan." [cited 2017 Dec 01]; Available from: http://www.bbc.com/news/world-europe-41971867.

NATO, 2017, "Defence Expenditure of NATO Countries (2010-2017)," N.P.D. Division, Editor.

Ross, A., 2016, *The Industries of the Future*. New York: Simon & Schuster.

宋學文，2004，〈從層次分析探討霸權穩定論：一個國際關係理論演化的研究方法〉，《問題與研究》，43（2），頁 171-196。

09. 淘金潮、華工與白澳政策的誕生——種族主義如何塑造新生澳洲？

Attard, B. 2008, "The Economic History of Australia from 1788: An Introduction," *Economic History Association*, viewed 15 May 2019, https://eh.net/encyclopedia/the-economic-history-of-australia-from-1788-an-introduction/

Australian Bureau of Statistics. 2012, "Major Droughts in Australia," viewed 15 May 2019, http://www.abs.gov.au/AUSSTATS/abs@.nsf/lookup/1301.0Feature %20Article151988

——. 2013, "Historical Selected Agriculture Commodities-Sheep," viewed 15 May 2019, http://www.abs.gov.au/ausstats/abs@.nsf/Lookup/7124.0Chapter 122010-11

Australian Government. 2017, Australia's Whaling Industry and Whales, reviewed 1 October 2017, http://www.australia.gov.au/about-australia/australian-story/australias-whaling-industry-and-whales

Bean, C.E.W. 2014, *ANZAC to Amiens*, Penguin, Melbourne.

Bunker, R. 1988, "Systematic colonization and town planning in Australia and New Zealand," *Planning Perspectives*, vol.3, issue 1, pp.59-80.

Butlin, N.G. 1994, *Forming a Colonial Economy: Australia 1810-1850*, Cambridge University Press, Cambridge.

Daily Telegraph. 1888, The Chinese Question, National Library of Australia, 1 June, viewed 15 May 2019, https://trove.nla.gov.au/newspaper/article/237207696?searchTerm=Henniker++Heaton&searchLimits=dateFrom%3D1888-06-01%7C%7C%7CdateTo%3D1888-06-01

——. 1925, Foreign Migration to Australia, National Library of Australia, 26 February, viewed 15 May 2019, https://trove.nla.gov.au/newspaper/article/153840401?searchTerm =98%20white%20British%20population%20department%20of%20information&searchLimits=

參考資料

01. 川普崛起敲響了全球化時代的警鐘嗎？

Pacewicz, J. 2016, "Here's the real reason Rust Belt cities and towns voted for Trump," in *The Washington Post*.

Peterson, L., 2017, "Built on Steel, Pittsburgh Now Thrives on Culture," in *The New York Times*.

Bauman, C.L.R.a.K., 2016, " Educational Attainment in the United States: 2015," U.S.D.o. Commerce, Editor.

Dougherty, A.N.a.C., 2017, "The Cost of a Hot Economy in California: A Severe Housing Crisis," in *The New York Times*.

Ortman, S.L.C.a.J.M., 2015, "Projections of the Size and Composition of the U.S. Population: 2014 to 2060," U.D.o. Commerce, Editor.

Hoque, L.B.P.a.N., 2014, "Texas Population Projections," *2010 to 2050*, O.o.t.S. Demographer, Editor.

CNN, 2016, "U.S. inequality keeps getting uglier," H. Long, Editor.

Graham, 2016, D.A. "Which Republicans Oppose Donald Trump? A Cheat Sheet." [cited 2017 Dec 03]; Available from: https://www.theatlantic.com/politics/archive/2016/11/where-republicans-stand-on-donald-trump-a-cheat-sheet/481449/.

Siddiqui, S. 2017, "George W Bush condemns bigotry and lies in coded attack on Trump." [cited 2017 Dec 04]; Available from: https://www.theguardian.com/us-news/2017/oct/19/george-w-bush-trump-bigotry-lies-coded-attack.

Roubini, N. "The Political Left and Right Are Being Upended by Globalization Politics." [cited 2017 Dec 07]; Available from: https://www.huffingtonpost.com/nouriel-roubini/globalization-politics_b_11655494.html.

Helmore, E., 2017, "Trump warns it's 'possible' the US will drop out of Nafta," in *The Guardian*.

Baker, P., 2017, "Trump Says NATO Allies Don't Pay Their Share. Is That True?," in *The New York Times*.

Poltz, J., 2017, "After summits with Trump, Merkel says Europe must take fate into own hands," in *Reuters*.

歷史大講堂
關鍵年代：意識形態、排外、極端局勢如何摧毀民主和走向戰爭

2019年8月初版　　定價：新臺幣360元

著者：
林伯雍、林齊晧、喬蘭雅、黃長東、李博研、洪仕翰
尹子軒、蔡政修、蔡榮峰、蔡曉林、尤智威、孫超群

主編	胡川安
叢書編輯	黃淑真
校對	潘貞仁
內文排版	林婕瀅
封面設計	兒日
編輯主任	陳逸華

出版者	聯經出版事業股份有限公司
地址	新北市汐止區大同路一段369號1樓
編輯部地址	新北市汐止區大同路一段369號1樓
叢書編輯電話	(02)86925588轉5322
台北聯經書房	台北市新生南路三段94號
電話	(02)23620308
台中分公司	台中市北區崇德路一段198號
暨門市電話	(04)22312023
台中電子信箱	e-mail：linking2@ms42.hinet.net
郵政劃撥	帳戶第0100559-3號
郵撥電話	(02)23620308
印刷者	世和印製企業有限公司
總經銷	聯合發行股份有限公司
發行所	新北市新店區寶橋路235巷6弄6號2樓
電話	(02)29178022

總編輯	胡金倫
總經理	陳芝宇
社長	羅國俊
發行人	林載爵

行政院新聞局出版事業登記證局版臺業字第0130號

本書如有缺頁，破損，倒裝請寄回台北聯經書房更換。　ISBN 978-957-08-5357-5 (平裝)
聯經網址：www.linkingbooks.com.tw
電子信箱：linking@udngroup.com

國家圖書館出版品預行編目資料

關鍵年代：意識形態、排外、極端局勢如何摧毀民主和走向戰爭/胡川安主編．林伯雍等著．初版．新北市．聯經．2019年8月（民108年）．344面．14.8×21公分（歷史大講堂）
ISBN 978-957-08-5357-5（平裝）

1.世界史 2.國際政治

711 108011343